『十三五』国家重点图书出版规划项目
国家出版基金资助项目

三维资本协同反贫困机制

中国扶贫攻坚前沿问题研究丛书

ZHONGGUO FUPIN GONGJIAN QIANYAN WENTI YANJIU CONGSHU

丛书主编◇黄承伟
本册著者◇黄承伟　刘　欣

湖南人民出版社

总序

加强中国新时代脱贫攻坚的理论创新和实践创新研究

习近平总书记在2018年新年贺词中指出："到2020年我国现行标准下农村贫困人口实现脱贫，是我们的庄严承诺。一诺千金。到2020年只有3年的时间，全社会要行动起来，尽锐出战，精准施策，不断夺取新胜利。3年后如期打赢脱贫攻坚战，这在中华民族几千年历史发展上将是首次整体消除绝对贫困现象，让我们一起来完成这项对中华民族、对整个人类都具有重大意义的伟业。"这既是打赢脱贫攻坚战的动员令，也为加强脱贫攻坚实践总结、理论研究指明了方向。

一

中国改革开放以来的扶贫开发取得了举世瞩目的减贫成就，新时代脱贫攻坚取得决定性进展，创造了人类发展史上的奇迹。

中国曾是世界上贫困人口最多的国家，也是世界上最早进行国家救助的国家之一。几千年来，在中华民族发展史上，扶危济困、改善民生始终是中国传统文化的内在追求。从先秦诸子百家倡导的"仁爱""民本""兼爱""大同"等思想理念，到中国共产党消除贫困、改善民生的使命追求，消除贫困始终是华夏民族孜孜不倦的向往追求。中国共产党成立至今97年来，一直把为人民谋幸福、为中华民族谋复兴作为使命。中华人民共和国成立以后，更是把全心全意为人民服务作为执政理念和根本宗旨，建立了社会主义制度，为消除贫困奠定了制度基础。改革开放以来，特别是从20世纪80年代中期开始，我国开始实施有组织、有计划、大规模的扶贫开发，先后制定实施了《国家八七扶贫攻坚计划（1994—2000年）》《中国农村扶贫开发纲要（2001—2010年）》，2011年颁布实施《中国农村扶贫开发纲要（2011—2020年）》。改革开放以来的中国扶贫开发取得了举世瞩目的成就，7亿多贫困人口脱贫，对全球减贫贡献率超过70%。

2012年11月，中国共产党召开第十八次全国代表大会。此后，以习近平同志为核心的党中央把扶贫开发纳入“五位一体”总体布局和“四个全面”战略布局进行部署，把贫困人口脱贫作为全面建成小康社会、实现第一个百年目标的底线任务和标志性指标，在全国范围全面打响了脱贫攻坚战，中国扶贫开发进入新时代脱贫攻坚阶段。经过全党全国全社会的共同努力，中国新时代脱贫攻坚战取得决定性进展。截至2017年末，全国农村贫困人口从2012年末的9899万人减少至3046万人，减贫幅度达到70%；贫困发生率从2012年末的10.2%下降至3.1%，累计下降7.1个百分点；年均脱贫人数1370万人，是1994—2010年间年均减贫人数的两倍多，取得了中国减贫历史上最好的成绩。脱贫攻坚明显改善了贫困地区的生态环境，促进了贫困地区农村基础条件的明显改善和公共服务水平的明显提升，明显提高了贫困地区基层治理能力和管理水平；脱贫攻坚激发了贫困地区贫困群众的内生动力，为建立稳定脱贫长效机制奠定了基础；脱贫攻坚还培养锤炼了一大批干部和人才，营造了良好的社会氛围。

联合国秘书长古特雷斯在致“2017减贫与发展高层论坛”的贺信中，高度评价中国的精准扶贫成就，称赞“精准减贫方略是帮助贫困人口、实现2030年可持续发展议程宏伟目标的唯一途径。中国已实现数亿人脱贫，中国的经验可以为其他发展中国家提供有益借鉴”。脱贫攻坚不仅成为中国特色道路自信、理论自信、制度自信、文化自信的生动写照，而且也成为全球反贫困事业的亮丽风景。

二

习近平扶贫思想为新时代脱贫攻坚理论创新和实践创新研究提供了指导思想。根据党的十九大关于脱贫攻坚的新部署新要求，新时代脱贫攻坚进入了决战决胜阶段，形成了新时代脱贫攻坚理论创新和实践创新研究的宏观背景。

习近平扶贫思想成为新时代中国特色社会主义思想的伟大创新，为新时代脱贫攻坚理论创新和实践创新研究提供了根本遵循。第一，习近平扶贫思想是马克思主义反贫困理论的继承和发展。习近平运用马克思主义立场、观点、方法，深刻思考中国贫困问题演变规律，基于长期担任地方领导的实践积淀，深刻阐述了中国扶贫开发在治国理政中的战略地位作用，科学提出了精准扶贫精准脱贫方略，鲜明指出了深化国际减贫合作、共建人类命运共同体的前进方向，是马克思主义反贫困理论中国化的最新成果。第二，习近平扶贫思想体现了中国传统优秀文化继承及与现代的结合。习近平创新性地提出文化自信，作为“四个自信”的重要内容。显然，中国几千年的优秀传统文化滋养和涵养着习近平扶贫开发思想。第三，习近平扶贫思想具有丰富内涵。坚持党对脱贫攻坚的领导，是政治基础；实施精准扶贫精准脱贫，是思想内核；构建大扶贫格局，是动力保障；激发内生动力，是目标导向；实行最严格考核制度，是根本要求；携手共建人类命运共同体，是价值取向。六个方面的重要思想逻辑严密、自成体系，具有长远性、普遍性，是中国特色社会主义的重要理论创新和实践创新。第四，习近平扶贫思想具有鲜明的理论品格。集中体现在人民性、实践性、科学性、开放性、国际性等方面，这些理论品格和新时代中国特色社会主义思想所贯穿的精神实质完全一致，为我们解决贫困问题、制定更好的扶贫政策提供了思想方法和指导原则。第五，习近平扶贫思想的核心——精准扶贫精准脱贫方略，不仅为打赢脱贫攻坚战提供了理论武装和思想动力，而且对推进国家治理体系和治理能力现代化具有方法论的意义。第六，习近平扶贫思想呈现出巨大的国际价值。这种价值体现在习近平扶贫思想回应了其他发展中国家在解决贫困问题中的世界难题，比如：如何在经济下行、经济复苏缓慢进程中发挥政府在减贫中的主导作用，更好地动员更多力量、构建更完善有效的贫困治理体系？如何通过由上到下、由下到上的互动，形成一个更精准的识别机制，把大规模的贫困人口识别出来？如何采用更综合性、更体系化的机制应对综合性贫困、多维贫困的治理挑战？等等。伟大的思想引领伟大的实践。习近平扶贫思想的中国实践既是扶贫理论实践研究的动力，更为新时代脱贫攻坚理论创新提供了广阔的发展空间。

新时代脱贫攻坚的艰巨性、复杂性进一步凸显，对新时代脱贫攻坚理论创新和实践创新研究提出了新挑战、新需求。习近平总书记指出，脱贫攻坚不是敲锣打鼓一下子就能够完成的。随着攻坚进入深水区、决胜期，其艰巨性、复杂性在多个方面呈现。第一，在最贫困的地方按照最精准的要求开展扶贫工作，各种不精准问题的必然性就是其中的重要挑战。这些挑战在实践中贯穿精准扶贫真正生根落地的全过程。如何通过深入总结不同的实践，总结各种成功做法，从而促进精准扶贫真正落地生根，成为需要研究的重要议题。第二，党的十九大把精准脱贫作为三大攻坚战之一，而且有明确的时限、明确的目标，是中国共产党对人民、对全球的庄严承诺，必须兑现。打好精准脱贫攻坚战，攻克深度贫困地区脱贫任务是关键的关键。深度贫困问题，包括深度贫困区域、深度贫困群体以及深度贫困中的深度贫困。所谓深度贫困中的深度贫困，是指老人、留守妇女、残疾人等深度贫困群体中的特殊贫困群体，解决这类特殊贫困群体难度更大、更复杂，是“坚”中之“坚”。第三，激发内生动力的问题。习近平总书记高度重视扶贫同扶志扶智相结合，多次对此做出重要论述、重要批示。贫困人口内生动力的激发培育是一个世界难题，不少拉美国家陷入福利陷阱，形成“养懒汉”现象，根本原因就是没有把内生动力的建立、提高作为扶贫的根本目标。对于我国脱贫攻坚实践中出现的各种对政府过于依赖的思想、行为，必须予以高度关注和切实解决。同时，内生动力的建立需要以社会整体发展、整体提升为支撑。如果整个社会风气没有在脱贫攻坚战中得到相应的改善，全社会互助互爱的社会氛围没有在高强度的脱贫攻坚投入中形成，都是脱贫攻坚战没能打好的表现。这也体现了脱贫攻坚战的艰巨性和复杂性。上述三个方面的问题，是目前最突出的，需要持续、深入地研究，寻找问题演变规律，形成破解难题对策。

新时代脱贫攻坚的战略性、长期性特征逐步呈现，要求新时代脱贫攻坚理论创新和实践创新研究立足当前、面向长远。脱贫攻坚的战略性和长期性集中体现在习近平总书记在党的十九大报告中提出的“脱真贫、真脱贫”要求上。这六个字富含哲理，意味着脱贫攻坚既是短时间内要实现的目标，更是长远治理要实现的目标。“脱真贫”，要求各种资源一定要瞄准贫困人口，一定要保证经济社会发展中落在后面的区域和群体能够通过精准扶持，赶上主流发展的水平。这是解决不平衡、不充分发展的前提，是实现共同富裕的基础。如何把脱真贫落到实处，不仅是短期问题，更是长期问题。还应该看到，脱贫攻坚建立的治理体系，不是到2020年就结束了，而是将在2020年后的扶贫工作中继续发挥作用，确保始终实现脱真贫。“真脱贫”，富含一系列精准脱贫体系。从政策资源的整合投入、大扶贫格局的完善、东西部扶贫协作、攻克深度贫困地区脱贫任务、扶贫同扶志扶智结合，到实行最严格的考核评估制度，都是围绕真脱贫而逐步形成的精准脱贫体系。同样，这套治理体系也不应随着2020年脱贫攻坚战的结束而结束，而是要在新征程的发展中继续发挥真脱贫的作用。由此，扶贫理论实践的研究，不仅要总结研究经验的有效性，更需要从制度、机制、理念等层面研究脱贫攻坚制度体系对于国家更平衡发展、更充分发展，为我们实现共同富裕的进程奠定基础的角度，进行总结和判断、提炼。

脱贫攻坚取得决定性进展所呈现的多重意义及深远影响，为新时代脱贫攻坚理论创新和实践创新研究提供了新视角新议题。就一般性的总结来说，脱贫攻坚成效明显，贫困人口大幅度减少，贫困地区基础设施明显改善，公共服务水平不断提高，同时锻炼了干部，促进了大扶贫格局的完善，营造了更好的社会氛围。除此之外，脱贫攻坚的意义和影响还体现在以下方面：第一，打赢脱贫攻坚战是中国2020年前发展的底线任务。实际上，从人类发展史看，任何的发展阶段，减贫都是必须面对的底线任务。如何分析其中蕴含的规律，需要深入研究。第二，脱贫攻坚中形成的理论和实践启示，对于农村治理、乡村振兴、新发展理念的落实，都具有重要价值，这些价值需要总结、提炼和转化。第三，在脱贫攻坚中体现出的“短板意识”“底线思维”，是国家治理的宝贵经验。“短板意识”不仅重视在现实发展进程中促进均衡发展，促进不平等状况的改善，更重要的是提供了科学的思维方法，这对完善政策，提升社会经济发展的包容性有重要启示。第四，从价值观层面看，脱贫攻坚是以人民为中心的发展思想的生动体现和实践。以人民为中心是中国共产党最重要的发展理念，是初心和使命。脱贫攻坚正是最能呈现共产党执政理念、呈现初心的最生动实践。如何理解和体现习近平扶贫思想的价值观及其影响，是需要加强研究的重要内容。第五，脱贫攻坚成就成为坚定“四个自信”的重要载体。有效解决最底层、最贫困人群的脱贫和发展问题，体现发展尊严，这是中国特色社会主义制度优越性的呈现，这就是制度自信、道路自信、理论自信和文化自信的底气。第六，脱贫攻坚是国家治理体系和治理能力现代化的呈现。习近平扶贫思想引领下的脱贫攻坚，逐步建立中国特色扶贫制度体系，是国家治理体系的重要组成部分。打赢脱贫攻坚战的过程，实际上就是国家治理能力现代化的过程。可见，新时代脱贫攻坚理论实践研究，不仅需要从直接影响效果层面进行全面总结，而且需要从更高、更理性层面，从治国理政层面，从中国共产党执政新思想新理念层面进行深入系统的理论凝练。

三

习近平扶贫思想指引下的新时代脱贫攻坚的理论创新和实践创新，产生了一系列总结研究新议题，这些研究将为打赢脱贫攻坚战提供理论支撑，将推进中国特色扶贫开发理论的丰富发展以及为全球减贫治理提供中国智慧、中国方案。

新时代脱贫攻坚理论创新和实践创新研究，是习近平扶贫思想引领中国扶贫理论丰富发展的需要。很显然，中国最终要为全球、为全人类的进步做出更大的贡献，扶贫是不可或缺的重要领域。扶贫的贡献不仅仅体现在贫困人口的减少，更体现出支撑减贫成效的理论体系具有普遍价值，而这套中国特色扶贫理论正是在习近平扶贫思想的引领下得到了不断丰富和发展。基于实践创新提炼理论创新成果，既是习近平扶贫思想价值的体现，也是在习近平扶贫思想引领下推动实践创新取得的重要成效。只有经过足够的理性思考和理论提炼，中国的扶贫经验才能形成新的理念，才能既可用于指导脱贫攻坚进程，也可为2020年后扶贫工作提供理性层面的指导。新时代脱贫攻坚理论创新和实践创新的目的，正是适应国家扶贫战略转型、新贫困治理体系构建奠定理论基础的需要。

新时代脱贫攻坚理论创新和实践创新研究，是完善脱贫攻坚顶层设计及其政策体系的需要。脱贫攻坚战打响以来，中央致力于脱贫攻坚的顶层设计，创新建立了责任、政策、投入、动员、考核、督查等六大制度体系，出台了两百多项政策，全党、全国、全社会都动员起来了。从顶层设计到基层落实，各种政策与实际的适应以及产生的综合效应需要评估，以为部分政策的完善提供依据。当然，这里的总结不仅是一般性的经验总结，而更应该是从理性层面进行深入思考的普遍性、规律性总结。这样的总结，才能够为进一步完善顶层设计、完善政策措施提供有力支撑。

新时代脱贫攻坚理论创新和实践创新研究，是深化精准扶贫、不断提高脱贫攻坚管理水平的需要。习近平总书记2017年提出了深化精准扶贫的重要思想。深化精准扶贫，需要对实践进行梳理总结，需要明确深化方向，需要把深化落到实处。只有在深化精准扶贫精准脱贫过程中，不断解决现存问题，才能实现从以顶层设计为主向完善顶层设计和促进政策落实并重转变，促进脱贫攻坚管理水平的不断提高。而只有脱贫攻坚管理水平不断提高，精准扶贫、精准脱贫工作中所产生的问题和风险才能够得到及时的化解和防范。由此证明习近平扶贫思想的科学性和正确性。

新时代脱贫攻坚理论创新和实践创新研究，是充分发挥典型引领作用、有力有效地推进工作的需要。从全国看，各地涌现出各种各样的脱贫攻坚典型。总结、推广一批立得住、叫得响、可复制的好典型，对于引领扶贫工作可以起到提高效果、减少成本、培养队伍、激发理念、推动创新的作用。需要从丰富的成功实践中总结、提炼经验，加以理性地总结运用，充分发挥典型的示范引领作用。

新时代脱贫攻坚理论创新和实践创新研究，是营造良好社会氛围、广泛动员社会参与脱贫攻坚的需要。通过总结研究，其成果一方面用于促进顶层设计、政策措施的不断完善，另一方面通过总结推出一系列生动案例和成功实践，可以让更多人在更大范围形成共识，这对于社会良好氛围的形成无疑具有重要推动作用。比如，2017 年有一位残疾人通过办电商平台，自强自立并带动邻里脱贫，这看起来只是一件小事，但是，它所产生的社会正能量却是不可估量的。其中的精神就需要总结、需要研究。再比如，一些革命老区，在脱贫攻坚中，把老区精神、优秀传统文化结合起来，探索出各种文化扶贫、精神扶贫模式。这既是中国共产党精神财富的传承，更是夯实党的执政基础的重要途径。加强这方面的实践总结和理论研究，其重要性不言而喻。

新时代脱贫攻坚理论创新和实践创新研究，是讲好中国扶贫故事、增强中国软实力和参与全球治理话语权的需要。中国扶贫实践特别是脱贫攻坚波澜壮阔的伟大实践，需要总结，需要研究，需要凝练。通过丰富的中国扶贫故事、科学的中国扶贫理论，可以以理性的方式让国际社会更深入地了解、理解中国的减贫事业。讲好中国扶贫故事，需要对实践的生动呈现，需要用更生动的方式、国际化的语言和视野，促进中国扶贫经验的国际分享。

四

湖南人民出版社组织的“中国扶贫攻坚前沿问题研究”丛书，是新时代脱贫攻坚理论创新和实践创新研究的尝试和探索，也是至今关于新时代脱贫攻坚最为全面的理论读物。

该丛书被列入“十三五”国家重点图书出版规划，并获得2018年国家出版基金资助，这表明这套丛书得到了国家层面的认可，体现了丛书出版的价值。丛书共10卷。1卷1个主题，10个方面的选题都是扶贫攻坚的前沿问题。所谓前沿问题，是指在扶贫实践中呈现出趋势，但在理论研究上尚未深入开展，而且很可能对扶贫政策产生影响的问题集合。

第1卷《减贫目标与减贫手段》，在分析以人民的幸福感作为扶贫目标的背景和意义的基础上，阐释了党和国家与时俱进调整减贫的手段和任务。全书围绕扶贫手段的变与扶贫脱贫目标的不变这一矛盾统一体的对立统一关系展开。

第2卷《多维贫困与贫困治理》，通过总结贫困测量的国际国内理论与实践发展进程及趋势，分析多维贫困的特征及测量方法，探讨当前贫困类型的精准识别问题和未来的发展趋势，阐释了各种贫困治理模式的理论成果和实践效果。

第3卷《三维资本协同反贫困机制》，总结了扶贫从物质资本范式到人力资本范式再到社会资本范式的历程及模式，对扶贫理论框架中涉及的基础概念及物质资本、人力资本、社会资本等三维资本结构做了原创性的界定和内涵延伸，构建了三维资本结构的扶贫理论框架及作用机制，阐述了三维资本协同激发内生动力的机理及对策。

第4卷《社会保障与减贫发展》，从贫困、减贫与社会保障概念出发，阐述了社会保障减贫发展的机理，深入分析社会保障视角下的贫困和贫困人口特征以及社会福利、社会保险、社会救助与减贫发展的关系，总结论证了社会保障与扶贫开发的衔接与协作，对社会保障减贫发展进行了展望。

第 5 卷《新型城镇化与减贫发展》，围绕新型城镇化快速进程中如何脱贫发展这一主题，深刻地阐述了如何通过建机制、转方式，在城乡统筹发展的框架下实现工业化与农业现代化相协调，人口、经济、资源与环境相协调，大中小城市与小城镇相协调，人口积聚、“市民化”与基本公共服务相协调，按照产城融合、节约集约、生态宜居的路子走下去等诸多重大理论和实践问题。

第 6 卷《扶贫对象主体性与组织化》，从扶贫对象的组织化定义、内涵、意义出发，对扶贫对象主体性建构过程进行了回顾总结，分析了扶贫对象主体性的现状，阐述了扶贫对象主体性建构动力，从组织化视角分析了扶贫对象主体性的实践，对扶贫对象组织化进行了反思，就社会工作参与扶贫对象组织化提出了相关建议。

第 7 卷《扶贫机制创新的理论与实践》，系统回顾了中国农村扶贫开发的历程，系统分析新时代脱贫攻坚面临的新形势以及新战略定位，全面阐述扶贫攻坚机制创新的目标任务、农村扶贫开发模式创新发展重点，指出扶贫机制模式创新的发展趋势和规律，阐释了扶贫机制的理论创新和实践创新。

第 8 卷《政府市场社会大扶贫格局》，针对扶贫工作“政府热、社会弱、市场冷”的局面，阐述构建政府、市场和社会三者之间各司其职、协调发展、共同作用的和谐互动模式和符合国情、政情的“政府主导、市场能动、社会参与”的中国特色大扶贫格局，总结提炼了国内外引导并鼓励社会力量和市场力量参与扶贫工作的经验及模式。

第 9 卷《政治制度优势与贫困治理》，以中国减贫发展的政治制度承诺为导论，回顾了中国减贫发展的政治逻辑，对深化贫困治理面临的制度挑战进行分析，阐述了精准扶贫与中国政治制度的立体嵌构关系，总结了贫困治理与社会建设的关系和以党建促扶贫的政治定力，通过地方探索的成功案例，呈现了政治制度优势与贫困治理关系，最后以从贫困治理到建设人类命运共同体的大国担当作为结论。

第10卷《精准扶贫精准脱贫方略》，系统地分析和阐释了精准扶贫精准脱贫方略提出与形成的国际国内背景、基本内涵、重要内容、实施体系和重大意义，总结评估了精准扶贫精准脱贫从顶层设计到基层落实的实践现状、主要做法、经验和模式。以习近平精准扶贫思想为指导，论证了精准扶贫精准脱贫方略的创新发展方向。

丛书体现了以下特点：一是始终坚持以习近平扶贫思想为指导，二是始终坚持问题导向，三是坚持规范性与实证性相结合，四是坚持理论性和前瞻性并重。

五

党的十九大把打好精准脱贫攻坚战作为决胜全面小康社会的三大攻坚战之一，再次展现了中国共产党决战决胜贫困的信心和决心。2018年5月31日，习近平总书记主持召开中央政治局会议，审议《关于打赢脱贫攻坚战三年行动的指导意见》，对未来三年打赢脱贫攻坚战做出全面部署，新时代脱贫攻坚的理论创新和实践创新研究的重要性将进一步凸显。

到2020年，中国将在人类历史上第一次消灭绝对贫困问题，这注定会载入人类发展的史册。但消灭绝对贫困现象，并不意味着中国与贫困做斗争的事业终结。随着经济社会的快速转型，相对贫困问题的有效治理将成为推动乡村振兴战略、城乡一体化发展和社会主义现代化建设中的重大议题。

2020年后中国将继续加强扶贫工作。首先，这是由中国共产党的性质决定的。中国共产党的初心和使命，就是为中国人民谋幸福，为中华民族谋复兴。扶贫开发，最能体现中国共产党的初心和使命，最能体现中国共产党以人民为中心的发展思想，最能体现中国共产党的宗旨和社会主义的本质要求。其次，理论和国际发展实践表明，任何社会，即使是发达国家，总会存在一定比例的相对贫困人口。扶贫开发，是中国解决新时代不平衡不充分发展主要矛盾的重要举措，是实施乡村振兴战略的重要基础，是逐步实现共同富裕的重要途径。再次，从国内外减贫历史看，扶贫工作往往会进入“扶贫—脱贫—返贫”的恶性循环，要打破这一循环，就必须始终保持对扶贫工作的重视，避免贫富差距越拉越大，增加工作成本及难度。最后，我国是全球最大的发展中国家，人口众多，不管采取什么标准，相对贫困人口规模都不会小，短期内很难像西方国家那样主要通过福利救济兜底解决贫困问题，必须坚持开发式扶贫和保障性扶贫结合，不仅要减贫，而且要通过开发增强贫困人口的劳动技能，提升民族的整体素质。

今后三年，中国政府在全力打赢打好脱贫攻坚战的同时，将同时研究2020年后扶贫战略，这既是建立稳定脱贫机制的需要，更是实现脱贫攻坚战和战后扶贫工作无缝衔接的需要；既是中国共产党向第二个百年奋斗目标进军的需要，也是在提前10年完成联合国2030年发展议程减贫目标的基础上继续引领全球减贫事业、为全人类做出更大贡献的需要。

立足当前三年，面向新征程的长远，加强新时代脱贫攻坚理论创新和实践创新研究，更显得紧迫而重要。一方面，需要加强精准扶贫精准脱贫前沿问题研究，为完善相关政策、确保打赢脱贫攻坚战提供参考。另一方面，需要加强2020年后扶贫工作的相关研究。可以预期，中国在2020年后将瞄准相对贫困问题，需要在扶贫标准、目标任务、工作范围、基本方略、体制机制、政策体系、保障措施等方面开展深入研究，同时有力、有效地向国际社会推介习近平扶贫思想和中国减贫方案，为全球减贫贡献中国智慧。

但愿本丛书的出版，能够为推动中国新时代脱贫攻坚理论创新和实践创新研究贡献一份微薄力量。

2018年6月

目录

·第一章·

概述

贫困问题伴随人类社会的产生而存在。消除贫困也成为世界各国经济社会发展过程中的共识性意愿，并在不同历史阶段、不同国家体制下形成不同的反贫困话语体系、制度安排以及专门的组织机构。西方国家在18世纪进入工业化社会以后，贫困开始作为一种社会问题受到资本主义国家和社会的普遍关注，也由此开启了有关贫困及反贫困问题的研究先河。同时，资本主义各国逐渐形成了以社会救助和社会保障为主体的反贫困制度形式，以促使贫富差距的减缓和社会不平等问题的解决。在中国，贫困现象早在先秦时期就受到统治者和知识分子的关注。在儒家思想影响下，古代中国形成了以民本、大同思想为基础的慈善传统，以及以个体、邻里、宗族、会社、机构及政府为主体的慈善救助行为，为近现代中国反贫困制度建设和社会救助事业发展奠定了基础。

中华人民共和国成立以后，中国政府在20世纪80年代中期正式启动了有组织、有计划、大规模的农村扶贫开发进程。在30多年的农村反贫困进程中，中国取得了显著的减贫成就，减贫人数占到全球减贫总数的3/4，实现了“迄今人类历史上最快速度的大规模减贫”（世界银行）。根据中国国家统计局2018年初发布的消息，基于对中国内地31个省区市的16万户居民家庭的抽样调查，按现行国家农村贫困标准测算，2017年末，中国农村贫困人口3046万人，比2016年末减少1289万人；贫困发生率为3.1%，比上年末下降1.4个百分点。中国不仅成为世界上减少贫困人口最多、减贫速度最快的国家，也是世界上首个提前完成联合国千年发展目标的国家，为推进世界减贫事业发展做出了突出贡献。虽然在各国政府及各类组织机构的倡导和努力下，世界范围的贫困人口得到了大幅度减少，反贫困取得了显著成效，但贫困问题无疑仍然是影响人类文明进步与社会发展的重大挑战。消除贫困、实现公平而有效率的发展，也依然是世界各国尤其是发展中国家经济社会发展的共同目标。

一、导入语：研究背景

如何界定贫困问题及其产生的原因和机制，不仅是认识和理解贫困问题的前提条件，也是国家或其他组织进行反贫困策略选择的认识论基础。可以说，贫困概念界定的视角和解释在一定程度上决定了反贫困理论框架和政策设计的基本内容。

从贫困研究的历史进程看，伴随人类对贫困内涵及致贫原因认识和理解的不断深化，有关贫困的界定从收入、消费等物质匮乏的贫困观拓展到包含文化、权利、福利等多维的贫困观，在总体上形成了基于资本、个体以及结构三个方面的解释视角。同时，资本视角的解释始终处于中心位置，并在历史发展过程中产生了资本概念和内涵的不断演进，包括早期的物质资本、文化资本、人力资本理论以及 20 世纪 80 年代出现的社会资本理论等。一方面，研究者从资本匮乏的角度来寻找贫困产生的原因，形成了收入贫困理论、文化贫困理论、代际贫困理论、社会排斥理论等；另一方面，研究者也从资本输入的角度提出了相应的反贫困路径，包括均衡增长理论、人力资本投资理论、参与式发展理论、社会资本理论等。

具体来看，早期从收入/消费维度来界定的贫困及其解释，决定了以经济增长、提高收入水平为主的经济学理论成为反贫困理论研究的主要范式以及政策实践的主导理念。20 世纪中期出现的贫困恶性循环理论、低水平均衡陷阱理论、循环积累因果关系理论等，都侧重从物质资本短缺的角度解释贫困发生的机理，并提出相应的反贫困主张。60年代，美国经济学家西奥多·舒尔茨提出了人力资本的概念，认为贫困的主要根源在于人力资本投入不足，并倡导通过增加发展中国家人力资本投入，来实现人力资本的形成、经济结构的转换以及经济的持续发展。80年代以后，社会资本在减轻农村贫困中的作用逐渐成为发展经济学家关注的热点，关系、网络、社会团体等社会资本为研究贫困问题提供了新的理论视角和经验证据。可以说，伴随国内外理论研究对贫困的界定从收入/消费的物质维度拓展到文化、教育、健康、社会排斥等多个维度，贫困也成为经济、社会、文化落后现象的总称。同时，贫困的概念和定义视角不仅指涉对贫困状况的判断以及对贫困人口生存处境的认识分析，也成为进一步建构反贫困理论模式和推进反贫困政策实践的基础和关键。因此，物质资本、人力资本以及社会资本也成为国家、社会组织等不同主体参与反贫困建设的重要倡导理念和制度安排，并形成了基于物质资本、人力资本、社会资本投资的不同的反贫困政策设计和农村减贫发展范式。

作为世界上最大的发展中国家，中国面临十分艰巨的反贫困发展任务。中华人民共和国成立以后，中国逐渐形成了扶贫开发的专门性职能机构和政策安排，农村反贫困也从一般的社会救济问题走向专门的扶贫开发，并从20世纪80年代开始在农村推行有组织、有计划、大规模的开发式扶贫，逐渐经历了从非制度化到制度化的反贫困演进过程。在此过程中，中国形成了以政府为主导的、注重物质资本投入的反贫困战略：包括以市场化改革促进经济持续、快速增长；设立自上而下的政府扶贫机构，负责扶贫政策和项目的制定与实施；提供财政拨款、贴息银行贷款、以工代赈资金等多种形式的反贫困资金；对贫困地区实行优惠政策；实施开发式扶贫，促进贫困地区经济增长等一系列政策措施。

与此同时，伴随贫困问题及扶贫任务的转变，中国农村扶贫开发的理念和实践亦不断变化。早期以救济为主的“输血式”扶贫和以开发式扶贫为主的“造血式”扶贫，在一定程度上反映了传统发展观下以物质资本输入为主的外源性发展理念。而进入21世纪以后，中国在以往开发式扶贫理念实践基础上，积极开展贫困家庭劳动力就业技能培训和农业实用技术培训，开始重视培育和提升贫困人口的社会适应能力和自我发展能力，并形成了中国开发和积累人力资本的一项长期性投资战略；同时，国家开始提出利用参与式方法自下而上制定和实施扶贫开发规划，主张通过赋权贫困人口、促进贫困人口参与来提高扶贫效率以及增进贫困地区内生发展动力，标志着中国反贫困理念和政策安排的进一步转变。

进入2011年以后，中国扶贫开发的任务和现状也发生了重要转变：扶贫开发已经从以解决温饱为主要任务的阶段转入巩固温饱成果、加快脱贫致富、改善生态环境、提高发展能力、缩小发展差距的新阶段。一方面，贫困人口插花分布以及农村因病、因学致贫现象突出，农村社区老龄化、空心化趋势加剧；另一方面，中国面临2020年全面建成小康社会的紧迫目标，这些对于扶贫开发理念及实践的转变提出了挑战和要求。党的十八大以来，习近平总书记多次在贫困地区调研中提及“精准扶贫”思想，从而推进了精准扶贫方略的提出和制定。精准扶贫强调各类政策、资金、项目等扶贫资源更好地瞄准贫困目标人群，旨在通过对贫困户和贫困村精准识别、精准帮扶、精准管理和精准考核，引导各类扶贫资源优化配置，实现扶贫到村到户，逐步构建精准扶贫工作长效机制，为科学扶贫奠定坚实基础。

从总体上看，以政府为主导、注重物质资本投入的扶贫开发是中国反贫困理念和政策安排的主要特点。同时，国家也提出和实施了一系列有关贫困人口人力资本投资以及社会资本培育等方面的政策举措，并在农村反贫困实践中予以尝试和探索。此外，作为国家反贫困政策和实践的重要补充，各类民间组织参与的农村减贫活动，也将文化、教育等人力资本投资以及参与、信任、关系、社会网络等社会资本的建设培育纳入贫困人口扶持发展的项目和过程，赋权、参与式扶贫、社区综合发展等反贫困理念和工作方法不断得到实践和检验。

如何梳理和总结基于物质资本、人力资本以及社会资本投入开发解决中国农村贫困问题的策略和成效，以及提出和建立更具适应性的扶贫开发政策理念和行动模式，将为进一步提高反贫困政策安排的实际效益奠定重要的理论和实践基础。尤其是在当前以精准扶贫为主要战略安排的脱贫攻坚阶段，如何将物质资本、人力资本和社会资本投入统筹起来，建立物质资本、人力资本、社会资本等三维资本协同的反贫困机制和模式，以提高新阶段扶贫开发的综合效益，不仅是当前推进精准扶贫、精准脱贫的现实要求，也是总结和创新扶贫开发新阶段政策安排和行动模式的重要内容。因此，本书将在上述背景下，开展三维资本协同反贫困的理论和实证研究，以期进一步深化和讨论当前及未来一段时间中国反贫困机制模式的理论基础和实践经验。

二、三维资本的内涵

在有关贫困及反贫困问题的研究和实践中，“三维资本”常常作为物质资本、人力资本以及社会资本的集合概念而出现，在内涵上包括了三者的结合，而并不作为一个特定的概念形式。因此，理解三维资本的界定和内涵，有必要从物质资本、人力资本以及社会资本的概念出发，探讨资本视角的贫困发生机制以及三者在贫困与反贫困问题中的表现形式。

（一）物质资本

从研究视角来看，物质资本是贫困与反贫困研究的主流范式。古典经济学将资本视为以货币形式表现出来的资金以及以实物形式表现出来的生产资料，提出资本就是资金、存物以及土地、机器和厂房等物质资料。物质资本是界定国家财富多寡的唯一标尺，也是经济增长的重要因素。许多经济学家都指出，经济的增长只能依赖于物质资本的积累。

然而，学术界对于物质资本的概念界定，存在一定的争议。如萨缪尔森将资本品等同于物质资本，特指经人类劳动制造出来的中间产品——存在于机器、设备和厂房等形式（劳动资料）或原料、燃料和辅料等形式（劳动对象）上的资本，而其他如土地、劳动等生产要素则不被看作经济过程的产物，因而是“初级生产要素”。资本品与生产要素之间的区别在于，资本品不仅是一种投入，同时也是一种社会产出，是被经济制度生产出来并能够进一步生产物品和劳务的一种生产要素。因此，物质资本是既占用时间又消耗资源的生产过程的产物，也是社会扩大再生产的物质前提。与之相比，贫困及反贫困研究中的物质资本内涵则不仅包括萨缪尔森的资本品，也包括了土地等“初级生产要素”。在国内一些学者的研究中，物质资本被视为影响农户收入及收入不平等的主要因素之一，在内涵上往往包括了农户生产性固定资产、家庭生产性用地，或指称农户所拥有的财产及其货币表现形态等资源形式。

可以说，物质资本是一种个体所拥有的资本形式，包括土地、资金、存物等生产资料和资本品。而物质资本的匮乏则必然导致人们陷入贫困，或者说，物质资本的匮乏是贫困的主要表现形式。从历史上世界各国的贫困状况来看，贫困人口普遍表现为物质资本的匮乏，即个体缺乏必要的生产生活资金，在土地、资金、房屋等资产形式方面存在一定程度的不足或欠缺。同时，物质资本的匮乏也是进一步引发贫困人口受教育水平低、技能培训不足、因病致贫返贫等其他贫困问题的根源。由此，增加贫困人口的物质资本存量也是解决贫困问题的基本路径。

就反贫困的物质资本投入而言，一方面强调外部主体为贫困地区或贫困人口提供相应的物质投入和支持，通过开发地区自然资源的形式来提高贫困人口收入水平和促进地区经济发展，并通过国家主导的国民收入再分配形式，借助补贴、补助等形式直接促进贫困人口资产水平的提高；另一方面，物质资本的反贫困也强调贫困人口利用其所拥有的物质资本形式，通过对物质资本的合理配置和使用，实现资本的积累和增长，并达到提高收入水平的目的。

基于物质资本的投入开发也是中国农村反贫困政策实践的重要形式和内容，各项惠农补贴、农村基础设施建设、产业开发政策等，一方面旨在增加贫困人口的物质资本存量，缓解其生产生活资料匮乏的问题；另一方面也是为了改善贫困地区总体的物质资本条件，为贫困人口实现个体物质资本的投资效益奠定基础。同时，物质资本的内涵并不仅仅局限于个人及其家庭所拥有的固定资产形式，实际上也应该包括其所在的社区、集体范围内共同拥有的相应自然资源和固定资产。但贫困地区往往面临土地资源有限、基础设施条件落后、集体经济贫弱等问题，难以对贫困人口提供相应的社区支持，尤其是一些边缘贫困人口资本转换能力较低，在一定程度上也制约了外部物质资本投入的承接转换以及从本地物质资本的开发中获益，由此也引发了国家探索新型的物质资本扶贫模式。

（二）人力资本

与物质资本不同，人力资本是一种非实体性资本，包括了知识、技能、经验、声誉、健康等要素。从研究视角来看，其概念界定经历了一个不断演进发展的过程。

早期古典经济学家提出了有关人力资本的相应理解。1676 年，威廉·配第提出了“土地是财富之母，劳动是财富之父”的观点，成为人力资本概念的萌芽。其后，亚当·斯密将劳动者的知识和技能看作一种资本。阿尔弗雷德·马歇尔也认为在各种资本投资中，对人本身的投资最有价值。新制度学派代表人物道格拉斯·诺斯将“知识存量”作为人力资本的重要组成部分，并提出“社会的知识存量和资源禀赋决定了生产率和产出量的技术上限”的论断。

20 世纪 60 年代末，美国经济学家西奥多 · 舒尔茨正式提出人力资本的概念，并将人力资本的概念界定为劳动者知识、技能和健康状况的总和。总的来看，舒尔茨有关人力资本的认识和理解包括以下几个方面：(1) 人力资本存在于人的身上，表现为知识、技能、体力（健康状况）价值的总和。一国的人力资本可以通过劳动者的数量、质量以及劳动时间来度量。(2) 人力资本依靠投资而形成，投资渠道包括营养及医疗保健费用、学校教育费用、人员培训费用、择业过程中所发生的人事成本和迁徙费用。(3) 人力资本投资是经济增长的主要源泉。人力资本投资的增长无疑明显地提高了投入经济发展过程中的工作质量，这些质量上的改进也成为经济增长的一个重要源泉。(4) 人力资本投资是效益最佳的投资，也是回报率最高的投资。(5) 人力资本投资的消费部分实质是耐用性的，甚至比物质的耐用消费品更加经久耐用。随后，伴随这一研究理论的拓展，学界出现了其他有关人力资本内涵的界定和解释，如贝克尔提出人力资本就是人们在教育、职业培训、健康、移民等方面的投资所形成的资本，强调“人力资本是通过人力投资形成的资本，也是用于增加人的资源、影响未来的货币和消费能力的投资”。而以美国经济学研究者罗默、卢卡斯等人为代表的新经济增长理论，则将“劳动力”的定义扩大为人力资本投资，即人力不仅包括绝对的劳动力数量和该国所处的平均技术水平，还包括劳动力的教育水平、生产技能训练和相互协作能力的培养等，这些统统被称为“人力资本”。

从国内研究来看，人力资本的概念广泛出现于贫困及反贫困问题研究中，在概念方面主要沿袭舒尔茨、贝克尔等人提出的经典定义，即将人力资本界定为人们花费在教育、健康、移民和信息获取等方面的开支所形成的资本。也有学者将人力资本从个体和群体两个角度进行定义：从个体角度来看，人力资本是指“存在于人体之中，后天获得的具有经济价值的知识、技术、能力和健康等质量因素之和”；而从群体角度来看，人力资本则是指“存在于一个国家或地区人口群体每一个体之中，后天获得的具有经济价值的知识、技术、能力及健康等质量因素之和”。

总的来看，人力资本可以界定为人们在教育、职业培训、健康、移民等方面投资所形成的资本，它是嵌入劳动者本身的追加价值，同时也具有群体人力资本水平的差异。在内涵上，人力资本包括了人的文化教育水平、职业技能水平、健康状况、日常经验习惯、流动迁徙能力等。结合中国农村贫困及反贫困现状看，贫困人口人力资本的匮乏表现为个体在教育、健康、流动等资本积累上的不足，并进一步产生了低水平的劳动力、因病致贫返贫现象以及流动迁徙困难等。同时，人力资本不足也是导致贫困代际传递的重要因素之一。在许多农村地区，贫困家庭出现子女辍学、因病致贫现象尤为严重，而这些又极有可能造成新一代的贫困人口和贫困家庭。

因此，作为一项综合性、复杂性和长期性的治理运动，农村反贫困理应涉及文化教育、医疗卫生、就业培训等多方面的政策实践和行动模式。事实上，中国在多年的农村反贫困进程中一直重视贫困人口人力资本的投资和建设，包括实施雨露计划、农村低保与扶贫开发两项制度衔接、易地移民搬迁等扶贫开发措施和模式，并在农村文化发展、普及义务教育、培养新型农民、医疗保障、农民流动等方面出台了大量的惠农、强农政策，在提高和增进贫困人口文化教育水平、医疗健康保障水平、就业能力和社会流动能力等方面取得了显著成效。同时，大量海内外民间组织也借助其公益扶贫理念和组织行动，积极投身于贫困人口的技能培训、儿童教育、文化传承、特殊疾病预防治疗等领域，有效弥补和增进了中国农村反贫困进程中基于人力资本的投入、建设和开发。

（三）社会资本

社会资本的概念出现于20世纪80年代初期。在理论研究领域，由于政治学、经济学、社会学等多学科都对社会资本概念进行了广泛的研究和界定，因而使得这一概念具有了丰富的内涵和多重解释。

从研究历史来看，社会资本的概念最早可以追溯到早期社会学研究者埃米尔·杜尔凯姆、格奥尔格·齐美尔、马克斯·韦伯等人关于规范、道德和团体对于个人行为影响的经典论述。美国社会学家利达·汉尼范第一次使用了“社会资本”这一概念，并把“社会资本”看作是有利于个体和社区发展的资源。而法国社会学家皮埃尔·布迪厄则被视为这一概念的正式提出者。

20世纪80年代，布迪厄在《社会科学研究》杂志上发表了《社会资本随笔》一文，正式提出了社会资本的概念。他认为，社会资本是“实际或潜在的资源集合，这些资源同对某种持久性网络的占有密不可分，这一网络是大家共同熟悉的、得到公认的，并且是一种体制化关系的网络”。换言之，这一网络是同某个团体的会员制相联系的，它从集体性拥有的资本的角度为每个会员提供支持，提供为他们赢得声望的“凭证”。总之，社会资本就是“社会联系、社会荣誉和社会尊敬的资本”。1986年，布迪厄在其进一步的研究中更加详细地区分了资本的三种形式，包括经济资本（以金钱为媒介，以产权为制度化形式）、文化资本（以文凭、学历、证书等为符号，以学位为制度化形式）、社会资本（以社会声望、名誉、权威和头衔等为符号，以社会契约为制度化形式）。美国社会学家詹姆斯·科尔曼则通过实证研究丰富了社会资本的现代意义。他认为，社会资本的定义由功能而来，它不是某种单独的实体，而是具有各种形式的不同实体。社会资本具有两个特征：它们由构成社会结构的各个要素组成，它们为结构内部的个人行动提供便利。从总体上来看，社会资本是基于社会关系、网络和社团的制度和组织，这些社会关系、网络和社团可以产生出共享知识、相互信任、社会规范以及不成文规则。根据社会资本包含的核心内容，它还可以被定义为“社会组织的特征，诸如信任、规范以及网络，它们能够通过促进合作来提高社会的效率”。换言之，社会资本概念关注个体与个体间的关系、个体行为的“嵌入”（embeddedness）、个体对社会资源的拥有（access）和动员（mobilization）能力以及个体在社会网络中的位置等多个方面。

20世纪80年代以后，亚历杭德罗·波提斯从个人角度对社会资本进行了定义。他认为社会资本是通过个体具有的成员资格身份在宽泛的社会结构（如组织、网络等）中获得短缺资源的能力，且这种获取社会资本的能力不是固定不变的，而是存在于个体之间变动着的关系中；社会资本是嵌入的结果。随后，社会学家罗伯特·帕特南对社会资本概念进行了再次的研究界定，指出“社会资本是社会组织的特征，例如信任、规范以及网络，它们能够通过促进合作行为来提高社会的效率”。美国学者林南则从社会网络出发，认为“社会资本是嵌入于一种社会结构中的、可以在有目的的行动中获取或动员的资源”。根据这一定义，社会资本的内涵包括了三个重要组成部分：一是嵌入于一种社会结构中的资源；二是个人获取这些社会资源的能力；三是个人通过有目的的行动运用或动员这些资源。与此同时，经济学领域也对社会资本概念进行了相应的界定，如埃文斯基于发展经济学的视角，提出社会资本的核心是规范和网络，只有两者俱备，才能称得上是具有意义的社会资本；福山则把社会资本的内涵集中到群体的价值和社会规范上来，即普遍的社会信任，尝试用社会的普遍信任程度来分析一个社会或国家的经济繁荣程度，在更宽广的层次上来论述社会资本。

国内学者将有关社会资本的不同定义归纳为五种类型：一是“资源说”，认为社会资本是一种通过“体制化关系网络”占有而获取的、实际的或潜在的资源集合体，是从社会网络中动员了的社会资源；二是“能力说”，认为社会资本是行动主体与社会的联系，以及通过这种联系获取稀缺资源的能力；三是“功能说”，认为社会资本是能为人的行动带来便利的社会资源；四是“网络说”，认为社会资本从形式上看就是社会关系网络；五是“文化规范说”，认为社会资本的本质是信任、互惠等文化规范。

因此，社会资本可以界定为能够影响和调整人们行为的社会资源，并以一定的人与人之间的社会关系或个人与组织之间的关系为基础，包括一定的内生性文化规范，并以信任、互惠、合作为基本表征。从这一定义出发，人与人之间基于血缘、地缘、业缘、姻缘等形成的社会网络以及个人与组织间的庇护、支持等都是人力资本的重要形式。就贫困人口而言，其社会资本表现为个体的信誉、声望、荣誉等，以及可以从亲友、邻里、社区等获得的支持和帮助，也即贫困人口的“面子”资源，这些也是其获得相应物质支持和心理慰藉的重要来源。就贫困社区而言，社会资本则是一个社区的凝聚力、团结力和信任力等，这些也是社区参与反贫困建设的重要精神支持和基础。从中国政府主导的农村扶贫开发来看，参与式扶贫模式集中体现了社会资本建设对于贫困人口及贫困地区的重要意义。同时这一模式也是民间组织开展农村反贫困的重要形式，并在调动贫困人口参与扶贫开发、提升社区凝聚力等方面进行了卓有成效的探索。

三、从物质资本到社会资本：贫困及反贫困研究的范式变迁

如前所述，贫困现象作为一种直接可观的客观存在，首先是一种社会物质生活匮乏的现象，表现为个体收入、消费的不足或匮乏。在贫困及反贫困研究中，“资本”的视角也一直处于核心位置。总体来看，这一视角的贫困及反贫困研究主要围绕资本的短缺来解释贫困产生的原因和发生的

机制，包括早期的物质资本范式、人力资本以及社会资本范式，并强调从资本投入的角度制定相应的反贫困行动路径和制度选择，收入贫困理论、文化贫困理论、人力资本投资理论、社会资本理论等都是这些视角下的重要研究理论。

（一）收入、消费与发展的效应：贫困及反贫困研究的物质资本范式

从根本上看，贫困问题首先是经济发展领域关注的重要议题。从经济学的视角出发，贫困表现为个体生活水平落后于满足基本生活的最低水平，以及一个国家或地区经济发展落后于发达国家，因而发展经济、提高收入水平成为解决贫困问题的基本思路。早在18世纪以前，中西方社会普遍将贫困视为一种个体现象，懒惰、身体残缺等道德和生理的缺陷，以及自然灾害或天意、命运成为解释贫困现象发生的主要原因。贫困的缓解或消除也大多依赖于宗教或社会个体的慈善行为，并由此推动了以国家为主体的慈善救济传统的产生和发展。

18世纪特别是第一次工业革命以后，伴随资本主义社会的迅速发展，工业革命在带来巨大财富的同时，也产生和加剧了贫富差距、分配不公等贫困现象。加之城市化、工业化迅速推进，农村和城市的贫民、流民问题日益严重。一批社会中产阶级开始针对普遍存在的贫困问题进行大规模的社会调查，并以翔实的数据和资料揭示资本主义社会愈益严峻的贫困问题。由此，贫困现象开始作为一种社会问题进入公众视野，并引发了西方社会经济学、社会学以及管理学领域研究者的讨论和关注。

1899年，英国学者本杰明·西伯姆·朗特里在对约克郡工人家庭的收入和生活支出等状况进行大规模调查后发现，约克郡大约有10%的工人家庭生活在生存难以为继的贫困境地。据此，朗特里第一次为个体家庭建立了贫困标准，并在《贫困：城镇生活研究》一书中将贫困定义为“一个家庭的总收入水平不足以维持家庭所有成员最低生活必需品的费用”。这里

的最低生活必需品是指能保障家庭成员身体功能正常所需要的物品，包括食品、衣物、住房和其他项目等。而根据最低生活必需品的数量和价格，计算出贫困家庭的最低生活支出标准——贫困线，即通过家庭收入水平与贫困标准的比较从而对贫困进行判断。

这种用收入或消费水平来度量的贫困，被称为收入贫困，也即绝对贫困。朗特里是第一个对贫困进行定义的经济学家，他提出的贫困标准也成为后来测量贫困的有效工具。同时，关于贫困是由于低工资导致的论断对当时的社会影响很大，有力地抨击了那些认为贫困完全是个人原因导致，以及个人应为自己的贫穷负责的思想观念的人。此外，朗特里还将贫困人口划分为初级贫困和次级贫困两种不同类型。其中，初级贫困（Primary Poverty）是指纯收入水平不足以维持最低生活必需品的家庭；次级贫困（Secondary Poverty）则是其收入足够维持其生活，但是由于别的开销或者浪费而陷入贫困的家庭。

朗特里的收入贫困研究在本质上是将物质资本不足作为贫困的具体表现，并以相应的收入水平作为衡量的具体标准，也为后续的研究奠定了基础。直到二十世纪六七十年代，收入贫困理论越来越受到批评和质疑，学者认为定义贫困不能仅从个人的收入水平来度量。由此，美国经济学教授法克思等人提出了相对贫困概念，即“如果一个人或一个家庭的生活状况低于社会平均水平到了一定的程度，就认为其处于贫困状态”。英国学者鲁西曼和汤森德等人继续发展了相对贫困理论。汤森德指出，“那些缺乏获得各种食物、参加社会活动和最起码的生活和社交条件的资源的个人、家庭和群体就是贫困的”。他认为贫困是穷人们应该享有的社会生活水平以及社会生活中的一些权利被剥夺了，这些权利之所以被剥夺是因为他们缺乏相应的资源。相对贫困理论对贫困原因进行了探讨，但这里的家庭生活状况或生活水平仍以收入或消费来衡量，依然没有改变强调物质的一维贫困观。

与此同时，在反贫困研究范式上，研究者亦突出了从增加物质资本投入方面进行地区反贫困建设和发展。19 世纪西方发达资本主义国家进行的贫困调查不仅将贫困问题引入国家和社会的视野，也在一定程度上推动了各国政府参与到国家收入的再分配进程中，通过建立相应的社会保障制度，满足较低收入阶层的生存需求和收入保障，以各式各样的物质资本输入方式解决个体面临的收入匮乏、消费不足问题。

20 世纪尤其是第二次世界大战以后，发展经济、壮大国家实力成为这一时代的重要议题。经济学家对贫困问题的研究也随即出现了重要的范式转变，即逐渐从关注个体或群体以及阶级的贫困问题转向国家或区域之间的发展不平衡，开始在国家以及区域层面研究贫困的流动和贫困的特征，并主张宏观层面国家物质资本的匮乏是导致地区贫困的主要原因，而增加物质资本投入也成为解决地区贫困及国家区域发展不均衡问题的关键。如保罗·罗森斯坦·罗丹、罗格纳·纳克斯等一批经济学家在发展经济学理论框架下提出和发展了均衡发展理论，将资本不足所导致的收入水平低下视为发展中国家经济落后和贫困的根本原因，并强调物质投入的经济增长对于解决贫困问题的重要性；冈纳·缪尔达尔通过“整体性”的分析方法，指出资本形成不足和收入分配不平等是导致发展中国家贫困的最主要因素，因此加强投资尤其是交通、电力、教育及卫生等事业的公共投资是发展中国家摆脱贫困的有效措施。因此，罗森斯坦·罗丹的“大推进理论”、纳克斯的“贫困恶性循环”理论、纳尔逊的“低水平均衡陷阱”理论以及哈维·莱宾斯坦的“临界最小努力”、冈纳·缪尔达尔的“循环积累因果关系”等理论，都从物质资本投入不足及投入的角度对发展中国家的贫困问题进行了相应研究，并提出增加物质资本投入为主的反贫困模式。事实上，强调物质资本投入为主的反贫困理论也成为世界各国减贫与发展的主流政策理念和实践基础。

从国内外研究来看，对于物质资本的贫困观虽然存在一定的争议，但物质资本对于农民收入的影响已为大多数学者所证实。一方面，研究者肯定了物质资本对于贫困特别是农民收入不平等的重要影响，以及物质资本投入对于提高个体收入和促进经济发展的重要意义。如赵亮、张世伟利用地区农户抽样调查数据进行回归分析，发现耕地对农村内部收入不平等的增加具有显著影响。同时，物质资本对农村收入差距的影响正在快速提高，Wan G. 和 Zhou Z. 的研究表明，物质资本的贡献率在 10 年间增加了 20%左右。从宏观来看，物质资本要素在国家经济增长中扮演着重要的角色，物质资本也一直是中国经济发展中最紧缺的要素之一，并在可预见的将来，经济增长与社会发展也仍将主要由物质资本推动。

从物质资本的贫困范式出发，反贫困的主要路径就是促进一个国家或者地区的经济增长，以及由此带动贫困者的收入提高。中国扶贫开发前期的救济式扶贫、开发式扶贫等都是通过物质资本的直接给予或发展经济来实现。但另一方面，也有实践证明通过经济增长消除贫困的反贫困战略收效甚微。贫困者不仅没有减少，反而有进一步增多的趋势，这种趋势在一些发达国家里表现得尤为明显。造成这种状况的原因是贫困群体并没有分享到经济发展的成果，社会不平等导致的贫困差距依然存在。黄英君等基于对中国政府反贫困政策进行的全方位分析以及贫困的二重性（物质贫困和精神贫困）指出，虽然物质资本投资和人力资本投资在中国政府反贫困政策中占据主导地位，但物质资本投资主导的政策体系只能缓解物质贫困。

（二）文化、教育、技能与新经济增长：贫困及反贫困研究的人力资本范式

20 世纪中后期，伴随着人们对于贫困认识的深化，以及社会学领域研究者对贫困问题的广泛关注，贫困研究出现了新的概念和解释，如文化贫困理论、贫困代际传递、人力资本投资理论等，这些理论拓展了以往以经

济收入等物质资本作为标准衡量贫困现象的认识，提出除物质资本匮乏以外，文化、知识技能水平、受教育程度、健康状况等也是影响个体收入水平、造成贫困现象的重要因素，并倡导通过文化、教育、技能培训、健康等人力资本投资来进行反贫困建设。

教育、健康、技能培训等人力资本层面的贫困研究是资本视角下贫困及反贫困研究的重要内容，同时也是早期社会学研究者对贫困问题进行界定和解释的基本面向。如美国社会学家赫伯特·甘斯就指出，贫困者之所以贫困主要是由于他们天赋较低，或者是由于他们不愿意为接受较高教育培训而付出代价，因而只能担当一些重要程度较低的职位，低职位决定低工资，低工资决定他们始终处于贫困状态。由于贫困家庭往往无力支付子代的受教育经费，或者父代对于受教育的认识程度较为低下，从而导致子代的受教育程度低下并重蹈父辈贫困之路，出现贫困的代际传递。早期国际持续性贫困研究中心（CPRC）在对贫困代际传递机制的研究中，也提出将人口与健康因素纳入研究的范围；世界卫生组织和联合国发展署等国际组织也将健康视为人类发展的重要目的之一。以至于 20 世纪 90 年代，理论界形成了健康决定收入差距说（income inequality hypothesis），不仅将健康视为决定个人收入和家庭贫困的主要因素，也将其看作是造成社会收入差距的重要原因。英国社会学家奈杰尔·托马斯也强调了人力资本对贫困的影响。他指出，人力资本低下的劳动者难以找到好的工作，而父母受教育水平低会阻碍其孩子人力资本的发展。法国社会学家布迪厄的文化资本研究也突出了文化、教育等人力资本的重要性。他提出，穷人的窘迫源于他们“没有选择”，“没有选择”的原因是穷人在市场竞争中缺乏必要的文化资本（包括由人们长期内化的秉性和才能构成的生存心态，以及由合法化的制度所确认的各种学衔、学位和那些已经物化或对象化的文化财产）。

1979 年，美国经济学家舒尔茨在对传统小农经济的分析中系统地提出了人力资本理论。他提出，实现经济增长的关键在于如何把传统农业改造为现代化的农业，而其关键则在于提升小农的人力资本，包括劳动者的知识、技能和健康状况的总和。他认为，“人的知识、能力、健康等人力资本的提高对经济增长的贡献远比物质、劳动力数量的增加重要得多”。舒尔茨的研究也引起了学界对于人力资本及其投资理论的关注。贝克尔在此基础上提出了人力资本的概念界定，包括人们在教育、职业培训、健康、移民等方面的投资所形成的资本，强调“人力资本是通过人力投资形成的资本，用于增加人的资源，影响未来的货币和消费能力的投资”。

可以说，物质资本为中心的贫困理论主要关注资源等对于贫困及反贫困的影响，而人力资本理论则指出贫困产生的根本原因并不在于物质资本的短缺，而是人力资本的匮乏以及人们对人力资本投资的轻视。因此，就反贫困来讲，人力资本的反贫困范式主要突出了文化、教育、技能培训、健康等人力资本投资的重要性。如舒尔茨主张，发展中国家应增加人力资本的投资，尤其是教育投资，由此来改善发展中国家的人口质量，促使人力资本的形成、经济结构转换以及经济的持续发展。

20 世纪 80 年代以后，新经济增长理论继续拓展人力资本视角的反贫困研究。他们将新古典增长模型中的“劳动力”定义扩大为人力资本投资，即人力资本不仅包括绝对的劳动力数量和该国所处的平均技术水平，而且包括劳动力的教育水平、生产技能训练和相互协作能力的培养等，这些统称为人力资本。并构建了新的增长模型——技术进步内生增长模型，将知识和专业化的人力资本引入增长模式，认为知识和专业化的人力资本积累可以产生递增收益并使其他投入要素产生收益，这对于 20 世纪末以来发展中国家通过人力资本建设促进经济发展和反贫困提供了重要的理论基础和政策导向。

人力资本视角下的贫困及反贫困问题也是国内外学者关注的重点。如 Gustafssona 等人进行的研究发现，劳动力投入的数量和质量是决定中国农村居民收入的主要因素，尤其是劳动力教育水平的提高对于增加农村居民收入具有积极的正向效应。沈小波、林擎国等在分析中国贫困问题时指出，贫困不仅指收入贫困，而且指教育和知识贫困、健康贫困，以及面临风险时的脆弱性等。贫困的原因不仅仅是缺乏物质资本和公平的收入分配，而主要是缺乏人力资本和有效率的市场制度。因而反贫困战略不仅要重视物质资本投入和公平分配，还要注意人力资本投入和市场制度的引入。王弟海基于一个扩展的 Ramsey 分析模型，讨论了健康人力资本、物质资本和消费之间的关系以及健康对长期经济增长的影响。研究发现，来源于食物消费和营养的福格尔型健康人力资本不能产生内生经济增长机制；但如果有外生技术进步，这种福格尔型的健康人力资本可以扩大经济增长率；通过考虑最低消费和营养水平限制对健康人力资本的作用，证实了福格尔型健康人力资本会导致经济中存在多重均衡，这也可以解释世界经济发展过程中富国具有高资本、高健康和高消费水平而穷国正好相反的现象。张建斌从人力资本的视角分析了贫困的本质，并阐述了人力资本在反贫困中的作用机理以及中国农村人力资本投资的现状，进而提出基于人力资本视角的农村反贫困政策，包括加大农村的教育投资，促进农村人口文化素质的提高；加强农民工在职培训，提高农民工城市就业能力；加大财政支出力度，促进农村医疗卫生事业发展；以及逐步打破户籍制度的瓶颈约束，促进农村劳动力的合理流动等。此外，一些学者从人力资本与物质资本的关系角度提出了新的研究议题，如马红旗、徐植在构建一个二级 CES 生产函数基础上，利用非线性 OLS 技术估算了中国物质资本与不同类型劳动力之间的替代参数。结果显示，中国物质资本与人力资本表现出明显的互补性，但与西方发达国家不同的是，中国物质资本与“中档”人力资本依赖性最为突出，即与初中和高中教育水平劳动力的互补性要强于其与其他劳动力的互补性。

（三）信任、规范与社会网络：贫困及反贫困研究的社会资本范式

20 世纪 80 年代以来，社会资本理论的产生为研究贫困问题提供了新的理论视角和经验证据，社会资本在反贫困中的作用逐渐受到研究者和扶贫工作者的关注。更多研究发现，社会资源的匮乏也是导致贫困现象发生的原因和机制，而借助信任、规范、社会网络等资源则可以提高物质资本和人力资本的配置效率。因此，贫困及反贫困研究出现了社会资本范式的转变，社会资本建设也成为反贫困的又一重要手段。

事实上，早在 20 世纪中期，有关社会排斥、社会歧视等研究理论已经揭示了社会关系对于贫困的重要影响和作用机制。如指出“被排斥群体”（the excluded）由于不能参与政治活动、医疗条件差且在地理位置上受到社会孤立而陷入贫困；以及西方文化中心主义下种族偏见及其衍生的制度化的职业等级制度等都会造成贫困现象的产生。80 年代以后，西方逐渐形成了社会资本的理论范式。根据这一理论，社会资本是自然资本、物质资本、人力资本的必要补充，也是发展必不可缺的资本形式。社会资本与传统的资本概念相比，最显著的差别在于它是一种非正式制度，是行动者在行动中获取和使用的嵌入在社会网络中的资源。其中，法国学者布迪厄对社会资本进行了系统研究。他认为，社会资本就是“社会联系、社会荣誉和社会尊敬的资本”，是“实际或潜在的资源的集合体，这些资源与拥有或多或少制度化的共同熟识和认可的关系网络有关”。美国社会学家科尔曼对此进行了大量的实证研究，并实现了社会资本理论由微观层面到宏观层面的超越。在《社会资本创造人力资源》一文中，科尔曼提出，社会资本是基于社会关系、网络和社团的制度和组织，这些社会关系、网络和社团可以产生出共享知识、相互信任、社会规范以及不成文规则。根据社会资本包含的核心内容，它还可以被定义为“社会组织的特征，诸如信任、规范以及网络，它们能够通过促进合作来提高社会的效率”。总之，社会资

本理论关注个体与个体间的关系、个体行为的“嵌入”（embeddedness）、个体对社会资源的拥有（access）和动员（mobilization）能力以及个体在社会网络中的位置等方面。林南则从理论上分析了社会资本对于收入不平等作用机制的影响。他认为，社会资本可能造成和加剧相对剥夺，从而扩大收入差距。

自从社会资本在收入和贫困问题中的作用被“发现”以来，社会网络、信任和规范等社会资本对减轻农村贫困的作用逐渐受到学界的重视，大大推动了反贫困研究的发展。一方面，一些研究者从经济学视角研究社会资本，分析其对经济发展产生的重要影响。如埃文斯基于发展经济学的视角，研究了社会资本的内涵，提出社会资本的核心是规范和网络，只有两者俱备，才能称得上是具有意义的社会资本；福山则把社会资本的内涵集中在群体的价值和社会规范上，即普遍的社会信任，尝试用社会的普遍信任程度来分析一个社会或国家的经济繁荣程度，在更宽广的层次上来论述社会资本，如群体层面、国家层面和社会层面等，明确阐明了以社会为中心的社会资本的功能，即普遍的社会信任与经济繁荣之间的关系。另一方面，社会资本也逐渐被政府组织及非营利机构所采用，逐渐产生了社会资本减贫的制度范式和关系范式。如世界银行在帮助发展中国家推行的发展项目过程中，不仅证实了社会资本是发展中“缺失的链条”，也进一步将社会资本作为理论依据，在发展中国家和地区实施了一系列以赋权为主的参与式发展项目，以期通过社会资本建设提高地区反贫困的成效和效率。

从社会资本的角度来看，它一方面是解释贫困现象的重要因素，另一方面也成为反贫困政策的理论基础。国内研究者指出，穷人的社会网络具有网络半径小、距离近、网络信息和资源交换不充分等突出特点，与富人的社会资本相比，穷人的社会资本严重不足，甚至会出现赤字。社会资本的差异与经济资本和人力资本的差异一样，也会强化强势群体的有利地位，并恶化穷人的境况。叶敬忠在研究中也强调了农民社会网络的重要性。他指出，社会资本而非自然资本、物质资本、金融资本以及人力资本是农民能否开展新型家庭生计发展活动的关键因素，社会网络在农民发展创新过程中具有重要作用，也是农民可以通过与网络中其他角色互动来调动实施发展创新所需要的各种资源。因而在农村发展实践中，应考虑有助于农民社会网络建立与扩展的干预内容。刘俊文、陈宝峰基于对四川大小凉山彝族地区进行的问卷调查，探讨农户社会资本对收入的影响，提出少数民族地区贫困农户依靠物质资本和人力资本的增长实现脱贫致富存在客观局限性，因而脱贫致富必须高度关注并充分利用社会资本。郑志龙基于社会资本的研究，还提出了关系贫困的贫困分析范式。在他看来，社会资本是嵌入在社会结构之中使社会行动得以实现的资源，社会资本的分布具有不平衡性，一些贫困群体因在社会结构中占有较少的社会资源而陷入关系贫困的境况。从关系贫困的视角出发，政府反贫困治理需要由目前的物质资本范式和人力资本范式转向社会资本范式，具体策略包括提高贫困者的社会地位，构建贫困者的社会支持网络，以及增加贫困群体的社会资本存量等。

作为贫困及反贫困研究的主要范式和视角，资本对于贫困及反贫困的影响一直是研究者关注的议题，并呈现出从强调物质资本到人力资本和社会资本的研究转变。一方面，研究者关注物质资本、人力资本、社会资本对于贫困和反贫困的重要影响以及三者之间的关系；另一方面，研究者也逐渐倡导将三维资本进行结合，建立一种三维资本协同反贫困的机制和模式。特别是由于物质资本、人力资本和社会资本之间存在复杂的相互关系，基于三者进行的研究也成为贫困及反贫困研究的热点。

刘林等借助国家统计局调查总队的农村住户调查数据，采用面板分位数回归和 Bootstrap 技术，分析了物质资本、人力资本和社会资本对少数民族农户收入差距的影响。研究显示，少数民族农户收入差距和贫困程度都得到了一定程度改善，且物质资本、人力资本和社会资本对增加少数民族农户收入具有正向作用，但人力资本对不同收入者边际贡献的差异证明它确实是拉大少数民族农户收入差距的原因，并对中高收入者的作用更加显著；而物质资本对收入差距的影响则不明显；通过加入经济合作组织或者有稳定的工作将有效提高低收入者的收入水平，由此说明社会网络异质性带来的社会资本能够改善少数民族收入差距问题。黄英君等也提出，社会资本投资缺失是未能有效解决精神贫困和实现预防贫困的主要原因，因而社会资本视角下中国政府反贫困政策创新的路径包括建立社会资本投资主导的社会资本投资、人力资本投资和物质资本投资的联动机制等。姚云云等也指出，贫困与资本缺失密切相关，中国农村社区因物质资本匮乏、人力资本不足、文化资本缺乏、社会资本缺失而呈现出经济、人力、文化及社会权利多维贫困。基于农村社区资本缺失导致的多维贫困，需要通过增加物质资本、积累人力资本、再生产文化资本、保障社会权利资本和建构社会关系网络资本等形式来培育农村社区资本，以及治理农村多维贫困。左宇晓、聂富强在梳理物质资本范式到人力资本、社会资本范式的反贫困理论发展脉络基础上，提出建立三维资本协同反贫困机制，将物质资本、人力资本和社会资本投资统筹起来，以提高新阶段扶贫开发投资的综合效益。黄承伟、沈洋也运用集物质资本、人力资本和社会资本于一体的三维资本范式，对新时期中国贫困产生的机制进行分析，并以此为理论依据，阐述中国农村扶贫开发的新型战略，提出有效解决贫困地区和贫困农户三维资本存量不足的方案，即发挥物质资本的基础性作用、人力资本的智力支持作用以及社会资本的效应提升作用。

总的来看，西方社会在 18 世纪以后逐渐产生了对贫困及反贫困问题的专门性理论研究，并由此推动产生了以社会保障为主的反贫困制度形式。与西方社会相比，古代中国也形成了相应的反贫困和慈善救助思想，包括传统文化对于扶危济困、改善民生的理念追求，最早以政府为主导的国家救助体系以及以邻里、宗族、宗教、会社、机构等为载体的互助、救助和慈善传统。虽然封建社会未能形成有关贫困及反贫困的专门性理论研究体系，但伴随封建社会瓦解以及近代民主革命的兴起，一批经济、社会学者及社会实践家开始关注社会贫困问题，并提出了相应的反贫困思想和主张，形成了对中国近代农村贫困问题的理论阐释和改良实践，共同推动了对中国农村社会经济尤其是农民贫困问题的讨论。

中西方在贫困及反贫困理论研究及实践形式上存在一定的差异，但从历史发展的角度看，二者在整体上具有从物质资本到人力资本及社会资本的范式转变特征，对贫困现象的关注始于物质资本的匮乏，对贫困问题的解决主要基于各项资本的投资和干预，以期实现物质丰裕、思想解放、平等自由等人类社会发展和文明进步的共同愿景。这些也是本书写作的重要研究背景和历史背景。事实上，现代贫困问题的产生和存在是一种充满复杂性、多元性和动态性的社会问题，它不仅呈现出不同资本匮乏的表现形态，在致贫原因上也具有复杂的和多样化的产生因素。因而作为一项综合性、复杂性和长期性的治理工程，农村反贫困斗争也是基于物质资本、人力资本、社会资本等投资形成的综合性治理政策和实践模式。特别是伴随中国提出精准扶贫精准脱贫的战略政策，不仅凸显了当前扶贫开发在全面建成小康社会进程中的重要意义，也将进一步强调扶贫政策设计和实践模式的精准性和针对性，这对于基于三维资本的农村反贫困机制模式提出了更加精准、有效、实际的要求和挑战。

·第二章·

三维资本协同反贫困与中国扶贫开发

反贫困是人类共同关注的事业，从全球来看，对反贫困过程的表述主要有三种：减少贫困、减缓贫困以及消除贫困。其中，减少贫困强调减少贫困人口的数量；减缓贫困强调反贫困的重点在于减缓贫困的程度；消除贫困则强调反贫困的目的是最终消除贫困。在中国反贫困过程中，国家习惯于用“扶贫”或“扶贫开发”来表示反贫困的具体行为过程。作为世界上最大的发展中国家，中国政府历来高度重视贫困问题的解决。同时，由于中国90%以上的贫困人口分布在广大农村地区，因而农村成为国家反贫困的主战场。

自中华人民共和国成立以来，中国政府一直致力于在经济社会发展的全面进程中，实行有效的反贫困政策措施来解决贫困人口的温饱问题，以实现公平而有效率的发展。伴随着中国经济发展、实现工业化和现代化战略发展过程，中国农村反贫困经历了计划经济体制下的广义扶贫、制度性变革引发的大规模缓解贫困、高速经济增长背景下以区域性瞄准为主的开发式扶贫以及全面建设小康社会进程中的扶贫开发等不同发展阶段，并呈现出与经济增长、社会发展相一致的趋势。近70年来，中国相继形成了救济式扶贫、开发式扶贫、参与式扶贫等扶贫制度和政策模式，构建了专项扶贫、行业扶贫、社会扶贫等政府、市场、社会广泛参与的大扶贫格局，以及整村推进、产业开发、劳动力转移培训等一体两翼的扶贫行动模式，走出了一条符合中国国情的，以政府主导、社会参与、自力更生、开发扶贫、全面发展为特点的扶贫开发道路，不仅为中国和全球减贫事业做出了突出贡献，也提出和分享了富有中国特色的扶贫开发经验模式。

与此同时，伴随人类对于贫困的认识理解从单一维度的物质资本匮乏到人力资本匮乏和社会资本匮乏等多维贫困的转变，也催生了贫困及反贫困研究从物质资本范式到人力资本范式和社会资本范式的演进变迁。可以说，从物质资本到人力资本，再到社会资本，人们对于资本要素及其在反贫困中作用的认识越来越全面和深刻，也为反贫困的路径选择提供了重要的指导和借鉴。结合中国农村扶贫开发的进程发展特别是当前中国扶贫开发进入脱贫攻坚新阶段，随着资产收益性扶贫、教育扶贫、健康扶贫等扶贫理念的提出和推进，进一步体现了三维资本协同反贫困的理念发展、政策演进，以及扶贫实践模式和具体行动模式的丰富和拓展。

一、物质资本匮乏的贫困及救济式扶贫（1949—1978年）

中国政府历来重视农村贫困问题的解决。中华人民共和国成立之初，由于长期战乱以及受自然灾害的影响，国家面临大范围的农村贫困现象。在成立以后的30多年，中国虽然并没有提出正式的扶贫开发战略和政策，农村反贫困也未进入正式的制度化进程，政府主要通过制度创新以及社会救济形式缓解农村普遍存在的贫困问题，在总体上是一种以平均主义福利模式为基础、物质资本投资为主导的反贫困政策模式。但这些举措也取得了相应的减贫成效，在一定程度上缓减了农村物质资本匮乏的绝对贫困现象，并为农村社会保障制度建设以及大规模的农村扶贫开发奠定了基础。

（一）中华人民共和国建立初期物质资本匮乏的农村贫困状况

19世纪中后期，明清社会封建统治日趋衰落，吏治腐败、积弊丛生，经济社会发展面临诸多困难，底层人民生活苦不堪言。加之鸦片战争以后西方帝国主义列强频频入侵，水旱涝渍等自然灾害不断发生，更加剧了人民生活的贫困以及社会矛盾。近代中国一度成为世界上最为贫穷落后的国家，贫困与灾荒这对孪生物，如鬼魅般吸附在“东亚病夫”的躯体上，使原本并不强大的中国更加贫弱。这一时期，中国面临普遍性的贫困问题，尤其是大部分的乡村人口处于赤贫的绝对贫困状态。而后经历民国时期军阀混战、抗日战争以及国共内战，直至1949年中华人民共和国成立之前，长期的战乱纷争造成了国家一穷二白的落后局面。

为了快速扭转国家贫困落后的局面并赶超发达国家，在当时的国际和国内政治经济环境下，新成立的中国政府选择了以行政手段为基础的资源配置体制——计划经济体制，以及优先发展资金密集型重工业的发展战略，以便建立一个完整的工业体系。

事实上，中华人民共和国建立以前，中国农业的生产力水平和生产方式都处于十分低下和落后的水平，农业生产表现为对种植业特别是粮食生产过度倚重的单一结构。并且在农业生产内部的比例极其不协调，除种植业以外的其他农业发展缓慢。据统计，1952年，第一产业增加值占国内生产总值比重达51%，第二产业增加值占20.8%，第三产业增加值占28.2%。其中，第一产业劳动力所占比重达83.5%，第二产业和第三产业分别占比7.4%和9.1%。也就是说，建立之初新中国经济结构基本上以农业为主，且农业生产结构基本上仍然停留在“农业以种植业为主，种植业以粮食生产为主”的单一结构阶段。由此也造成农村人口占据贫困人口的绝大部分比例。

而对于这样一个农业人口为主的农业大国来说，实施重工业优先的工业化发展战略势必要付出相应的代价。工业发展首先遭遇资金不足的巨大障碍，尤其是当时社会主义与资本主义两大阵营对峙的国际环境，决定了中国实现国家社会主义工业化以及对农业、手工业、资本主义工商业的社会主义改造，必须自力更生。在苏联斯大林模式影响下，中国形成了优先发展重工业的经济战略和高度计划的经济体制，其核心内容就是通过国家强有力的政治和组织手段，动员和集中国内一切可以利用的力量和资金，加速发展民族工业。

从 20 世纪 50 年代初期的农村合作化运动开始到 20 世纪 60—70 年代的人民公社时期，中国政府通过土地等主要农业生产资料的集体所有、农产品的指令性低价收购以及社区内的平均分配等制度安排，从农业和农村积累了大量的资源用于国家的工业化建设，同时在低水平上保证农民的基本生存需要，使大多数人口免于饥馑，全国根本性的贫困问题得到了一定程度的缓解。但由于计划经济体制的低效率以及发动“大跃进”“文化大革命”等战略性决策的失误，尽管国民经济和各项社会事业取得了长足发展，现代工业体系初步形成，但广大居民（尤其是农村居民）的生活水平普遍低下，数亿人口仍生活在绝对贫困线以下。

同时，由于计划经济体制以及优先工业发展的做法不断被政策化和制度化地延续，中国迅速完成了传统经济结构的转变，但也造成了长期以来的二元结构形势。可以说，中国二元结构的形成并非城乡关系自行演化的结果，而是在一系列基本国策作用下形成的：包括加速实现国家工业化的指导思想及其影响下的资金集中和垄断工业发展模式，城市的低工资、低物价、高积累、高福利制度与农村必须提供低价粮食与其他农副产品，带有歧视性的农业和农民政策，限制性的农业人口流动等。因此，工业化和现代化建设初期，虽然农村土地改革和农业技术进步改善了贫困农户以土地为核心的资产状况，提高了农民收入和福利水平，具有明显的扶贫效果。但由于计划体制指导下，贯彻的是农业为国家现代化提供原始积累的宏观发展战略，造成了农村过度集体化，加之连续三年困难时期以及“大跃进”和“文化大革命”的影响，严重约束了农民生产的积极性，土地生产效益持续下降，农村仍然处于普遍的贫困状态。可以说，这一时期中国贫困人口集中在广大农村地区，且贫困人口突出表现为物质资本的匮乏，即家庭生产生活资料严重不足、土地资产收益状况不佳以及极其低下的消费水平。

（二）物质资本投资主导的“输血”策略及救济式扶贫

面对建立之初经济社会发展落后的现实国情，以毛泽东为代表的党和国家领导人一开始就将反贫困作为巩固和发展社会主义制度的基础，并提出通过工业化和合作化实现反贫困的战略，形成了对于中国贫困及扶贫开发问题的基本认识，即从社会主义制度建立的历史背景分析中国的贫困问题，从满足人民利益角度分析反贫困问题。

在马克思主义贫困理论基础上，毛泽东等人进一步提出共同富裕思想，并指出反贫困是巩固和发展社会主义制度的基础，为中国扶贫开发理论的产生和发展奠定了思想基础。同时在实践层面，农村低保、五保等社会保障形式的救济式扶贫，农村土地改革、农业技术的实施推广，以及农村基础教育、医疗卫生等一系列政策措施，构成了新中国建立初期以物质资本“输血”为特征的救济式扶贫，在提高农村人口收入和福利水平，减缓农村贫困等方面取得了一定的成效。

执政之初的毛泽东，一方面面临严峻的经济社会发展形势，改变国家一穷二白的落后面貌，消除贫困成为党和政府的首要任务。另一方面，出生于农村的毛泽东，对中国农村及其贫困有着直观、深刻的认识。时刻以人民利益为重，关心人民疾苦，是毛泽东一生事业的出发点和立足点，并影响到他以后的反贫困思想和实践。因此，在马克思主义贫困理论基础上，毛泽东对中国革命和建设发展过程中消除贫困的实践进行经验总结和理论升华，形成了一系列反贫困思想和主张。尤其是建立全国政权以后，毛泽东开始指引中国农民的合作化建设，指出“全国大多数农民，为了摆脱贫困，改善生活，为了抵御灾荒，只有联合起来，向社会主义大道前进，才能达到目的”。[①] 1955 年，毛泽东在《关于农业合作化问题》的报告中提出了“共同富裕”理念，并对如何实现共同富裕提出了具体设想：“在逐步地实现社会主义工业化和逐步地实现对于手工业、对于资本主义工商业的社会主义改造，即实行合作化，在农村中消灭富农经济制度和个体经济制度，使全体农村人民共同富裕起来。”[②] 随后，在《关于正确处理人民内部矛盾的问题》一文中，毛泽东继续提出共同富裕的具体目标：在几年内“使现在还存在的农村中一小部分缺粮户不再缺粮，除了专门经营经济作物的某些农户以外，统统变为余粮户或者自给户，使农村中没有了贫农，使全体农民达到中农和中农以上的生活水平”。[③] 总的来看，毛泽东解释了中国贫困问题产生的根源，制定了反贫困的奋斗目标以及消除贫困的步骤和战略，并提出坚持中国共产党的领导以及农村反贫困工作中农民的主体地位，也为中国农村反贫困提供了良好的制度基础和物质基础。

在具体的反贫困行动策略方面，这一时期国家并没有提出专门性的扶贫开发政策规划，主要通过土地改革以及工业、农业和资本主义手工业的社会主义改造，力图在经济社会发展过程中解决贫困问题。

1950 年《中华人民共和国土地改革法》通过，土地改革彻底废除了封建土地所有制，通过改变土地占有关系，实现了农民“耕者有其田”的愿望，极大地激发了农村人口的生产积极性，农业生产得到迅速恢复与发展。据历史资料显示，到 1952 年，农业人口平均粮食产量从 1949 年的 209 公斤增加到 288 公斤，农民留用的粮食增长了 26.4%。与土地改革结束时相比，1954 年贫雇农占农户总数比例从 57.1%下降到 29%，中农开始成为农村生产资料的主要拥有者，中农比例从 35.8%上升到 62.2%。也就是说，广大农民通过自己的劳动获得所需的基本生活资料，逐步解决了温

① 毛泽东著作选读（甲种本）[M]. 北京：人民出版社，1966：306.
② 毛泽东著作选读（甲种本）[M]. 北京：人民出版社，1966：313.
③ 毛泽东著作选读（甲种本）[M]. 北京：人民出版社，1966：344.

饱问题，生活得到全面改善，抵御风险的能力也大大提高，农村中的贫困对象开始减少。严重困难户占贫农户的1/3左右，仅占农村总户数的10%。且这些农户大都是孤、寡、老、弱及烈、军、工属等，造成他们贫困的主要原因在于家底薄、生产资料不足，或缺乏劳动力、经营不善以及家庭成员重病等，加上当时自然灾害频繁发生，这部分人的抗灾能力十分低下。有的贫困户欠了债，有的出卖了土地，或者出租土地。同时，这些贫农户的困难状况在当时引起政府和社会的极大关注，也成为后来中共制定农业合作化政策、推动农村合作社迅速升级以及实施社会救济的基本出发点。

自1956年开始，农村合作化的主流已经逐步转向了高级合作社。特别是1956年底，农业高级社普遍建立，标志着中国基本确立了农村集体经济制度。随后，为适应计划经济体制下社会主义工业化建设以及保证国家对农产品的高征购需要，农村集体经济先后经过了从高级社到“三级所有、队为基础”的人民公社的剧烈变动。伴随农村集体经济的产生发展，中国农村社会救济工作逐步正式化和制度化，走上了一条坚持依靠集体、开展社会互助互济和扶持生产自救、辅之以国家必要救济的新道路。

1954年中华人民共和国颁布的第一部宪法明确规定：“中华人民共和国劳动者在年老、疾病或者丧失劳动能力的时候，有获得物质帮助的权利。”1956年，中共中央政治局提出的《1956年到1967年全国农业发展纲要（草案）》中规定：“农业合作社对于社内缺乏劳动力，生活无依靠的鳏寡孤独的农户和残废军人，应当在生产上和生活上给予适当的安排，做到保吃、保穿、保烧（燃料）、保教（儿童和少年）、保葬，使这些人的生养死葬都有指靠。”① 同年召开的第一届全国人大三次会议上，《高级农

---

① 中华人民共和国国家农业委员会办公厅. 农业集体化重要文件汇编（1949—1957）：上册[M]. 北京：中央党校出版社，1981：529.

业生产合作社示范章程》做出明确规定："农业生产合作社对于缺乏劳动力或者完全丧失劳动力、生活没有依靠的老、弱、孤、寡、残疾的社员，在生产上和生活上给以适当的安排和照顾，保证他们的吃、穿和柴火的供应，保证年幼的受到教育和年老的死后安葬，使他们生养死葬都有依靠。"[①] 由此，中华人民共和国将农村缺乏劳力、生活没有依靠的鳏寡孤独者的供养纳入了制度范畴。吃、穿、烧、教、葬这五项保证也被简称为农村"五保"，享受"五保"的家庭或人被称为"五保户"，形成了中国农村五保供养制度的雏形。随着农村经济发展，为了解决一些老年人无人照料的问题，一些地方开始试办敬老院，将部分五保对象集中供养，形成了集中供养和分散供养相结合的五保供养模式。特别是 1958 年中央发出办好养老院的指示精神以后，敬老院迅速在全国发展起来。到 1958 年底，全国办起敬老院 15 万所，收养老人 300 余万人。

人民公社时期，国家也多次提出：对生活发生困难的社员，经社员群众讨论和同意给予补助。享受补助的贫困户主要是全年收入不能维持基本生活的农户。补助的办法包括三种形式：一是年初评定补助工分，记入劳动手册，年终分配兑现；二是根据年终分配收入情况，适当补助工分或粮食；三是从集体公益金中提取补助费，补助贫困户。对于一些集体经济较为薄弱，集体无力补助的贫困户，则由国家给予适当救济。

1965 年，针对农村医疗卫生的落后面貌，毛泽东指示卫生部"把医疗卫生工作的重点放到农村去"，为广大农民服务，解决长期以来农村"一无医二无药"的困境，保证人民群众的健康。这一指示发出以后，一方面促使卫生部逐步将人力、物力和财力的重点放到农村，并推动了农村巡回医疗和合作医疗的大力发展；另一方面，指示也极大地鼓舞了广大医务工

---

① 中华人民共和国国家农业委员会办公厅. 农业集体化重要文件汇编（1949—1957）：上册［M］. 北京：中央党校出版社，1981：577.

作者投身农村建设的热情，激发了农村群众彻底改变落后面貌的决心。在中央和地方、城市和农村医务工作者及人民群众的共同努力下，农村医疗卫生工作出现了飞跃式发展，这对于农村医疗卫生事业发展以及农民健康人力资本的积累产生了重要的意义。特别是1960年以后快速发展的农村合作医疗事业，中国农村不仅建立了由政府组织、引导、支持，农民自愿参与，个人、集体和政府多方筹资，以大病统筹为主的农民医疗互助共济制度，也为解决人口众多且生产力发展不平衡的国家和地区的农村医疗卫生保障提供了一条有效途径，受到当时农民群众的普遍欢迎，并得到了世界卫生组织的肯定和认可。

在随后一段时期，由于中国农村社会经济体制的剧烈变动，以及“大跃进”“文化大革命”的冲击和影响，农村社会救济、社会优抚等许多制度呈现跌宕起伏的发展态势。虽然农村社会保障出现过波折，甚至停滞和倒退，但与新中国建立初期相比，这一时期中国基本确立了与计划经济相适应的，服从工业化积累资金需要的，以集体经济为基础、以集体保障为主体的复合型社会保障制度框架。不仅建立了以救济贫弱为重点的救济式扶贫制度，还建立了农村“五保”制度以及合作医疗，为改善农村贫困人口生活水平以及农村卫生健康事业发展奠定了基础。同时，在当时农村经济十分窘迫、农民普遍面临物质资本缺乏的情况下，农村集体经济近乎平均主义的分配制度，事实上也发挥了一种潜在的社会保障和扶贫济困功能。

1958年以后，受“左”倾政策影响，中国的社会主义建设严重违反了客观经济规律，社会生产力遭到破坏，导致了大面积贫困再次发生和蔓延。据统计，1973—1977年，每年平均有43%的省区出现粮食供应不足或严重不足，人口规模约为3.9亿，占同期农村总人口的一半以上。截至1978年，农村未解决温饱的绝对贫困人口为2.5亿，占农村总人口的30.7%。此时，在全面发展经济、提高农村整体生活水平的前提下，国家并没有建立专门的扶贫机构，也没有制定系统的扶贫管理机制，反贫困的具体举措仍然延续以往传统意义上的救济式扶贫，即对那些丧失劳动能力以及由于不可抗拒的原因而陷入贫困状态的个人和家庭，由民政部门实施一定的救助。

总的来看，新中国建立初期到1978年近30年间，中国农村一直面临着普遍性的贫困问题。但由于政治等特殊因素影响，中国并没有公开承认存在贫困问题，当然也不存在严格意义上的反贫困战略。在农村减贫方面，主要依靠经济社会发展以及制度创新来予以解决。包括实施土地改革，使农村人口获得赖以生存的生产资料和一定的物质资本；加快工业发展，带动整个国民经济的增长，进而减缓普遍的贫困；以及建立相应的社会保障制度，通过粮食、衣物或现金分配等“输血”式的社会救助，对农村特困人口和受灾群众予以救济。可以说，新中国建立初期中国政府推行的救济式扶贫措施，在一定程度上体现了党和国家领导人对社会公平、公正的追求。而改革开放以后广义的扶贫措施的实施，则在扶贫理念上沿袭了西方社会早期以物质资本投入为主的反贫困理念，即期待通过经济社会发展的涓滴效应惠及贫困人口，以及通过增加贫困人口收入等现金资本形式来实现减贫脱贫。

二、物质和人力资本投资的开发式扶贫（1978—2000年）

新中国建立之初以社会救济为主的“输血”式扶贫，在一定程度上缓解了农村贫困问题，并在增强贫困户自身活力、鼓舞治穷致富信心以及调动贫困人口积极性等方面，产生了积极作用。但伴随改革开放以后中国经济社会的快速发展，贫富差距以及区域性贫困问题开始凸显。特别是一些“老、少、边、穷”地区，囿于自身条件的限制，很难从经济发展过程中获得脱贫致富的机会。这些对于改革开放以后的中国扶贫开发工作提出了新的挑战和要求。

（一）改革开放以后中国农村发展及区域性贫困

伴随1978年中国启动改革开放进程，广大农村开始实施以家庭联产承包责任制为中心的体制改革。由此，农民重新获得了使用和管理土地、安排自己劳动及投资的权利，这一举措极大地激发和调动了广大农民的生产积极性，农业生产效率得到大幅度提高。同时，通过提高农产品收购价格、改革农产品流通体制、合理配置农业资源、发展乡镇企业等一系列制度改革，农村经济在国民经济快速增长背景下发展迅速，农民收入迅速提高，生活水平得到改善，贫困人口大幅减少，全国大多数地区的大多数农户基本上解决了温饱问题。据统计，从1978年至1985年，农村人均粮食产量增长了14%；农民人均纯收入增长了2.6倍；没有解决温饱的贫困人口从2.5亿减少至1.25亿，占农村人口的比例下降到14.8%。

1985年以后，中国在设立深圳等4个对外开放经济特区基础上，陆续开放了东部14个沿海港口城市以及长江、珠江、闽南厦漳泉三角洲地带，形成了经济特区—东部沿海开放城市—三角洲开发地带—内地等不同层次、由东到西、由外向内滚动式逐步推进的发展模式。在此期间，人均国内生产总值呈波动式上升态势，按照1952年基年现价119元/人计算，1986年达到626元，1993年则增加至1075.8元。同时，由于1988年经济发展出现了诸如投资需求和消费需求膨胀、工业超高速增长、财政收支恶化和物价急剧上涨等问题，经济增长产生了一定的负面影响，1989—1990年经济增长速度减缓到2.3%。[①] 但这一现象在1991年以后得到改善，中国经济又进入快速增长时期。1994—2000年，平均每年人均国内生产总值

---

① 以上数据根据《中国统计年鉴2001》《中国统计年鉴2005》资料整理。

的增长速度达到7.56%。然而，在东部地区经济快速发展的同时，区域之间差距不断加大的趋势也随之产生并凸显。1985年，东、中、西3个地区的国内生产总值之比为2.26∶1.15∶1，1993年这一比例扩大为2.84∶1.25∶1。其中，东、西部差距增加了25.66%，中、西部差距增加了8.7%，东、中部差距增加了14.65%。

特别是在农村地区，改革开放所带来的经济增长效应逐渐减弱，加上国家经济体制改革重心的转移，农业和农村经济进入徘徊状态。一方面，国家各项资源向工业倾斜，导致农业投资不足，农业生产基础条件恶化的局面难以得到很好的改善。另一方面，随着工业产品价格逐步放开或调整，化肥、农药、柴油等生产资料价格上升幅度较大，粮食生产成本增加。这些使得农业生产的效益大幅度下降，直接影响了农民收入。据统计，1986—1993年，农民人均纯收入受到宏观经济的影响增长变缓，甚至出现负增长。农民人均纯收入由1986年的397.6元增长到1993年的921.6元，扣除价格上涨因素，实际增长只有15.3%，与1979—1985年增长87.23%相差甚远；而年平均增长速度只有1%，这与1979—1985年间平均增长率11%相比也存在很大差距（见图2-1）。同时，随着人民公社的解体，建立在公共积累基础上的农村基础教育、合作医疗和社会福利制度等在改革开放初期逐渐凸显出制度缺失问题。尤其是农村合作医疗渐趋名存实亡，这对于农村人口健康人力资本的培育积累产生了重要影响。

可以说，贫困地区农村贫困人口的问题并没有伴随改革开放的实施而得到解决。20世纪80年代中期以后，农村贫困人口在空间分布上发生了很大变化，中国逐渐凸显出区域性的贫困问题，多数贫困人口主要集中在比较落后或是自然环境非常恶劣的地区，即老、少、边、穷地区。1985年以后，中国贫困人口集中分布在西南大石山区（缺土）、西北黄土高原区（严重缺水）、秦巴贫困山区（土地落差大、耕地少、交通状况恶劣、水土流失严重）、青藏高寒区（积温严重不足）等18个贫困地区，全国仍然存

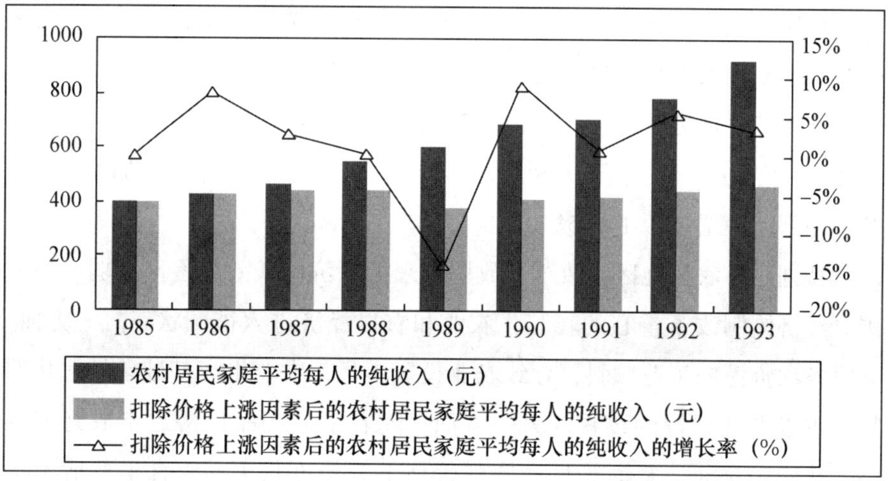

图 2-1　农民人均纯收入变化情况

资料来源：国家统计局国民经济综合统计司．新中国 50 年统计资料汇编［G］．北京：中国统计出版社，1999：A-20，A-22.

在着 1.25 亿尚未解决温饱问题的农村贫困人口（见表 2-1）。

从地理形貌上看，这些贫困区域大多地处高原、山区、丘陵、沙漠或喀斯特地貌等地区，生态环境恶劣，水土流失严重；在物质资本存量上，这些地区人均农业资源匮乏、质量差；在人力资本方面，由于缺乏基本的教育和医疗卫生等社会服务，贫困人口的基本素质和能力都处于较低水平。且大多数地区地理位置偏远，远离政治经济中心地区，交通不便，基础设施落后，农业生产效率水平低下，市场化程度和非农产业发育程度低下，经济社会发展速度十分缓慢。总的来看，这些地区的贫困人口很难受到国民经济总体增长的惠及，因而完全按照以前的靠经济增长与适当救济相结合的办法来缓解贫困，已经难以收到积极的减贫效果。

表 2-1　贫困地区在东、中、西部地区的分布

经济地带	贫困地区数	贫困地区名称	涉及的省和自治区	涉及的贫困县数
东部	2	沂蒙山区	鲁	9
		闽西南、闽东北地区	闽、浙、粤	23
中部	7	努鲁儿虎山区	辽、内蒙古、冀	18
		太行山区	晋、冀	23
		吕梁山区	晋	21
		秦岭大巴山区	川、陕、鄂、豫	68
		武陵山区	渝、湘、鄂、黔	40
		大别山区	鄂、豫、皖	2
		井冈山和赣南地区	赣、湘	34
西部	9	定西干旱地区	甘	27
		西海固地区	宁	8
		陕北地区	陕、甘	27
		西藏地区	藏	
		滇东南地区	滇	19
		横断山区	滇	13
		九万大山地区	桂、黔	17
		乌蒙山区	川、滇、黔	32
		桂西北地区	桂	29

资料来源：国务院贫困地区经济开发领导小组办公室. 中国贫困地区经济开发概要[M]. 北京：中国农业出版社，1989.

表 2-2　1977—1979 年全国穷县、穷队情况

年份	穷县数（个）	占全国县数比例（%）	其中 40 元以下的县数（个）	占全国县数的比例（%）	穷队数（万个）	占全国总队数的比例（%）
1977	515	22.5	182	7.9	180	39
1978	381	16.8	97	4.3	139	29.5
1979	283	12.4	81	3.5	137	27.2

资料来源：农业部人民公社管理局. 1977—1979 年全国穷县情况 [J]. 农业经济丛刊，1981（1）.

（二）“输血”变“造血”：物质资本和人力资本投资的开发式扶贫战略

事实上，在逐步推进农村经济改革、增加农民收入的同时，针对经济发展明显滞后、贫困人口较为集中的一些地区，国家已经开始实施一系列扶贫政策措施，为开展大规模扶贫奠定了基础。

如1978年全国民政工作会议结束后，正式划定了农民贫困标准；1979年与联合国开发计划署签订合作协定后，中国开始接受国际多边组织的经济技术援助，一批国际民间组织正式进入中国反贫困领域；1980年设立了“支持经济不发达地区发展资金”；1982年开始实施为期10年的“三西”（甘肃定西、河西与宁夏西海固地区）农业建设计划，以帮助一些极贫地区治理生态、改善环境和发展农业生产；1984年中央正式发出《关于帮助贫困地区尽快改变面貌的通知》，以及开展各民主党派、工商联的“智力支边”活动，组织政府部门参与农村扶贫工作。此外，1985年，中国国际经济技术交流中心国际民间组织处（1992年重组登记为中国国际民间组织合作促进会）成立，专门负责利用国外民间组织资金开展扶贫工作。这在一定程度上代表了政府对民间组织扶贫态度的转变，并逐步影响到正式的扶贫开发制度建设。

因此，20世纪80年代中期，中国在改革开放推动下，农村绝大多数地区凭借自身的发展优势实现了温饱问题的解决，但由于经济、社会、历史、自然和地理等方面的制约，少数地区发展相对滞后。贫困地区与其他地区，特别是与东部沿海发达地区在经济、社会和文化等方面的差距逐步扩大。中国农村发展不平衡问题凸显，低收入人口中有相当一部分人经济收入不能维持其生存的基本需要。而新中国建立初期以救济为主的“输血”式扶贫，虽然暂时缓解了农民生活的困难，但难以从根本上解决贫困问题，甚至许多贫困人口因为“输血”中断而再度陷入贫困。因此，救济式扶贫越来越无法解决这一时期的区域性贫困问题。要彻底治愈“贫困病”，最根本的还是要靠恢复贫困户自身“造血”功能，增强其生机与活力。要使贫困户脱贫致富，必须提高他们的科学文化知识水平，多途径地给贫困户送技术、送信息、送管理知识，帮助他们更新观念、变革思维方式，开拓新的生产门路。可以说，从物质资本、人力资本双重投资的角度，从“输血”到“造血”，才是治穷致富的根本性措施。

案例

东邑乡扶贫故事

20世纪80年代初，在农村产业结构调整的新形势下，扶贫工作开始向工业、服务业等第二、第三产业发展，以便贫困户联合起来，治穷致富，发挥更好的效益。山西省潞城县东邑乡在扶贫工作中率先闯出了一条新路子。

1983年，东邑乡民政助理员申海文在当地党政领导部门的支持下，从农村招聘了7位会管理、懂业务、有一定工作能力的人组建了扶贫扶优服务中心，组织了200多名贫困对象为当地工厂挖土方、运石料、增加收入。仅3个月，服务队就收入3.3万元，人均收入150~200元。到1984年，服务中心帮助全乡增加收入51万元，其中扶贫扶优对象增加收入21万元，使参加劳动的扶贫扶优对象人均收入达800元，部分人收入达1500元，从而加快了农民脱贫致富的步伐。

1984年10月，民政部在长治市召开了东邑乡现场经验交流会，推广东邑乡创建扶贫、扶优经济实体的经验。时任民政部部长的崔乃夫在会上提出，东邑乡“双扶”经济实体是基层民政改革的一个有益的尝试。此后，全国相继办起一大批各种形式的经济实体和经济联合体。到1986年

11月，全国共兴办各种经济实体（包括联合体）7万多个，产值40亿元，利润6.1亿元；建立了5万多个双扶服务公司；成立了4200多个救灾扶贫基金会，1.7万多个群众互助储金会。

资料来源：《人民日报》1984年12月6日、11月1日，1986年11月19日。见王瑞芳. 告别贫困：新中国成立以来的扶贫工作[J]. 党的文献，2009（5）.

为解决贫困区域存在的贫困与发展问题，1986年，中国政府成立了专门的扶贫工作机构——国务院贫困地区经济开发领导小组（1993年改称国务院扶贫开发领导小组）及其办公室，负责组织、领导、协调、监督、检查贫困地区的经济开发工作，开始安排专项资金，制定专门的优惠政策，并确定了开发式扶贫方针，对传统的救济式扶贫进行彻底改革。自此，中国政府在全国范围内开展了有计划、有组织、大规模的农村开发式扶贫，解决大多数贫困地区人民的温饱问题成为中国政府的一个长期发展目标，中国扶贫工作进入新的历史阶段。

案例

国务院扶贫办机构职能

国务院扶贫开发领导小组是国务院的议事协调机构，成立于1986年5月16日，当时称国务院贫困地区经济开发领导小组，1993年12月28日改用现名。

国务院扶贫开发领导小组下设办公室，即国务院扶贫开发领导小组办公室，负责承担领导小组的日常工作。国务院扶贫开发领导小组的主要任务是：

1. 拟定扶贫开发的法律法规、方针政策和规划；

2. 审定中央扶贫资金分配计划；

3. 组织调查研究和工作考核；

4. 协调解决扶贫开发工作中的重要问题；

5. 调查、指导全国的扶贫开发工作；

6. 做好扶贫开发重大战略政策措施的顶层设计。

相关省、自治区、直辖市和地（市）、县级政府也成立了相应的组织机构，负责本地的扶贫开发工作。中国的扶贫开发实行分级负责、以省为主的行政领导扶贫工作责任制。各省、自治区、直辖市，特别是贫困面积较大的省、自治区，都把扶贫开发列入重要议程，根据国家扶贫开发计划制定本地区的具体实施计划。中央的各项扶贫资金在每年年初一次下达到各省、自治区、直辖市，实行扶贫资金、权力、任务、责任“四个到省（自治区、直辖市）”。所有到省的扶贫资金一律由省级人民政府统一安排使用，并由各有关部门规划和实施项目。

资料来源：国务院扶贫开发领导小组网站。

这一时期，中国各级政府采取了一系列有力措施，旨在通过开发式扶贫，促进贫困地区经济增长，实现贫困地区贫困人口永久性摆脱贫困的目标。包括把扶贫工作的重点由单纯救济转向经济开发；集中人力物力，分片、分批改变贫困地区的面貌；从按人口平均分配扶贫资金转向按项目效益分配资金；从单纯依靠政府行政系统转向主要依靠经济组织以及社会各界；从资金专项投入转向资金、技术、物资、培训相结合的综合性投入；以及控制人口增长、加强科技扶贫；等等。1985 年，中国将当年全县人均纯收入 150 元以下的县确定为国家级贫困县，将贫困县作为扶贫开发工作的基本瞄准单位，并对少数民族自治县和革命老区县扩大到 200 元，个别具有重大影响的革命老区和部分牧区县则放宽到 300 元，以便促进各种扶贫资源有效传递到贫困人口以及提高扶贫工作效率。1986—1993 年，全国共有 331 个县被确定为贫困县。

中央政府进一步提出，要求各省（区）按照一定的收入标准来确定省（区）的重点扶持贫困县，并依靠省（区）财政进行扶持。同时，根据国家有关部门对 6.7 万农村居民家庭消费支出进行的调查，国家制定了 1985 年农村人均纯收入 206 元的贫困标准，并以此估计相应的贫困人口总量。针对贫困县，国家开始安排专项扶贫投资资金，包括专项扶贫贷款、以工代赈和财政发展资金 3 项，以便为贫困地区和贫困人口的生产活动提供信贷支持，促进贫困地区的经济发展和贫困人口收入和生活水平的提高；利用贫困地区的剩余劳动力资源兴建道路、水利、农田等基础设施，为贫困农户提供就业机会和收入来源，从而提高农户的短期收入水平和长期发展能力；以及弥补县级财政不足的短板，利用专项财政资金支持贫困地区生产性建设项目和社会服务项目。

据统计，1986—1993 年，中央政府累计提供了 467.2 亿元扶贫资金。其中，专项扶贫贷款 249 亿元、以工代赈资金 89 亿元、财政发展资金 129.2 亿元。[①] 同时，国家建立起严格的扶贫管理责任制，将贫困地区发展作为一项专门内容列入国家以至各省区、各部门的国民经济发展规划，在其他农村工作当中，国家制定了放宽地区间农民迁移的限制、支持劳动密集型产业发展、鼓励并促进贫困地区和贫困农民参与全国经济发展，以及确定和调整给予贫困县扶贫援助等优惠的宏观经济政策，动员全社会的力量帮助贫困地区开发建设等。

1994 年，国务院公布实施《国家八七扶贫攻坚计划（1994—2000 年）》，决定“从 1994 年到 2000 年，集中人力、物力、财力，动员社会各界力量，力争用 7 年左右的时间，基本解决目前全国农村 8000 万贫困人

① 资料来源：3 项扶贫资金数据分别来源于国务院扶贫办、国家发改委和财政部。

口的温饱问题”。《国家八七扶贫攻坚计划（1994—2000年）》是中国历史上第一个有明确目标、对象、措施和期限的纲领性扶贫文件。它的提出及实施，也标志着中国扶贫开发进入一个新的发展阶段。

在《国家八七扶贫攻坚计划（1994—2000年）》中，国家提出了消除绝对贫困、改善生存环境、改变教育文化卫生的落后状况以及继续坚持开发式扶贫的方针，鼓励贫困地区广大干部、群众发扬自力更生、艰苦奋斗的精神，在国家的扶持下，以市场需求为导向，依靠科技进步，开发利用当地资源，发展商品生产，解决温饱进而脱贫致富的具体要求。为确保实现这一目标，中共中央、国务院分别于1994年、1996年、1999年和2001年4次召开全国扶贫工作会议，对扶贫开发工作进行部署，并采取了一系列明确且有针对性的措施。

同时，国家开始重视贫困地区人力资本的培育和建设，从1995年，中国政府开始实施“国家贫困地区义务教育工程”。1995—2000年，国家共投入124.62亿中央专项资金，集中在568个国定贫困县、284个省定贫困县实施，由财政部负责为工程提供资金，教育部负责工程的实施。“国家贫困地区义务教育工程”主要承担新建、改建和扩建小学和初中；购置课桌椅和图书；配置教学仪器和设备；培训教师和校长等。为提高教育质量，鼓励贫困县政府将规模较小的学校进行撤并，向学生提供住宿，同时对学校和教师进行精简。

整体上看，强调物质资本和人力资本投资以及开发式的扶贫政策，主要通过具体的、有针对性的项目开发等方式来缓解贫困，并由瞄准贫困县扶持贫困地区向扶持贫困村、贫困户转变，较大幅度地增加扶贫资金，将扶贫到户与经济发展宏观政策相结合，产生了积极的反贫困成效。

到1999年底，中国农村贫困人口已降至3400万，贫困发生率也由8.7%下降到3.7%。2000年，中国政府宣布基本上实现了《国家八七扶贫攻坚计划（1994—2000年）》确定的战略目标，全国农村贫困人口的温饱问题已经得到基本解决。同时，贫困地区通电、通路、通邮、通电话的行政村分别达到95.5%、89%、69%和67.7%，其中部分指标已经接近或达到全国平均水平。各项社会事业也得到全面发展，人口过快增长的势头得到初步控制，人口自然增长率有所下降；办学条件得到改善，592个国家重点扶持贫困县，有318个实现基本普及义务教育和基本扫除青壮年文盲的目标；大多数贫困地区乡镇卫生院得到改造或重新建设，缺医少药状况有所缓解；群众的文化生活得到改善。

总体来看，1978年到2000年这一阶段，中国农村贫困状况产生了显著变化，大规模的普遍性绝对贫困现象已基本消除，广大农村人口在物质资本上实现了一定的积累，而地区贫富差距以及区域性的贫困问题开始逐渐凸显。与之相对应的，中国农村扶贫开发工作也发生了深刻变化。道义性的救济式扶贫开始向制度性的开发式扶贫转变，强调物质资本投资的"输血式"扶贫开始向强调物质资本和人力资本投资并重的"造血式"扶贫转变。中国不仅建立起扶贫开发工作的专门性机构，开始进行国家宏观层面大规模的物质资本投入，同时也开始注重农村贫困地区资源开发以及贫困人口人力资本的投资和培养，注重科学扶贫、产业开发以及贫困人口素质能力建设等。通过这一阶段的扶贫开发工作，中国亦取得了显著的减贫成就，并为下一阶段的农村扶贫开发奠定了基础。

三、参与式扶贫理念及其政策行动（2001—2010年）

2000年，中国实现了《国家八七扶贫攻坚计划（1994—2000年）》，基本解决了农村贫困人口的温饱问题。然而，城乡差距、工农差距以及农村内部分化产生的贫富差距问题，继续成为21世纪中国经济社会发展面临的主要挑战。同时，中国农村贫困问题也发生显著变化：普遍性贫困逐渐转变为贫富差距的日益扩大，收入性贫困为主转变为多元贫困为主，区域性贫困发展到阶层性贫困等，农村贫困不再是区域经济发展不足的问题，而逐渐发展为个体和群体性的贫困问题。而以往区域为瞄准对象的农村扶贫开发在降低扶贫管理成本、促进贫困地区经济发展的过程中，也产生了扶贫目标瞄准的部分偏离以及扶贫资源渗漏等问题。加之贫困人口特别是一些弱势群体已经很难从区域经济发展中受益，贫困现状的改变亦要求制定更加以人为本的扶贫战略。因此，这一阶段中国农村扶贫开发在继承以往开发式扶贫理念和实践的基础上，开始将扶贫开发工作的重点从贫困县转向贫困村，更加强调群众参与以及贫困人口社会资本的运用，提出利用参与式方法自下而上地制定和实施扶贫开发政策规划。

（一）21 世纪初期的经济增长、收入分配与贫困

21 世纪以后，改革开放、产业结构调整等制度创新和科技进步以及稳定的政治局面和国际和平环境，为中国经济的持续快速发展提供了基本动力和有利环境。特别是 2001 年，中国正式加入世界贸易组织，为中国进一步推进全方位、多层次、宽领域对外开放提供了重要契机。同时，在中国经济持续高速增长阶段以及城镇化和工业化进程中，农业、农村和农民问题日益凸显，表现为农业基础设施脆弱、农村社会事业发展滞后以及城乡居民收入差距扩大等方面。

2000 年以后，伴随着经济高速增长，中国城镇化进入快速发展阶段，但城乡差距也被拉大。数据显示，1978 年，中国城镇化率为 17.92%，此时农民人均纯收入为 133.6 元，城镇居民人均可支配收入达到 316 元，城乡居民收入差距仅为 2.36∶1。2000 年，伴随城镇化率上升到 36.22%，城乡居民收入差距上升到 6.59∶1。虽然自 2006 年以来，农村居民人均纯收入增长速度很快，但增长速度仍然落后于城镇居民，致使城乡居民收入比逐年扩大。到 2010 年，中国城镇化率首次接近 50%，此时城乡收入差距

达到了 3.23∶1，收入差达到 13190 元。[①]（见表 2-3）

同时，作为一种隐性收入和风险保障，中国城乡居民不仅存在收入水平、生活水平方面的较大差距，在享受各种社会福利方面也存在不小的差距。如城市居民可以享受到住房补贴、物价补贴等各种补贴，以及各种社会保险如医疗保险、失业保险、最低收入保障等待遇，而这些绝大多数农民都不能享受。因此，城乡居民实际收入差距应比统计上的收入差距要大。根据世界银行的估计，如果考虑城镇居民享受的各种社会福利，城乡居民人均收入比在 2000 年以前就已经达到了 4∶1。

① 根据《中国统计年鉴》中有关数据整理。

表 2-3 城乡居民收入差距表

年份	2000	2001	2002	2003	2004	2005	2006	2007	2008	2009	2010	2011	2012	2013	2014
城镇居民人均收入（元）	6280	6860	7703	8472	9422	10493	11759	13786	15781	17175	19109	21810	24565	26955	28844
农民人均纯收入（元）	2253	2366	2476	2622	2936	3255	3587	4140	4761	5153	5919	6977	7917	8896	9892
城乡居民收入比	2.79	2.90	3.11	3.23	3.22	3.28	3.33	3.31	3.33	3.23	3.13	3.10	3.03	2.92	
城镇家庭恩格尔系数（%）	39.2	37.9	37.7	37.1	37.7	36.7	35.8	36.3	37.9	36.5	35.7	36.3	36.23	35	35.6
农村家庭恩格尔系数（%）	49.1	47.7	46.2	45.6	47.2	45.5	43	43.1	43.7	41	41.1	40.4	39.3	37.7	37.9

案例

中国居民收入存在的六方面差距

国家劳动和社会保障部劳动工资研究所所长苏海南在研究中指出，尽管中国采取了一系列提高贫困人群收入的措施，但自从2003年以来，收入差距急剧加大。

中国目前居民收入存在着六个方面的差距：一是全社会居民收入基尼系数超过0.4（差距合理区域的上限）；二是城乡居民收入差距拉大，城镇居民年增速8%~9%，农村居民年增速4%~5%；三是行业之间收入差距呈现扩大趋势。从行业人均年工资看，全国机关约1.6万元，事业单位约1.5万元，企业1.4万~1.5万元，大行业超过6万元；四是职业间差距拉大，企业的经营职位和一般职位间的收入差距普遍在20倍以上；五是财富分布极不平衡，财富多的人（占城市居民的10%）占有全部城市财富的45%，财富少的人（占城市居民的10%）占有全部城市财富的13%；六是财政分配、劳动分配不合理。国家财政收入在2003年为1.3万亿元，2004年为2.6万亿元；而工资占GDP的比例，1989年为16%，2003年为12%。

专家提醒，测算是以国家统计局提供的2003年统计数据为基础。事实上，中国的收入分配中还存在隐性收入、特定制度下的非货币收入等不定因素，因此我国居民收入分配的实际形势可能比当前测算的结果还要严重。

资料来源：劳动与社会保障部. 我国居民收入存在六方面的差距[N]. 经济日报，2005-06-18.

因此，在城镇化以及城乡差距扩大过程中，中国农村贫困问题的特点发生了显著变化。21世纪以后，资源禀赋、地理区位等传统性、历史性的致贫因素正在日趋弱化，市场经济条件下导致贫困问题的新因素日益增强，其影响也持续扩大。一方面，一部分贫困人口囿于自身原因难以从市场经济发展过程中获得收益，从而摆脱贫困；另一方面，市场竞争、失业、收入水平差异等成为新的致贫因素，并日渐对城镇居民尤其是农村贫困人口产生影响。由此导致农村贫困问题的关键因素开始由历史及自然原因逐渐转变为与市场经济体制密切相关的就业竞争、收入分配方式变迁等原因。

从贫困类型来看，伴随中国绝对贫困人口数量减少，相对贫困问题日益突出，贫富悬殊明显拉大。而经济的持续发展必然会带来收入水平与生活条件的变化，伴随体制转型成功以及农村贫困人口温饱问题的基本解决，中国农村贫困将由以绝对贫困为主过渡到以相对贫困为主。同时，普遍性、区域性的贫困问题开始向特殊群体及个体转变，农村普遍存在三类主要的贫困群体，包括孤寡老人、重度残疾人和重病人等丧失劳动能力的困难群体；自然环境十分恶劣地区的困难群体以及自然灾害频繁、不断返贫地区的困难群体。

从贫困的层次看，中国目前逐步从关注物质贫困向更高层次的人文贫困转化。联合国开发署在《人类发展报告（1997）》中将人文贫困划分为包括收入贫困（指最低收入和支出水平的贫困）、权利贫困（指缺少本应享有的公民权、政治权、文化权和基本的人权）、人力贫困（指缺乏基本的人类能力，包括识字水平、足够营养、预防疾病、健康长寿）和知识贫困（指获取、交流、创造知识和信息的能力匮乏）。人文贫困被列为21世纪人类所关注的最大社会问题，而中国是人文贫困最突出的国家，人文贫困指数排名居世界之首。这也驱使中国反贫困政策更加趋向于有利于贫困人口、少数民族和社会弱势人群发展的增长策略。

这一时期，经济增长过程中的不平等、收入分配差距成为中国农村扶贫工作的重要历史背景。农村贫困问题也由此而呈现出新的特点，农村扶贫开发愈益与整个农村经济社会发展以及“三农”问题的解决联系起来，并要求在全面建设小康社会的奋斗过程中予以实现。特别是2002年，中国共产党第十六次全国代表大会提出了全面建设小康社会的奋斗目标，并在国民经济和社会发展第十一个五年规划中，提出了扎实稳步推进社会主义新农村建设的要求，将“生产发展、生活宽裕、乡风文明、村容整洁、管理民主”作为社会主义新农村建设的目标，将农村扶贫开发工作与农村社会发展、社区治理和建设等问题紧密联系起来，也进一步促进了扶贫开发工作单位从县级层面向村级层面的转移。

（二）参与式扶贫的提出和实施

这一时期，围绕“以工补农、以城补乡”的城乡统筹协调发展战略，中央政府在农村实施了一系列政策调整和改革，不断加大惠农强农力度，并在全面建设小康社会进程中推进农村扶贫工作的开展。

一方面，中国继续沿袭以往物质资本和人力资本投资为主的开发式扶贫策略，并提出一系列农村发展政策，推进农村贫困问题的解决。2001年起，中央政府启动了农村税费改革进程，以减轻农民负担，防止农村乱收费现象的发生，并在2004年提出逐步取消并彻底取消农业税。同时，国家开始对种粮农民实行包括粮食直补、良种补贴和农机具补贴在内的“三补”政策，以确保农民粮食生产的积极性和粮食生产的稳定，并从资金层面对农民进行相应优惠和补贴。在金融领域，在保证资本金充足、严格金融监管和建立合理有效退出机制的前提下，国家鼓励在县域内设立多种所有制社区金融机构，允许私有资本、外资等参股。在人力资本投资领域，2003年开始，国家在农村试点建立新型合作医疗制度，采取自愿方式，农民每人每年缴纳10元，由中央和地方政府给予一定比例的资金补助，对农民医疗花费进行相应的报销和补贴。随后，国家积极推进新型农村合作医疗制度试点工作，中央和地方财政大幅度提高补助标准，并于2008年在全国农村基本普及了新型农村合作医疗制度，在很大程度上解决了农民“看病难”问题。而为了进一步解决农村特困人口的基本保障问题，国家提出将农村社会保障体系建设纳入城乡统筹发展之中，并逐步加大公共财政对农村社会保障体系建设的投入力度，以促进农村社会保障体系的建设和发展。同时，为支持和促进贫困地区义务教育发展，中国继续实施“国家贫困地区义务教育工程”，并提出在贫困地区对家庭经济困难的学生实施免费提供教科书、免收杂费、对寄宿生补助生活费的“两免一补”政策试点工作。2005 年，国家对 592 个国家扶贫工作重点县大约 1600 万名农村义务教育阶段家庭贫困的中小学生实行了“两免一补”。2007 年，中小学生“两免一补”政策在全国农村得到普遍实行，惠及中国农村地区大约 1.6 亿适龄儿童，占全国近两亿中小学生的 80%。此外，中国政府将计划生育与扶贫开发、经济社会协调发展和可持续发展相结合，开始调整农村计划生育政策，建立农村计划生育家庭奖励扶助制度，通过经济手段引导农民生育观念的转变，引导农村家庭优生优育，提高农村人口质量和人力资本存量。

另一方面，2001 年出台的《中国农村扶贫开发纲要（2001—2010 年）》，对新阶段扶贫开发工作做出了重大部署和战略调整。纲要指出，扶贫开发是建设有中国特色社会主义伟大事业的一项历史任务，基本解决农村贫困人口的温饱问题只是完成这项历史任务的一个阶段性胜利。要充分认识扶贫开发的长期性、复杂性和艰巨性，继续把扶贫开发放在国民经济和社会发展的重要位置，为贫困地区脱贫致富做出不懈努力。党中央、国务院决定：从 2001 年到 2010 年，集中力量，加快贫困地区脱贫致富的进程，把中国扶贫开发事业推向一个新的阶段。① 为此，纲要提出坚持开

① 国务院关于印发中国农村扶贫开发纲要（2001—2010 年）的通知（国发〔2001〕23 号）[EB/OL]. 中华人民共和国中央人民政府网（2016-09-23）. http://www.gov.cn/zhengce/content/2016-09/23/content_5111138.htm.

发式扶贫方针，通过发展生产力，提高贫困农户自我积累、自我发展能力；坚持综合开发、全面发展，把扶贫开发纳入国民经济和社会发展计划，促进贫困地区经济、社会的协调发展和全面进步；坚持可持续发展、自力更生、艰苦奋斗、政府主导、全社会共同参与等扶贫开发工作的基本方针，以及发展种养业、农业产业化经营、改善贫困地区基本生产生活条件、推进科技扶贫、促进劳务输出、移民搬迁等方面的扶贫工作内容和工作模式。

这一时期《中国农村扶贫开发纲要（2001—2010 年）》在总体上仍然强调物质资本和人力资本的投资和开发。尽管前一阶段中国扶贫开发工作取得了重大成效，但也存在不少问题，如扶贫资金投入的效率低、扶贫政治色彩浓厚、贫困人口参与性低等。特别是 21 世纪以来中国农村贫困状况的变化，更加要求扶贫策略的转变和调整。加之一些国际机构及民间组织在大量实践活动中引用“参与式”农村扶贫模式，逐渐发展出一套系统化、规范化的实践程序，产生了明显的扶贫效果，日益引起各国政府的广泛关注。随着中国农村村民自治制度建设以及向穷人赋权理念的引入，中国政府也开始将参与式发展的理念、原则和方法在扶贫工作中加以运用和推广，强调让贫困人口直接参与扶贫开发项目的规划设计与资金使用决策，不仅促进了贫困人口的能力建设，增强了个人的自我积累和自我发展能力，也通过社会扶贫等形式，进一步发挥贫困人口以及扶贫工作者社会资本网络作用，为贫困地区贫困人口带来更多的投资和发展机会。可以说，参与式扶贫工作方法的应用，标志着中国扶贫开发理念的重要转变，这一全新的扶贫理念及工作方法也进一步丰富了中国特色扶贫开发的理念和实践模式。

总的来看，这一阶段是中国扶贫开发工作成效显著的时期，中国完成了《国家八七扶贫攻坚计划（1994—2000 年）》提出的扶贫目标，贫困人口温饱问题得到基本解决，也为世界减贫事业发展做出了突出贡献，扶贫开发工作转入新的历史阶段。同时，在以往强调政府主导的物质资本投入以及贫困人口人力资本投资开发基础上，国家开始倡导社会力量参与农村扶贫开发工作，并提出自下而上的参与式扶贫理念和工作方法，以有效提升贫困人口反贫困的参与性和主动性，提升政府扶贫工作的效率和效益。可以说，参与式扶贫理念的提出，一方面体现了更加人本化和个性化的扶贫工作理念，另一方面也能够充分发挥贫困人口以及扶贫工作者社会网络等资源的作用，在扶贫开发与基层社区治理、村庄公共性重建等方面发挥应有的作用，以进一步实现贫困人口可持续的生计改善、内源发展以及综合性的经济社会发展目标。

四、三维资本协同反贫困的扶贫机制及其政策行动（2011年至今）

2011年以后，随着中国经济社会的发展，农村扶贫开发的现状和任务进一步发生变化，扶贫开发已经从以解决温饱为主要任务的阶段转入巩固温饱成果、加快脱贫致富、改善生态环境、提高发展能力、缩小发展差距的新阶段。一方面，贫困人口插花分布以及农村因病、因学致贫现象突出，农村社区老龄化、空心化趋势逐渐加剧；另一方面，中国面临2020年全面建成小康社会的紧迫目标，这些都对农村扶贫开发工作的理念和实践转变提出了挑战和要求。同时，2011年，中国提出年收入2300元的新贫困标准，按照这一标准，中国仍面临12238万的贫困人口。为进一步解决这部分贫困人口的脱贫发展问题，中国扶贫开发政策更加趋向综合性、多元化和针对性，开启了扶贫开发与社会保障“两轮驱动”以及精准扶贫精准脱贫的扶贫新阶段。

（一）2011 年后中国经济发展及贫困变化

2011 年以来，中国开始步入“十二五”建设的新征程。此前，中国在社会生产力、综合国力提升，社会事业发展和人民生活改善，改革开放继续推进以及国际地位和影响力提升等方面取得了辉煌成就，同时也逐渐出现城乡发展不平衡、不协调、不可持续的问题，以及政府建设、民生建设、社会建设等方面的短板和缺陷。“十二五”是国家全面建设小康社会的关键时期，同时也是深化改革开放、加快转变经济发展方式的攻坚时期。从国内外环境看，有利于中国发展的环境条件和长期向好趋势没有改变，工业化、信息化、城镇化、市场化以及国际化水平深入发展，中国发展仍处于可以大有作为的重要战略机遇期。在《国民经济和社会发展第十二个五年规划纲要（草案）》中，中国政府提出推动经济发展再上新台阶、加快转变经济发展方式和调整经济结构、大力发展社会事业、扎实推进资源节约和环境保护、全面改善人民生活、全面深化改革开放、加强政府自身改革建设等战略目标和要求。

过去几年特别是 2015 年“十二五”收官之年，中国取得了举世瞩目的发展成就。党的十八大以来，在以习近平为核心的党中央坚强领导下，面对错综复杂的国际环境和艰巨繁重的国内改革发展稳定任务，中国继续坚持稳中求进的工作总基调，深化改革开放，实施一系列利当前、惠长远的重大举措，全面完成了“十二五”规划确定的主要目标任务。在经济方面实现了持续较快发展，国内生产总值年均增长 7.8%，经济总量稳居世界第二位，成为全球第一货物贸易大国和主要对外投资大国。产业结构调整取得标志性进展，服务业成为第一大产业，工业化与信息化融合加深，农业综合生产能力明显增强。消费成为支撑经济增长的主要力量。城镇化率超过 50%以上，基础设施水平全面提升，科技创新实现重大突破。人民生活水平在“十二五”期间得到显著提高，居民收入增长快于经济增长，城乡收入差距持续缩小。同时，在促进社会发展方面，教育公平和质量明显提升，基本医疗保险实现全覆盖，基本养老保险参保率超过 80%，文化软实力持续提升。[①] 可以说，经过 5 年的努力，中国经济实力、科技实力、国防实力和国际影响力又上了一个新台阶。

2011 年底，《中国农村扶贫开发纲要（2011—2020 年）》颁布实施，中国政府提出扶贫开发已进入新的阶段。因此，在坚持以往开发式扶贫基础上，国家开始实行扶贫开发和农村最低生活保障制度有效衔接，将扶贫开发作为脱贫致富的主要途径，鼓励和帮助有劳动能力的扶贫对象通过自身努力摆脱贫困；并将社会保障作为解决温饱问题的基本手段，逐步完善社会保障体系。

事实上，2011 年以前，中国已经开始在全国农村全面实施最低生活保障制度，提出农村低保与扶贫开发的有效衔接，开启了扶贫开发与社会保障"两轮驱动"的扶贫新阶段，并逐步形成"低保保生存、救助防返贫、扶贫促发展、开发奔小康"的扶贫开发新格局。可以说，扶贫开发与社会保障"两轮驱动"的提出，代表了中国扶贫开发由单一经济开发政策向注重预防和保护的社会政策进一步完善，体现了多元化、综合性扶贫开发政策取向的发展变化。

在国家"十二五"以及"十三五"期间，中国继续增加对农村扶贫工作的重视力度，以及在财政资金、政策支持等方面的投入和力度，扶贫开发取得了重大成就。据统计，2001 年以来，中国中央财政扶贫资金有了显著的增加，从 2001 年的 100 亿元增加到 2015 年的 461 亿元（见图 2-2）。在此期间，农村贫困人口减少 1 亿多，按照当年贫困标准，2014 年贫困地区农村贫困人口 7071 万，比 2010 年减少 9549 万，贫困发生率降低至 7.2%，下降了 10%以上；2016 年，全国农村贫困人口为 4332 万，贫困发

① 根据《2016 年政府工作报告（全文）》内容整理。

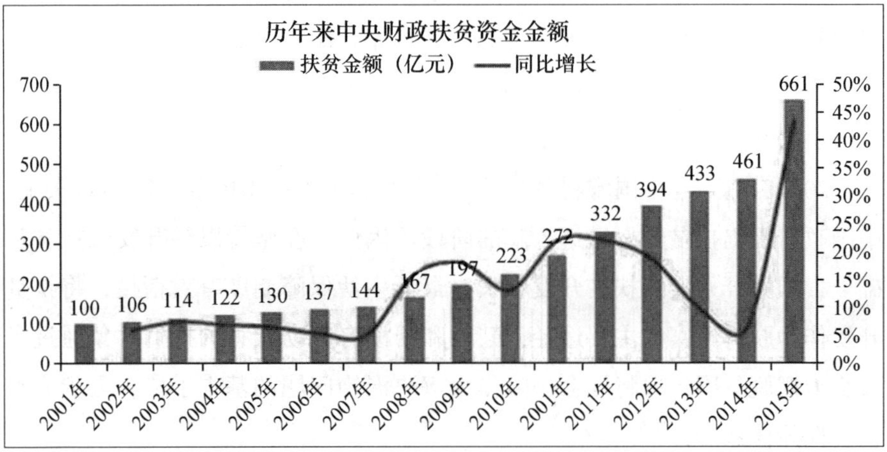

图 2-2　2001—2016 年中央财政扶贫资金金额变化

资料来源：数据来源于中国市场调查网。国内农村贫困现状调查分析［R/OL］.（2016-10-18）. http：//www. sohu. com/a/116398328_361162.

生率降至 4. 5%左右。6 年来，贫困地区农村贫困人口减少了 12234 万。① 在大幅度减少农村贫困人口的同时，贫困地区农村居民收入取得了较快增长。根据 2015 年 10 月 16 日国家统计局公布的数据，2012—2014 年，贫困地区农村居民人均收入由 4732 元增长到 6221 元，年均名义增长 14. 7%，比全国农村居民平均水平快 2. 9 个百分点。贫困地区农村居民与全国农村居民的收入差距不断缩小，2012 年贫困地区农村居民人均收入相当于全国农村居民人均收入的 59. 8%，2014 年提高为 62. 9%，提高了 3. 1 个百分点。由此也带来了农村居民生活水平的改善和提高，农村居民在居住条件、饮水质量、卫生条件、基础设施建设、文化建设等方面取得了长足进步。但同时，中国扶贫道路依然任重道远，尤其是中西部贫困地区仍然面

① 根据国家统计局、国务院扶贫办网站公布数据整理计算。

临严峻的扶贫工作任务。据统计，2014 年，中西部 13 个省份农村贫困人口规模在 200 万以上，其中有 6 个省份的农村贫困人口在 500 万以上；农村贫困发生率在 10%以上的省份还有 10 个。不得不说，现阶段中国农村扶贫开发工作已进入“啃硬骨头、攻坚拔寨”的冲刺期。

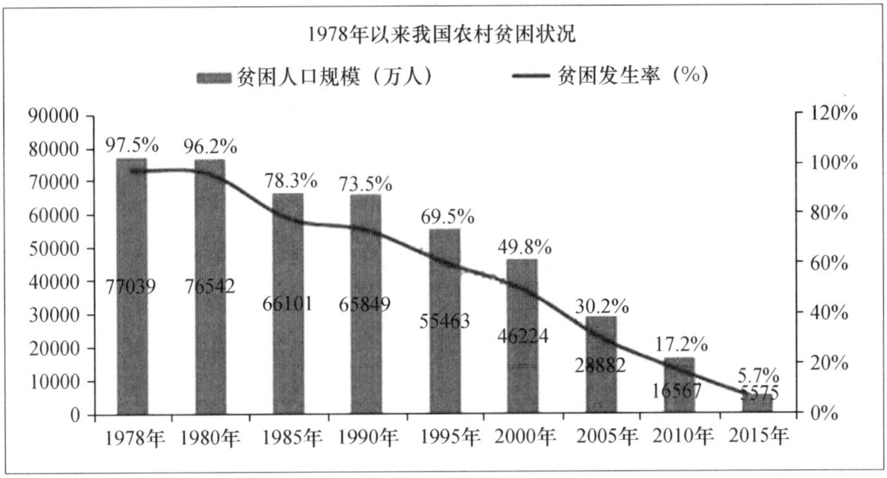

图 2-3　1978—2015 年农村贫困人口变化情况

资料来源：数据来源于中国市场调查网。国内农村贫困现状调查分析［R/OL］.（2016-10-18）. http：//www. sohu. com/a/116398328_361162.

总之，这一时期，伴随着中国经济社会稳定快速增长，农村扶贫开发工作取得了重大成就。与此同时，剩余贫困人口也成为农村进一步反贫困工作的重点和难点。尤其是国家提出“到 2020 年稳定实现扶贫对象不愁吃、不愁穿，保障其义务教育、基本医疗和住房（简称‘两不愁、三保障’）”的工作目标，对于这一阶段扶贫资源投入、政策模式以及工作方法的转变提出了更加紧迫的要求。

（二）综合性扶贫政策及精准扶贫战略的提出

如前所述，2011 年农村扶贫开发新纲要提出以后，中国扶贫开发开始进入扶贫开发与社会保障“两轮驱动”的新时代。同时，党的十八大以来，习近平总书记多次在贫困地区调研中提及“精准扶贫”思想，逐步推进精准扶贫方略的提出和制定。2014 年 1 月，中共中央办公厅、国务院办公厅印发《关于创新机制扎实推进农村扶贫开发工作的意见》的通知，正式将建立精准扶贫工作机制作为六项扶贫创新机制之一，并对精准扶贫工作模式的顶层设计做出详细规划。

“两项制度衔接”以及精准扶贫方略的提出，代表了中国扶贫开发扶贫由单一经济开发政策向注重预防和保护的社会政策进一步完善，以及扶贫瞄准对象和扶贫资源由县域向村级以及贫困人口的进一步精准定位，回应了以具有劳动能力贫困人口为对象的大规模开发式扶贫，如何应对扶贫攻坚阶段一部分不具备劳动能力贫困人口的脱贫问题，以及如何更好地瞄准贫困人口，确保贫困人口实现全部脱贫等问题，在中国扶贫开发历史进程以及中国特色扶贫开发道路形成过程中具有非常重要的意义。

世界减贫发展过程中，发展中国家由于贫困人口众多、政府财政能力有限等原因，难以做到贫困人口资源全覆盖，因而采取以区域瞄准为主的选择性瞄准。精准扶贫的内涵在于通过建立一系列贫困人口识别机制，对具体贫困人口进行有效识别和动态管理，深入分析致贫原因，并对识别出来的贫困人口和贫困家庭实施具体和有针对性的扶贫措施。在扶贫效果上，以消除全部贫困人口作为精准要求，并以贫困人口规模稳步减少的精准作为精准扶贫的外延追求，即更加要求贫困治理体系从体制改革向以政府主导的公共治理力量转变，以及扶贫资源的县级瞄准，使得农村贫困人口以较大规模持续较快缩小，在减贫效果上获得较好的精准度。

事实上，随着经济高速发展，贫困人口不断减少，中国贫困人口的分布也逐渐转变为“小、精、散”的状态，此时“大水漫灌”式的减贫模式显然需转换为具有瞄准性的精准扶贫。一方面，精准扶贫是从整体减贫的广义角度转换为个体为主的微观扶贫，通过建档立卡、派驻村干部等方式深入到贫困地区，从而进行以户、村为单位的扶贫开发，可以有效解决广义扶贫过程中遗留下来的贫困程度深、贫困分布散的群体和区域。另一方面，精准扶贫从内容上来讲是原来传统扶贫机制的完善和升华，精准扶贫实施过程中针对不同的贫困状况采取相应的扶贫方式，避免从贫困末端施策，而是真正从导致贫困的根源进行帮扶，有助于彻底解决贫困问题，降低出现“返贫”现象的概率。

中国精准扶贫战略政策的提出发展过程，基本上经历了探索期——“四个精准”（2013 年 11 月—2015 年 5 月）以及深化细化推进期——“六个精准”（2015 年 6 月至今）两个主要阶段，前一阶段的精准扶贫可以概括为精准识别、精准帮扶、精准管理和精准考核即“四个精准”；后期则进一步提出“六个精准”即“对象要精准、项目安排要精准、资金使用要精准、措施到位要精准、因村派人要精准、脱贫成效要精准”等更加具体和细化的工作要求。

精准扶贫政策的提出，可以视为国家贫困人口瞄准方式的精细化、技术化，以及提高扶贫工作模式的精准性和针对性。同时，结合 2011 年以后两项制度衔接的提出，从精准扶贫的战略意义和内涵出发，其在本质上也要求改变以往救济式或开发式扶贫过程中“一刀切”“大水漫灌”“撒胡椒面”式的扶贫方式，更加趋向采取多元化的、综合性的、富有针对性的扶贫方式。特别是“五个一批”（通过发展产业脱贫一批、通过造福工程搬迁脱贫一批、通过生态补偿脱贫一批、通过发展教育脱贫一批、通过社会保障兜底脱贫一批），“五个工作平台”（国家扶贫开发大数据平台、省级扶贫开发融资平台、县级扶贫开发资金项目整合管理平台、贫困村扶贫脱贫落实平台、社会扶贫对接平台），“六项扶贫行动”（教育扶贫行动、健康扶贫行动、金融扶贫行动、劳务协作对接行动、革命老区百县万村帮扶行动、民营企业万企帮万村行动）以及“十项精准扶贫工程”（整村推进工程、职业教育培训工程、扶贫小额信贷工程、易地扶贫搬迁工程、电商扶贫工程、旅游扶贫工程、光伏扶贫工程、构树扶贫工程、贫困村创业致富带头人培训工程、龙头企业带动工程）等政策内容的提出，有助于进一步引导各级扶贫工作者采取多样化的扶贫方式，将物质资本、人力资本及社会资本的投资、积累和开发充分结合起来，树立三维资本协同反贫困的思想和理念。

为此，在精准扶贫精准脱贫的战略进程中，国家提出继续加强物质资本投资，加大扶贫开发力度；加强人力资本投资，提高贫困地区人力资源水平；以及加强社会资本投资，建立反贫困的长效机制；等等。

具体来看，国家提出不断支持贫困地区特色产业发展，充分发挥贫困地区生态环境和自然资源优势，推广先进实用技术，培植壮大特色优势产业；完善贫困地区基础设施，推进土地整治和中低产田改造，加强农田水利建设，加快通乡、通村公路建设，积极发展农村物流配送；加大项目资金投入，通过易地扶贫搬迁、整村推进、以工代赈、产业扶贫等方式，增强贫困地区发展的内生动力；加大对贫困地区教育的投入力度，提高义务教育和职业教育水平，开展进城务工劳动力就业培训和在职技能培训；健全贫困地区医疗卫生服务体系，提高新型农村合作医疗和医疗救助保障水平；畅通劳动力流动渠道，深入开展科技教育文化下乡活动，促进贫困群体开阔视野、更新观念；实行参与式扶贫，提高贫困群体的生产和劳动积极性；促进社会组织发展，鼓励和引导反贫困的互助合作，扩大贫困群体的人际关系网络，为其提供更多的信息和机会；将农村社区作为实施扶贫项目的载体，开展整村推进、连片开发，最终在扶贫开发过程中增进贫困群体的物质资本、人力资本和社会资本，促进贫困人口可持续的生计改善和内源式发展。

总体来看，这一阶段以及随后的脱贫攻坚工作过程中，中国反贫困机制模式在扶贫政策设计、扶贫工作方式手段等方面更加趋向于多元化、综合性和人本化，除了在物质资本投入、人力资本投资等方面继续加大力度以外，国家在顶层政策设计、扶贫理念倡导等方面也愈加突出对于贫困人口个体参与性和主动性的引导和重视，更加注重采取综合性的扶贫政策模式，更加注重将农村扶贫开发与农村社会整体发展、社会文明进步相结合，更加突出物质资本、人力资本以及社会资本三维资本协同开发的反贫困特点。

·第三章·

基于物质资本投资的反贫困政策模式及其治理实践

贫困及其消除既是理论界关注的研究问题，也是人类经济社会发展过程中必须面对的重要现实问题。资本匮乏作为解释贫困的重要维度，基于不同资本进行的投资也是各项扶贫开发政策的主要内容和形式。一方面，贫困内涵从最初的物质资本匮乏拓展到包含经济、社会、文化、权利等多维度的、综合性的概念；另一方面，世界各国在历史发展过程中，也根据贫困问题的变化发展，形成相应的制度安排来予以回应。中华人民共和国自成立之日起就已经拉开了与贫困做斗争的序幕。在六十多年的农村反贫困实践中，中国逐渐形成了一系列制度化的扶贫开发政策和机制安排，以及富有中国特色的扶贫开发道路模式。纵观中国扶贫开发的历史进程，从最初以物质资本投资为主的“输血”救济式扶贫到强调贫困人口参与的参与式扶贫，以及脱贫攻坚阶段精准扶贫战略对于农村扶贫精准性、多元化以及综合性扶贫手段的要求，既反映出不同历史时期中国农村贫困状况的发展变化，也体现出国家扶贫开发政策在物质资本、人力资本、社会资本等方面进行的投资以及三维资本协同的反贫困机制建设。

从中国农村扶贫开发的政策安排来看，一方面，国家在总体上构建了专项扶贫、行业扶贫、社会扶贫等三位一体的大扶贫格局，形成了易地扶贫搬迁、整村推进、以工代赈、产业开发、农村劳动力培训、科技扶贫、金融扶贫、教育扶贫、健康扶贫、农村低保扶贫、生态补偿扶贫、定点扶贫、东西部协作扶贫、军队武警扶贫、企业和民间公益扶贫等多种多样的扶贫开发工作模式，逐渐建立起政府、市场、社会广泛参与的扶贫治理结构。可以说，通过国家安排财政专项扶贫资金、各部门发挥行业优势以及社会力量的广泛参与，国家在物质资本、人力资本以及社会资本等方面进行了大量的扶贫投资。另一方面，国家在农业补贴、税费减免等方面出台了多项农村支持性政策措施，从广义扶贫的角度对贫困地区贫困人口进行物质资本的投资和干预。特别是新阶段中国推进精准扶贫精准脱贫战略过程中，以往以物质资本为基础的扶贫开发政策安排和工作模式依然发挥着非常重要的作用，以人力资本投资和社会资本投资为主的贫困治理形式得到进一步丰富和加强，继而进一步推动三维资本协同的反贫困治理机制建设。

一、开发式扶贫阶段物质资本投资的扶贫政策模式

从理论上看，物质资本是以货币形式表现出来的资金，以及以实物形式表现出来的生产资料，包括资金、存物以及土地、机器和厂房等物质资料。因此，以物质资本投资进行的反贫困也主要表现为资金形式的物质资源输入。在中国农村反贫困进程中，国家专项扶贫投入以及普遍性的农村发展支持性政策等都是基于物质资本投资的反贫困政策模式。

（一）国家专项扶贫投入及其政策模式

20 世纪 80 年代中期，中国正式启动农村扶贫开发进程以来，基本确立了以县为单位的专项扶贫计划。国家专项扶贫主要是将收入低于扶贫标准的人口作为工作对象，将贫困人口集中的中西部革命老区、少数民族地区、边疆地区和特困地区作为扶贫开发重点区域，以财政专项扶贫资金为主要手段，集中资源改善这些地区基础设施，发展特色优势产业，完善社会服务体系。

多年来，为贯彻和落实国家农村扶贫开发政策规划，中央每年在年度

预算中安排专项扶贫资金，以实现贫困地区经济社会发展，改善扶贫对象基本生产生活条件，增强其自我发展能力，帮助提高收入水平，促进消除农村贫困现象。从资金使用来看，这部分资金主要用于支持各省（自治区、直辖市）农村贫困地区、少数民族地区、边境地区、国有贫困农场、国有贫困林场、新疆生产建设兵团贫困团场等地区，且以经中央扶贫标准、地方扶贫标准识别认定的农村贫困家庭、贫困人口为专门的扶贫对象。

根据2011年国家制定的《财政专项扶贫资金管理办法》，专项扶贫资金按使用方向可以划分为发展资金、以工代赈资金、少数民族发展资金、“三西”农业建设专项补助资金、国有贫困农场扶贫资金、国有贫困林场扶贫资金、扶贫贷款贴息资金等几个重要方面。同时，在农村反贫困进程中，中国政府不断丰富和发展专项扶贫的形式和内容，积累了丰富的实践经验，逐渐形成了整村推进、产业开发、劳动力转移培训、易地扶贫搬迁、以工代赈、连片开发等多样化的专项扶贫模式。其中，整村推进、产业开发、易地扶贫搬迁、以工代赈等主要是从改善基础设施建设、促进产业发展等方面、以专项扶贫资金为主进行的物质资本投资。

1. 整村推进。整村推进是21世纪以来中国农村开发式扶贫的重要内容之一，也是在新的扶贫形势下应运而生的一种综合性的、有效的扶贫方式。《中国农村扶贫开发纲要（2001—2010年）》将整村推进作为实现新时期农村反贫困目标的一项关键措施。与以往主要依靠有针对性的农村扶贫项目来推进扶贫开发不同，整村推进旨在利用较大规模的资金和其他资源，在较短时间内改善被扶持村庄的基础设施和社会服务设施、生产生活条件以及产业发展条件，并使各类项目相互配合以发挥更大的综合效益，从而使贫困人口在整体上摆脱贫困，提高贫困社区和贫困人口的综合生产能力以及抵御风险的能力。特别是对一些基础设施条件落后的重点贫困村，单个推行的扶贫项目往往存在覆盖面较小、开发建设内容单一、效益低下、难以直接瞄准穷人等突出问题，很难起到显著的扶贫效果，需要将其纳入“整村推进”项目范围，以便集中扶贫资金，因地制宜、有重点地对贫困村交通、信息、能源、饮水、基本农田和小型农田水利等基础设施项目进行改善，以及对危房改造和种养业、特色产业发展、技能培训等进行集中扶持，以加快贫困村脱贫步伐。可以说，整村推进是一项以促进经济社会文化全面发展为目标，强调整合资源、科学规划、集中投入、规范运作、分批实施、逐村验收的扶贫开发工作方式。

在内涵上，整村推进包括这样几层含义：以参与式规划为基础，集中资金、分期分批实施，综合开发，以及可持续发展。即以村为基本的瞄准单位，更多采用参与式扶贫方式，以人为本、捆绑资源、采取综合的扶贫手段等。从内容上看，整村推进主要包括六个方面，即改善生产生活条件的基础设施建设、提高人口素质的社会事业建设、增加农民收入的产业建设、改变村容村貌的文明新风建设、规范有序的民主法治建设以及以村两委班子建设为核心的村级组织建设。2005 年，中国共产党十六届五中全会提出按照“生产发展、生活富裕、乡风文明、村容整洁、管理民主”的要求，推进社会主义新农村建设。由此，国家进一步提出自下而上制定整村推进规划，以及发展特色支柱产业，改善生产生活条件，增加集体经济收入，提高贫困人口自我发展能力等要求。具体则包括以县为平台，统筹各类涉农资金和社会帮扶资源，实施水、电、路、气、房和环境改善的“六到农家”工程，建设公益设施较为完善的农村社区。国家“十一五”期间，许多省市按照十六届五中全会要求，纷纷制定美丽乡村建设行动计划并付诸行动，以加快社会主义新农村建设和贫困村整村推进工作。

2. 产业扶贫。产业扶贫是指以市场为导向，以经济效益为中心，以产业发展为杠杆的扶贫开发过程。它是促进贫困地区发展、增加贫困农户收入的有效途径，也是扶贫开发的战略重点和主要任务。从本质上看，产业扶贫是一种内生发展机制，目的在于促进贫困个体（家庭）与贫困区域协同发展，根植发展基因，激活发展动力，阻断贫困发生的动因。从内容上看，产业扶贫是在贫困地区建立农产品基地，或通过订单农业等多种手段带动贫困农民调整产业结构、增加收入的农业产业化扶贫形式。在县域范围内，产业扶贫主要通过培育主导产业，发展县域经济，增加资本积累能力；在社区范围，产业扶贫主要通过增加公共投资，改善基础设施，培育产业环境；在贫困户层面，产业扶贫则是提供就业岗位，提升人力资本，促进贫困人口积极参与产业价值链的各个环节。

目前，政府主导的产业扶贫主要是帮助贫困地区、贫困农户因地制宜地选择主导产业，提供金融、技术服务，建设生产基地；扶持龙头企业，发展加工业；通过农民合作组织等方式组织营销，开拓市场；等等。2011年，《中国农村扶贫开发纲要（2011—2020年）》中，国家进一步提出"充分发挥贫困地区生态环境和自然资源优势，推广先进实用技术，培植壮大特色支柱产业，大力推进旅游扶贫。促进产业结构调整，通过扶贫龙头企业、农民专业合作社和互助资金组织，带动和帮助贫困农户发展生产。引导和支持企业到贫困地区投资兴业，带动贫困农户增收"等目标和要求，旅游扶贫、专业合作社建设等进一步丰富了以贫困地区资源开发为基础、增进外源物质资本投入的产业扶贫形式和内容。特别是党的十八大以后，习近平总书记进一步提出精准扶贫的战略政策，"通过生产脱贫一批"成为实施精准扶贫"五个一批"的重要内容。

产业扶贫的基本思路是以产业发展带动农民增收，其中扶贫龙头企业带动是最为典型的扶贫方式。即在国家必要的政策支持下，通过扶持和培育龙头企业，利用贫困地区的自然资源进行开发性生产建设，带动贫困地区农业结构的调整，形成骨干产业，促进区域经济发展并逐步形成贫困区域和贫困群体自我发展能力。同时，伴随经济社会发展以及农村贫困现状变化，各地在产业扶贫过程中逐渐探索出公司+农户、公司+基地+农户、公司+合作社+农户、公司+农户+基地+市场、公司+农户+党支部、公司+

集体+农户等多样化的产业扶贫形式。总的来看，产业扶贫借助国家专项扶贫资金的投入，基于贫困地区本身具有的各项资源，通过产业开发带动贫困农户脱贫增收，是一种强调外部物质资本输入与内部资本开发并重、“输血”与“造血”相结合的扶贫形式。

3. 易地搬迁。易地搬迁不仅是中国农村扶贫开发工作的重要组成部分，也是历史时间最长、最为久远的一种扶贫模式。早在1983年，中国尚未启动大规模农村扶贫开发以前，甘肃定西、河西以及宁夏西海固等地区已经开展了以扶贫为目的的开发式移民。根据《“十三五”时期易地扶贫搬迁工作方案》，目前中国移民搬迁政策的实施对象主要是居住在深山、石山、高寒、荒漠化、地方病多发等生存环境差、不具备基本发展条件，以及生态环境脆弱、限制或禁止开发地区的农村建档立卡贫困人口，优先安排位于地震活跃带及受泥石流、滑坡等地质灾害威胁的建档立卡贫困人口。同时，坚持群众自愿、积极稳妥方针，以及政府主导、群众自愿，量力而行、保障基本，因地制宜、科学规划，精确瞄准、创新机制，中央统筹、省负总责等基本原则，统筹考虑水土资源条件、城镇化进程及搬迁对象意愿，采取集中与分散相结合的安置方式。其中，集中安置主要包括行政村内就近集中安置、建设移民新村集中安置、依托小城镇或工业园区安置、依托乡村旅游区安置等；分散安置则主要是插花安置、投亲靠友等方式。

实行易地移民搬迁的目的是为了改善贫困人口的生产生活条件、加快生产发展、合理区域规划、保护生态环境等。2015年12月，中共中央政治局常委、国务院总理李克强在全国易地扶贫搬迁工作电视电话会议上做出重要批示，指出易地扶贫搬迁是实施精准扶贫、精准脱贫的有力抓手，是全面建成小康社会、跨越中等收入陷阱的关键举措。国家提出要坚持加大中央财政支持和多渠道筹集资金相结合，用好各类扶贫资源，合力攻坚，妥善解决搬迁群众的居住、看病、上学等问题，统筹谋划安置区产业发展与群众就业创业，确保搬出贫困人口生活有改善、发展有前景。据统计匡算，“十三五”时期，国家将投入6000亿元，对其中“一方水土养不起一方人”的贫困地区实施易地扶贫搬迁，通过多渠道筹措，围绕改善搬迁对象生产生活条件和发展环境，建设住房和必要的附属设施，以及水、电、路、气、网等基本生产生活设施，配套建设教育、卫生、文化等公共服务设施。同时坚持与新型城镇化相结合，创新投融资模式和组织方式，完善相关后续扶持政策，努力做到搬得出、稳得住、有事做、能致富，确保搬迁对象尽快脱贫，从根本上解决贫困人口生计问题。

此外，以工代赈、连片开发等都是国家专项扶贫开发的重要政策模式。这些政策模式强调国家专项扶贫资金的专门性投入，主要通过外部物质资本的输入以及地区资源开发，改善贫困地区生产生活条件以及贫困人口的物质资本存量状况，增强贫困人口抵御外部风险的能力，并以此促进地区经济社会发展和贫困人口脱贫致富。

（二）农村支持性政策投入

作为一项长期性、综合性、系统性工程，扶贫开发涉及农业、交通、水利、教育、文化、卫生等多个行业部门的投入和建设。就中国而言，除了财政直接安排用于改善农村生产生活条件的各项基础性和公益性支出，以及扶贫开发专项投入资金以外，国家还针对农村建立了形式多样的补贴制度和优惠减免政策，以直接增加农民收入或减少农民生产生活支出。与国家专项扶贫政策相比，这些支持性惠农政策大多具有普遍性特征，不仅仅以贫困人口为政策对象，而是面向范围更宽广的农村地区和农村居民，但这些政策投入在增加贫困人口物质资本存量、有效减少支出型贫困现象等方面依然发挥了积极作用。

1. 农村基础设施建设。基础设施建设落后是制约农村经济社会发展的主要因素。尤其是广大中西部贫困地区，往往存在道路交通建设不足、饮用水困难、用电困难等多种多样的问题，严重影响贫困农村与外界进行各种资源和信息的交流。因此，国家历来十分重视农村基础设施建设，不断加大对农村地区特别是贫困农村交通、饮水、通信等方面的建设投入，从资金支持方面促进贫困地区与外界进行更多扶贫资源和信息的交流，助力贫困地区农村实现整体性脱贫。

“村村通”工程。作为一个国家系统性工程，“村村通”工程目前包括了农村公路、电力、生活和饮用水、电话网、有线电视网、互联网建设、网上商城建设等多个方面。其中，为解决农村公路交通建设困境，2005年，中国提出《农村公路建设规划》，要求21世纪前20年，农村公路建设达到具备条件的乡（镇）和建制村通沥青（水泥）路，全国农村公路里程达370万公里，全面提高农村公路的密度和服务水平，形成以县道为局域骨干、乡村公路为基础的干支相连、布局合理、具有较高服务水平的农村公路网。使农村居民出行更便捷、更安全、更舒适，适应全面建设小康社会的总体要求和总体目标。同时，农村公路“村村通”工程也是新农村建设过程中一项重要的基础性公益设施，尤其对贫困地区农村道路交通建设起到了积极作用。根据交通运输部的数据，截至2016年，我国完成新建改建农村公路29.3万公里，贫困地区新增10210个建制村通硬化路；5500个建制村通客车；完成约7.19万公里的公路安全生命防护工程、3021座危桥改造工程、112处（1041公里）公路地质灾害易发路段的处治工作。2017年，国家将继续新改建农村公路20万公里，实现贫困地区7000个建制村通硬化路；实施乡道及以上公路危桥改造工程以及城乡交通运输一体化建设工程、示范县建设等。

广播电视“村村通”。广播电视“村村通”工程着眼于解决广播电视信号覆盖盲区农民群众收听广播、收看电视问题，是由国家组织实施的一项民心工程。早在1998年，国家广电总局就开始联合有关部门组织实施村村通广播电视工程。2003年第一阶段结束时，基本完成了11.7万个已通电行政村村村通工程建设。2004 年开始的第二阶段，国家完成了 50 户以上已通电自然村村村通工程建设。“十一五”第三阶段时期，全国已通电行政村和 20 户以上自然村基本实现了村村通广播电视，农村地区广播电视无线覆盖水平得到全面加强。广播电视“村村通”工程的建设标准为“4+2”，即收看 4 套电视节目和收听 2 套广播节目。4 套电视节目分别为中央电视台第一套、第七套、少儿频道和本省电视台第一套节目，2 套广播节目则包括中央人民广播电台第一套节目和本省第一套广播节目。广播电视“村村通”工程的实施，对于贫困地区贫困人口具有非常重要的作用和意义，不仅有效解决了贫困地区信息资源的匮乏问题，促进了贫困地区与外界的信息交流，对于提高和改善贫困人口思想文化水平和生活习惯也具有积极的影响作用。

电话、宽带“村村通”。电话网络村通工程是国家全面建设小康社会、社会主义新农村建设的一项重大举措，也是推进农村电信普遍服务和农村信息化进程的基础工程、民心工程。2004 年，工业和信息化部组织在全国范围启动了发展农村通信、推动农村通信普遍服务的划时代工程——“村村通电话工程”。这一工程共分为三个阶段，“十一五”规划期间，国家信息行业部门从行政村通电话、自然村通电话、乡镇互联网接入、信息下乡等四个方面，持续深入开展村通工程建设，取得了显著成效，顺利完成了“村村通电话、乡乡能上网”的建设目标。到 2015 年，基本实现了第三阶段的村通工程，推动了电信普遍服务从“行政村通”延展到“自然村通”，普遍服务内容逐步从语音业务扩展到互联网业务，基本实现村村通宽带。同时，探索建立以电信普遍服务基金为核心的成本补偿机制，以构建农村信息通信发展的长效机制。

农村电网改造工程。1998 年，国家投入 1893 亿元作为基本金，开始实行农村电网建设与改造工作。要求按照“两改同价”（即农电体制改革、农网改造和实现城乡同网同价）原则，对城乡低压电网实行统一管理，取消各级政府的价外加价。到2004年底，农村电网改造任务基本完成，全国农村低压电网的改造面平均超过90%，全面实现城乡用电同价，农村用电费用进一步降低。“十二五”时期，国家实施了农村电网改造的升级工程，进一步改善了农村电网结构，农村电力供应能力明显提升，彻底解决了无电人口用电问题。但同时，受自然环境条件、历史遗留问题等各种因素制约，城乡电力服务差距较为明显，农村地区电力保障能力与日益增长的用电需求不相适应，特别是一些贫困地区及偏远少数民族地区电网建设相对滞后，农村电网整体水平与全面建成小康社会目标仍有差距。为此，2016年，国家开始部署实施新一轮农村电网改造升级工程，以加快城乡电力服务均等化进程，为促进农村经济社会发展提供电力保障。其中，规划提出重点推进国家扶贫开发工作重点县、集中连片特困地区以及革命老区的农村电网改造升级，解决电压不达标、架构不合理、不通动力电等问题，提升电力普遍服务水平。① 这些举措一方面通过国家的巨大投入刺激了宏观经济的发展，另一方面也大大降低了农村用电费用，降低了农民生产生活负担，从另一层面增加了贫困人口物质资本存量，同时有效带动农村家电消费，从而在长远阶段有利于贫困人口信息能力的提升。

2. 农业补贴政策。农业补贴一般是国家对本国农业支持与保护政策体系中最主要、最常用的政策工具，是政府对农业生产、流通和贸易进行的转移支付，也是最为重要的农业支持与保护性政策。总的来看，中国农业补贴政策经历了从剥夺到保护的三个时期的演变，完成了从“农业受损、工业受益”“农民利益受损、城市消费者受益”到“工业反哺农业、城市支持农村”的逆转。

早在20世纪50年代，中国出台了国营拖拉机站“机耕定额亏损补

① 参见《国务院办公厅转发国家发展改革委关于“十三五”期间实施新一轮农村电网改造升级工程意见的通知》（国办发〔2016〕9号）。

贴”形式的补贴政策。此后，农业补贴逐渐扩展到农用生产资料的价格补贴、农业生产用电补贴、贷款贴息补贴等方面，包括早期的绿箱政策、投入品补贴政策、农产品价格补贴等一系列财政支农政策。改革开放以后，中国政府开始以市场化为取向对农业补贴措施进行了调整，产生了剥夺性的特征。直到2000年，国家启动了农村税费改革以减轻农民负担，农业政策开始发生剥夺性向保护性过渡的根本性转变。由此，安徽、吉林等一些省市也开始试点运行农业直接补贴的政策形式。尤其是国家提出城乡统筹发展、工业反哺农业的政策理念以后，农业补贴方式发生了重大调整。2006年，中国取消了沿袭两千年之久的农业税。这一举措不仅大大减轻了农民负担，增加了农民收入，也成为有效解决“三农”问题的重要手段。从目前来看，粮食直接补贴政策、良种补贴、农机补贴是当前最主要的农业补贴形式。

粮食直接补贴政策，主要是在河北、内蒙古、辽宁、吉林、黑龙江、江苏、安徽、江西、山东、河南、湖北、湖南、四川省等粮食主产区实行，由国家财政按照一定的补贴标准和粮食实际种植面积，对农户直接予以补贴。目的是为了进一步促进粮食生产、保护粮食综合生产能力、调动农民种粮积极性和增加农民收入，原则上按种粮农户的实际种植面积补贴，如采取其他补贴方式也要剔除不种粮因素，尽可能做到与种植面积接近。此外，对于非粮食主产区的其他省、自治区、直辖市，也应结合当地实际选择切实可行的补贴方式，具体的补贴方式由省级人民政府根据当地实际情况确定。

良种补贴是国家为了提高农产品质量和竞争能力，建立优势产业，鼓励农民种植优质专用品种产品而设立的补贴。国家确定的良种补贴范围包括水稻、小麦、玉米、棉花等，在全国31个省（区、市）实行良种补贴全覆盖；大豆在辽宁、吉林、黑龙江、内蒙古等4个省（区）实行良种补贴全覆盖。良种补贴的对象包括生产中使用农作物良种的农民（含农场职工）。2009年，国家良种补贴的执行标准为早稻10元/亩；中晚稻、棉花15元/亩；小麦、玉米、大豆10元/亩。此外，2010年中央一号文件中提出国家将对农民增加良种补贴，扩大马铃薯补贴范围，启动青稞良种补贴，实施花生良种补贴试点等措施。

农机补贴是中央财政为鼓励和支持农民使用先进适用的农业机械，推进农业机械化进程，提高农业综合生产能力，促进增产增效、农民节本增收而设立的专项资金。补贴对象为符合补贴条件的农民和直接从事农业生产的农机服务组织，以农机专业户为主。农机补贴的范围主要包括：大中型拖拉机等农用动力机械，如大中型拖拉机、深松免耕机、精耕播种机、联合收割机、水稻插秧机、秸秆综合利用机等；农田机具如用于耕整、种植、植保、收获和秸秆还田等机具；粮食和农副产品的产后处理机械以及秸秆、饲草加工处理及养殖机械。

国家实施的各项农业发展支持性政策补贴，在增加农户家庭收入、提高种粮积极性方面取得了普遍性的成效。由于中国贫困人口中90%以上都分布在农村地区，农业支持性政策同时也极大地惠及贫困人口的生计和发展，即通过直接增加现金收入、减少生产性支出等方式增加了贫困人口的物质资本存量。

3. 农村减免性政策。农业税减免政策。自古以来，来自农民的税赋维持着历朝历代的运转，农业税也成为农民负担中最大的一部分。历史经验证明，大凡税费丛生的朝代，则民不聊生，社会动荡不安。新中国成立初期，在资本稀缺的环境制约以及重工业优先发展背景下，农业也承担起了为工业提供资本积累的职责。2000年以后，为有效减轻农民负担，中国开始试行以“三取消、两调整、一改革”为主要内容的农村税费改革。“三取消”即取消村提留、乡统筹、农村教育费集资等专门面向农民征收的行政事业型收费和政府基金、集资，取消屠宰税，取消统一规定的劳动积累工和义务工；“两调整”则是调整农业税和农业特产税有关政策；“一改革”是指改革村提留征收使用办法。2003年，为支持农村税费改革，中央财政共安排资金305亿元，将税费改革试点范围由20个省扩大到全国。由此，农民平均负担减轻30%以上。同时，政府逐步加快取消农业特产税步伐。到2004年，中国取消了除烟叶税以外的农业特产税，8个省免征（或基本免征）农业税，22个省农业税税率下降了1~3个百分点。2005年，中央继续深化农村税费改革，提供转移支付662亿元，牧业税和除烟叶外的农业特产税全部免征，免征农业税的省份达到28个。2006年，中国全面取消农业税，宣告2600多年来农民种地必须缴纳的“皇粮国税”进入历史记忆。

4. 义务教育减免政策。教育水平落后是贫困地区农民致贫的重要原因。为此，国家通过实施“两免一补”政策，着力减轻贫困家庭的教育负担，从而在一定程度上保障贫困家庭儿童的受教育权利、减少贫困儿童辍学率。

“两免一补”就是对义务教育阶段家庭经济困难学生免费提供教科书、免杂费和补助寄宿生生活费。2004年，免费教科书发放政策扩大到武陵山区所有家庭困难的小学生。2005年11月10日，教育部发布《中国全民教育国家报告》，提出2007年实现全国农村贫困学生教科书免费和住宿生活补助，并力争到2010年在全国农村地区全部实行免费义务教育，2015年在全国普遍实施义务教育。2005年，中央与地方财政共安排“两免一补”专项资金64亿元，惠及中西部地区农村义务教育阶段家庭贫困的学生约3000万名。到2007年，全国农村义务教育阶段的贫困家庭学生都享受到“两免一补”政策。这项政策的实施减轻了农村家庭的教育负担，同时也提高了贫困地区的入学率和人口素质。

总体上看，上述农村支持性政策以资金投入为主要形式，旨在通过直接性补贴、减免支出等方式增加农民现金收入或减少生产生活支出。与国家专项扶贫资金投入不同，这些政策措施的目标人群涵盖了包括贫困人口在内的广大农村居民。除个别补贴形式以外，农村支持性政策往往突出政策的普惠性和普遍适用性特征。但二者同属于以资金形式进行的国家投入，是基于物质资本投入进行农村反贫困的重要表现形式。同时，国家专项扶贫开发政策项目在提供外源物质资本输入的同时，也强调和突出贫困地区现有资源的开发和利用，整村推进扶贫、产业发展扶贫、易地搬迁扶贫、以工代赈扶贫、连片开发扶贫等都是以物质资本投入为主的反贫困形式，并在农村扶贫开发实践中发挥了积极有效的作用。

二、脱贫攻坚阶段物质资本投资的扶贫新模式

党的十八大以来，中国扶贫开发进入啃硬骨头、攻坚拔寨的冲刺期。习近平总书记根据现阶段中国贫困状况变化及扶贫工作形式，提出了精准扶贫精准脱贫的战略部署。精准扶贫精准脱贫也成为当前及未来一段时期中国农村扶贫开发的重要指导思想和行动指南。2015 年 12 月 15 日，国务院新闻办公室举行“十三五”脱贫攻坚工作有关情况新闻发布会，扶贫办主任刘永富在介绍相关情况时表示，落实脱贫攻坚，扶贫办将搭建五个工作平台，开展六项扶贫行动，实施十项精准扶贫工程。其中，十项精准扶贫工程包括了整村推进工程、职业教育培训工程、扶贫小额信贷工程、易地扶贫搬迁工程、电商扶贫工程、旅游扶贫工程、光伏扶贫工程、构树扶贫工程、贫困村创业致富带头人培训工程、龙头企业带动工程等。除整村推进、职业教育培训、易地搬迁工程以外，资产收益扶贫、光伏扶贫、旅游扶贫等代表了新阶段物质资本投入扶贫的新模式。同时，全国各地扶贫实践中也探索出金融信贷扶贫的新模式、新机制，这些将进一步丰富基于物质资本投入的反贫困工作模式和政策安排。

（一）资产收益扶贫

2015年10月29日，“资产收益扶贫”首次出现于《中共中央关于制定国民经济和社会发展第十三个五年规划的建议》中，指出资产收益扶贫主要针对自主创收能力受限制的农村贫困人口，目的在于把细碎、分散、沉睡的各种资源要素转化为资产，整合到优势产业平台上，扩展贫困人口生产生存空间，让其享受到优质资源，实现脱贫致富。同年11月29日，中共中央、国务院《关于打赢脱贫攻坚战的决定》发布，在实施精准扶贫方略，加快贫困人口精准脱贫中明确提出了探索资产收益扶贫的新要求。文件指出，在不改变用途的情况下，财政专项扶贫资金和其他涉农资金，投入设施农业、养殖、光伏、水电、乡村旅游等项目形成的资产，具备条件的可折股量化给贫困村和贫困户，尤其是丧失劳动能力的贫困户。资产可由村集体、合作社或其他经营主体统一经营。并要求强化监督管理，明确资产运营方对财政资金形成资产的保值增值责任，建立健全收益分配机制，确保资产收益及时回馈持股贫困户。同时，支持农民合作社和其他经营主体通过土地托管、牲畜托养和吸收农民土地经营权入股等方式，带动贫困户增收。贫困地区水电、矿产等资源开发，赋予土地被占用的村集体股权，让贫困人口分享资源开发收益。

2016年6月20日，“湖南精准扶贫精准脱贫思与行”论坛上，湖南省委党校、湖南行政学院决策咨询中心主任肖万春就资产收益扶贫进行了相关阐述。在他看来，资产收益扶贫的实质是资产资本化扶贫。也就是说，资产收益扶贫是让贫困户充分利用既有资源、资产，以入股或委托方式参与产业发展，成为股东或“收租公”，获取分红或租金，从而享受到产业发展的成果。虽然资产收益扶贫对象适用于所有类型的贫困户，但项目实施的主要对象应该为失能贫困户和弱能贫困户。同时，资产收益扶贫中的资产类型多样化，包括了社会自然资源、农户和村集体自有资源或权益、扶贫或其他资金直接投资以及扶贫或其他资金投资生产设施和不动产等。当前，各地在实践中探索的资产收益扶贫方式主要包括以下三种：一是项目资产折股量化给贫困户；二是资产托管或入股；三是分享资源开发收益。①

目前，全国已有四川、湖南、湖北、贵州等省份探索实施了资产收益扶贫新模式，在实践形式上主要是利用财政专项扶贫资金或部分支农资金作为贫困人口的股份，参与专业大户、家庭农场、农民合作社等新型经营主体和龙头企业、产业基地的生产经营和收益分红，以增加贫困人口的财产性收入。作为一种新的资本投资扶贫形式，资产收益扶贫结合了财政支农资金使用和农村集体产权制度改革，不仅有助于重构农村产权制度，增加农民财产性收入和工资性收入，也打破了以往资本投入利用的形式，对于贫困人口特别是丧失发展能力的特困户脱贫致富具有积极的意义，也有助于以精准扶贫推进经济社会发展成果共享目标的实现。

（二）光伏扶贫

光伏扶贫主要是在住房屋顶和农业大棚上铺设太阳能电池板，“自发自用、多余上网”。由于光伏发电具有清洁环保、技术可靠、收益稳定等特点，既适合建设户用和村级小电站，也适合建设较大规模的集中式电站，还可以结合农业、林业开展多种“光伏+”应用。因此，在光照资源条件较好的地区因地制宜开展光伏扶贫，既符合精准扶贫、精准脱贫战略，又符合国家清洁低碳能源发展战略；既有利于扩大光伏发电市场，又有利于促进贫困人口稳收增收。

2015年，国务院扶贫办将“光伏扶贫”作为确定实施的“十大精准

① 肖万春. 资产收益扶贫是特困户脱贫的根本途径［N/OL］. 新浪新闻（2016-06-23）. http://news.sina.com.cn/o/2016-06-23/doc-ifxtmses0814791.shtml.

扶贫工程”之一，光伏扶贫充分利用了贫困地区太阳能资源丰富的优势，通过开发太阳能资源，实现扶贫开发和新能源利用、节能减排相结合。同时，光伏扶贫也是资产收益扶贫的一种重要形式，对于增加贫困人口资产、帮助其脱离贫困具有重要意义。2016年，国家出台了《关于实施光伏发电扶贫工作的意见》，提出在2020年之前，重点在前期开展试点的、光照条件较好的16个省的471个县的约3.5万个建档立卡贫困村，以整村推进的方式，保障200万建档立卡无劳动能力贫困户（包括残疾人）每年每户增加收入3000元以上，其他光照条件好的贫困地区可按照精准扶贫的要求，因地制宜推进实施的总体性目标和要求。

从贫困地区的实践看，光伏精准扶贫主要有4种类型：一是户用光伏发电扶贫。利用贫困户屋顶或院落空地建设的3~5千瓦的发电系统，产权和收益均归贫困户所有。二是村级光伏电站扶贫。以村集体为建设主体，利用村集体的土地建设100~300千瓦的小型电站，产权归村集体所有，收益由村集体、贫困户按比例分配，其中贫困户的收益占比在60%以上。三是光伏大棚扶贫。利用农业大棚等现代农业设施现有支架建设的光伏电站，产权归投资企业和贫困户共有。四是光伏地面电站扶贫。利用荒山荒坡建设10兆瓦以上的大型地面光伏电站，产权归投资企业所有，之后企业捐赠一部分股权，由当地政府将这部分股权收益分配给贫困户。

同时，为解决光伏扶贫发展的资金难题，部分企业结合不同地区、不同条件，探索形成了4种比较成功的“户用光伏发电扶贫”模式：一是扶贫资金+贫困户银行贷款。即政府出资70%，政府担保、贫困户从信用社贷款30%。二是扶贫资金+企业垫付。即政府出资80%，企业垫付20%，后期贫困户以发电收益分期偿还企业。三是扶贫资金+地方财政配套。即由地方财政配套，贫困户没有负担。四是扶贫资金+地方投资公司垫付。即政府出资70%，当地投资公司垫付30%，后期贫困户以发电收益分期偿还投资公司。这些模式顺利解决了贫困户需要承担的8000元左右的初始投资，用3年左右的发电收益还清贷款，之后可获得长期稳定的每年3000元以上发电收益，以期实现稳定、长效脱贫。

（三）金融信贷扶贫

金融扶贫是当前中国打赢脱贫攻坚战的重大举措和关键支撑。习近平总书记在中央扶贫开发工作会议上强调："要做好金融扶贫这篇文章"，"要通过完善激励和约束机制，推动各类金融机构实施特惠金融政策，加大对脱贫攻坚的金融支持力度"。李克强总理也强调："必须采取综合措施，鼓励和引导商业性、政策性、开发性、合作性等各类金融机构加大对扶贫开发的金融支持。"因此，脱贫攻坚阶段，党中央、国务院将金融扶贫作为政策"组合拳"的"重头戏"来安排部署。

严格来讲，金融信贷扶贫不属于新的扶贫方式。早在20世纪80年代，中国人民银行、工商银行、建设银行等已经开始向贫困地区发放扶贫贷款。90年代，中国已经开始了传统农村小额信贷模式支农扶贫的探索实践。小额信贷是一种以城乡低收入阶层为服务对象的小规模的金融服务方式，旨在通过金融服务为贫困农户或微型企业提供获得自我就业和自我发展的机会，促进其走向自我生存和发展。它既是一种金融服务的创新，又是一种重要的扶贫方式。

从国际上看，小额信贷产生于20世纪70年代，最初目的是消除贫困和发展农业生产。资金的发放主要通过国家金融机构或合作组织，发放资金用于农业生产和技术的改造。发放贷款一般是低息、无息，资金来源是政府的补贴或各种公基金。中国农村小额信贷一开始受到孟加拉模式的影响，并在90年代后期转向为以政府和指定银行操作、国内扶贫资金为主的形式。2004年以来，为弥补面向中低收入群体和微小企业金融产品支持的空白，国家陆续推出了一系列支持性政策以发展小额信贷。

2015年11月29日，中共中央、国务院《关于打赢脱贫攻坚战的决定》继续提出金融支持脱贫攻坚的一揽子政策。目前来看，广义的金融扶贫不仅包括了以政府为主导进行的农村小额信贷服务，还包括了各贫困地区推出的扶贫再贷款、创业担保贷款、助学贷款、妇女小额贷款、康复扶贫贷款、光伏扶贫贷款、再就业贴息贷款、产业扶贫贷、富民贷等一批新型金融扶贫产品，以及农村普惠金融、扶贫小额信贷保险、农业种养业保险、金融证券扶贫、“贫困户贷款+带资入企+就业分红”、“互联网+金融+扶贫”等新型金融扶贫模式，进一步拓展了金融信贷扶贫的内容和意义。

（四）旅游扶贫

同金融扶贫一样，旅游扶贫也不属于全新的扶贫工作方式。从本质上讲，旅游扶贫是一种产业扶贫形式，是在具有一定旅游资源条件、区位优势和市场基础的贫困地区，通过开发旅游带动整个地区经济发展、引导贫困群众脱贫致富的一种产业扶贫开发方式。也即将先发展地区的消费吸引到贫困地区，实现国民财富的转移和再分配；将财富通过旅游渠道从先富起来的人群转移到贫困人群，实现先富带后富。但长期以来，旅游扶贫在扶贫中的意义、作用及功效基本处于被轻视甚至忽视的地位。一方面，很多贫困地区虽然生态环境良好，具有丰富的旅游开发潜力，但又存在地理位置偏远的特征；另一方面，贫困地区的基础设施条件和市场意识，也限制其进行相应的旅游资源开发建设，最终形成了学者所谓的“富饶的贫困”现象。

与其他扶贫方式相比，旅游扶贫以强大的市场优势、新兴的产业活力、强劲的造血功能、巨大的带动作用，在中国扶贫开发进程中日益发挥着显著的作用，以其锐不可当之势正成为国家扶贫攻坚的崭新生力军。旅游扶贫的突出特点是市场机制，突出优势也是市场机制。相较于一般财政转移支付和社会援助等扶贫方式，在旅游扶贫中，市场对资源配置的效率高、成本低，特别是社会成本低。加之旅游扶贫的根基来源于巨大的市场需求，动力来自于活跃的市场机制，支撑来自于广阔的产业发展前景，从运行机制上避免了由于个人主观武断意志拉郎配式的扶贫所带来的诸多问题。特别是伴随中国旅游业的快速发展，多层次、多样化的国内旅游需求快速增长，许多昔日偏僻的贫困乡村，随着外部交通条件的改善，尤其是高速铁路、高速公路的开通，以其良好的自然生态环境和独特的人文环境，迅速成长为新兴旅游目的地，成为旅游市场的新宠，旅游扶贫的优势也由此而不断凸显。

“授人以鱼不如授人以渔。”旅游扶贫不是简单的、单方面的给钱给物帮扶，而是开发当地的特色旅游资源，形成特色旅游产品，构建旅游产业链，吸引外部旅游消费市场，带动当地贫困人口就地参与旅游经营服务实现脱贫的开发式、产业化扶贫方式，因而具有明显的培育优势产业、增强发展能力的造血功能。与其他扶贫方式相比，旅游扶贫还具有源源不断的强大市场动力支撑。当前中国旅游业正处于需求旺盛、供给不足的状态，旅游扶贫只要开发适当，就能够取得开发一个景区带火一片贫困乡村的效果。同时，与传统种养殖业相比，旅游是一个附加值较高的服务业，旅游扶贫在很多地方实际上就是一种产业结构调整，从较低附加值的农业转变为中高附加值的服务业，从一产调整到三产，能够使贫困人口迅速脱贫致富。“一业兴、百业旺”，实践表明，旅游扶贫是一种带动性、参与性最为广泛的扶贫方式。与许多产业相比，旅游就业容量大、门槛较低、层次多、方式灵活，人民群众的参与面广、受益面大，能充分调动人民群众的巨大潜能。在一些贫困地区，全村“同吃旅游饭、同步奔小康”的现象屡见不鲜。[①]

此外，国家在一些贫困地区探索实施的生态补偿、电商产业扶贫、特殊人群关怀等扶贫举措，在一定程度上也可以视为当前脱贫攻坚阶段基于

① 国家旅游局局长：实施旅游扶贫 助力全面小康［N/OL］. 新华网，2015-11-06.

物质资本投资扶贫的新模式。总体上看，这些扶贫模式是在国家经济社会发展的宏观进程中产生的，它们以各种形式的物质资本输入及开发利用为基础，在强调外部“输血”的同时，也更加注重贫困地区、贫困人口自身资本存量的开发利用，以及发挥市场机制在资金整合、使用过程中的作用和意义，既注重探索扶贫资金在使用中的放大效应，也注重贫困地区贫困人口资本存量的市场转换。

三、易地搬迁+整村推进：福建赤溪畲族村扶贫故事[①]

位于闽东大山深处的赤溪村，是福建省福鼎市磻溪镇下辖的一个少数民族畲族行政村。30 多年前，赤溪村 280 多户村民分散居住在 14 个“五不通”的偏远自然村，集“老、少、边、穷”于一体。1984 年，时任福鼎县委新闻科科长的王绍据，在基层开展深入调查采访后，给人民日报编辑部写了一封读者来信，反映当时赤溪村下山溪自然村贫困状况。“家家竹木屋、顿顿揭锅难”，“村民祖祖辈辈靠吃番薯度日，偶尔到外地买几斤大米，只能在春节吃两顿，或供妇女‘坐月子’吃几天；村民身上穿得破破烂烂，有的人买不起鞋子而光着脚板”。同年 6 月 24 日，《人民日报》刊载了这封《穷山村希望实行特殊政策治穷致富》的来信以及《关怀贫困地区》的评论员文章。由此，贫困地区脱贫发展问题引起了国家和社会的广泛关注，也推进了中国政府启动全国性的扶贫开发工作。1986 年 9 月，党中央、国务院发出《关于帮助贫困地区尽快改变面貌的通知》，揭开了农村扶贫开发工作的序幕，赤溪村也由此而被誉为“中国扶贫第一村”。

伴随中国 30 多年的扶贫开发，赤溪村历经十年“换血”搬迁扶贫、十年“造血”产业扶贫的艰苦历程，实现了由深山穷村到美丽畲寨的幸福

① 本案例根据网络新闻资料整理。

嬗变。通过扶贫搬迁、整村推进、生态旅游等扶贫资金投入和项目建设，赤溪村走上了既要百姓富也要生态美的“美丽乡村”发展道路，脱贫致富奔小康事业结出了丰硕成果，农民人均纯收入从 1984 年的 166 元增长到 2016 年的 15696 元；村庄集体经济取得长足发展，从 1984 年的负债 10 多万元增长到 2016 年实现村财政收入 50 万元；人均住房面积从 8.4 平方米的“茅草屋、木瓦房”升级为人均 42 平方米的“砖混结构房”。赤溪村从一个远近闻名的贫困村变成了富裕村、小康村，也成为中国农村扶贫开发实践模式的真实样本。

（一）“换血”：搬迁扶贫

赤溪村不仅是“中国扶贫第一村”，也是习近平总书记高度重视的贫困村。20 世纪 80 年代，习近平同志任宁德地委书记时，已经开始高度重视这里的扶贫工作。他多次提及水电资源综合开发利用与畲族发展，主张“先有钱、先办电”，推动了地区福鼎桑园电站的立项建设。1993 年电站建好后，赤溪有了第一条可以通车的泥结石土路，结束了之前村庄对外交通极度落后的局面。1994 年 4 月 15 日，国务院印发《国家八七扶贫攻坚计划（1994—2000 年）》的通知，提出力争在 20 世纪内最后 7 年，集中力量，基本解决全国农村 8000 万贫困人口的温饱问题，标志着中国扶贫开发进入攻坚阶段，国家开始在全国范围内开展有组织、有计划、大规模的扶贫工作。1994 年 8 月，借着八七扶贫攻坚计划的东风以及来自国家和地方政府的资金投入，福建省启动了整村搬迁造福工程，下山溪 22 户 88 名畲族同胞被纳入全省第一批搬迁对象，并于 1995 年 5 月搬迁至赤溪中心村所在地的长安新街。

随后，桑园水库等一批扶贫项目陆续投入建设，也加速了赤溪村扶贫开发、脱贫致富的步伐。随着搬迁扶贫工程项目的实施，原来自然村 350 多户村民（包括周边村边远山区的畲族村民）陆续搬迁至赤溪中心村，分散居住的 14 个自然村整合为 1 个中心村和 2 个自然村，长安新街也随之不断延伸，达到了 1500 多人的规模。大山里的畲族群众结束了破旧的茅草屋生活，住进了宽敞明亮的砖瓦房。

进入 21 世纪以后，畲族村民通过水库建设、外出务工等形式，逐渐改善了居民生活水平。2009 年，赤溪村被福建省委、省政府确定为省级整村推进扶贫开发重点村，由福建省民族与宗教事务厅开展为期三年的挂钩帮扶工作。通过整村推进项目实施，赤溪村发生了显著变化。通村公路从无到有，总里程达到 58.6 公里，到达高速公路和太姥山景区仅需 20 分钟；村庄经济发展迅速，全体农户实现了奔小康的目标；村内生活配套、文化教育、医疗卫生等设施一应俱全。2016 年，赤溪村整合多项投资资金，实施了四五十个在建项目，包括提升一批基础设施、建设一批民生项目、实施一批美丽乡村项目等“十六个一”的 36 个项目，完成了旅游集散中心、九鲤溪左岸低水驳岸、夜景灯光工程、自来水厂改扩建等 18 个项目，进一步完善了后期村庄产业发展的基础设施建设。

如今，搬迁工程基本结束，畲族村民在搬迁至中心村后，村支两委统筹安排了田地、茶园、山林等生产物资，或直接推荐畲族群众就业，解决了畲族同胞下山后的就业与生活问题，使他们尽快赶上或接近汉族的发展水平。而在全面融入长安新村后，畲族人民也以他们的勤劳和智慧积极参与赤溪扶贫开发建设，先后帮助赤溪村争取福建省民族与宗教事务厅挂钩帮扶及全国少数民族特色村寨试点，协助争取少数民族扶贫资金 2250 万元等，以进一步支持赤溪村各项社会事业的建设和发展。

（二）“造血”：旅游产业扶贫

2015 年，赤溪村扶贫开发工作得到了习近平总书记等中央领导的批示肯定，时任国务院副总理汪洋亲临视察时，还将以赤溪村为代表的扶贫开发工作总结为“宁德模式”。2016 年初，习总书记通过人民网与赤溪村民视频连线，在线交流，寄语赤溪村民扶贫根本要依靠自力更生和内生动力，嘱咐村民在现有取得很好成绩基础上，自强不息，继续努力。党和国家领导的重视和肯定，深深鼓舞着这个曾经的贫困村。2016 年以来，伴随国家精准扶贫精准脱贫战略的实施进程，赤溪村继续增加物质资本投资，着力推动地区脱贫奔小康，以生态旅游为主导的产业取得了长足发展。

赤溪所在的福鼎市自然资源丰富，文化底蕴深厚，形成了以太姥山为龙头的山—海—川—岛人文立体生态旅游体系，而赤溪村则是福鼎市生态环境的缩影。在实施易地搬迁和整村推进工程以后，赤溪村对外交通得到极大改善。境内还具有九鲤溪、天州溪等丰富的旅游景观，各类旅游资源单体达 35 个。依托丰富的旅游资源走旅游扶贫的路子获得镇村两级和许多村民的共同认可。

2003 年，镇村否决了一个在下山溪的小水电项目，保住了赤溪溪瀑的旅游资源。随后，赤溪村所在九鲤溪景区引进福建省太姥山万博华旅游开发有限公司，投入 6000 多万元进行旅游景点的开发建设，先后开发了竹筏漂流、生态（峡谷）运动乐园、真人 CS 野战基地、生态农业观光园、七彩蝴蝶园、野趣园等旅游项目。2012 年，赤溪村再次引进耕乐源公司及杜氏生态农庄落户，投资 1800 多万元建设高空遨游、沙场练身、耕乐体验和养生度假等旅游项目。凭借优美的生态环境，九鲤溪瀑景区先后获评“三星级旅游经营单位”“全国休闲农业与乡村旅游四星级示范企业”等，并带动了赤溪村 200 多户村民参与旅游产业的经营项目。当前，赤溪正在实施和计划实施的外来投资项目共有 6 个，投入资金达 10800 万元。

同时，为推进畲族特色村寨建设，发展民族风情旅游产业，当地乡镇及村庄干部深入赤溪各个自然村庄，挖掘景点和历史文化，并聘请省内一流设计单位编制村庄规划，按照科学规划、一步到位、突出特色、分步实施的原则，依据村庄自然条件、历史文化资源及产业资源优势，合理布局功能区域，着力推动产业、村庄、土地、公共服务和生态规划五规合一，分类指导、循序渐进推进新农村建设。规划融合了畲族文化、养生健体、田园风光和生态农业等元素，以推动富有民族特色的村寨建设。按照规划，已投入220万元对全村306栋房屋进行改造，投入200多万元完成“民族团结和谐”主题公园一期工程，改造畲乡山水木屋、石墙石阶、篱笆古树等。未来，将继续投入2200万元新建环村两条溪的防洪堤与沿溪景观带，实现环村路堤结合的绿道、慢道，形成村在景中、景在村中，畲家村寨缘山近水等特色更加突出。可以说，依靠本地资源的开发，畲族元素为赤溪旅游产业增添了新的动力和活力。

基于此，赤溪村先后获得了“全国旅游扶贫试点村”“中国乡村旅游模范村”“中国最美休闲乡村”等试点和荣誉称号。2016年，赤溪村共接待游客20多万人次，农业总产值达到2508万元，比上年增长了18%。生态旅游产业的兴起发展，不仅使得赤溪村面貌发生了重大改变，也拓宽了农民山地农业、农家体验、餐馆住宿、旅游产品、劳务服务等多种类收入渠道，村民增收的路子越来越宽，旅游经济良性发展，依靠外部资本输入和内生资源开发，村民财富积累的造血功能不断增强。

一方面，赤溪村脱贫发展离不开政府部门的扶贫投入。大规模的扶贫项目实施日渐改变了赤溪村的整体面貌，促进了基础设施条件的完善，为产业发展奠定了良好基础。而个体农户也从国家各项补贴优惠政策中获得进一步的创业致富机会。赤溪村人杜赢大学毕业后回到家乡创业，通过政府“大学生回乡创业”扶持项目，杜赢获得了产业补助、生活补助、贴息贷款以及5年免税的优惠政策，成立了茶叶公司并步入正轨。当地妇女杜春蓉也通过妇女创业项目获得贴息贷款，得以扩大农家乐的经营规模。

另一方面，赤溪村也充分利用了市场和社会力量的参与。近年来，福建省诚信促进会、老区促进会、慈善总会、内蒙古凯越实业有限公司、福建海鸥集团以及一批赤溪乡贤纷纷伸出援手，先后捐资200多万元建设提升赤溪小学，开办幼儿园。及时对接金融部门信贷服务，引导村民发展特色种养、农家乐等创业致富项目。村党支部带领村民成立了 2 家农民专业合作社，以“公司+合作社+基地+农户”模式，发展名优水果 500 多亩、珍贵苗木 100 多亩、油茶 900 多亩、淡水养殖基地 100 多亩，进一步推进了当地现代特色农业产业的发展以及山地农业的综合开发，使各项资源都得到充分利用。

（三）启示与思考

赤溪村从一个发展严重滞后的“老、少、边、穷”山村，成功脱贫甚至变成了远近闻名的小康村、生态美村，是中国政府主导的农村扶贫开发工作的有效探索，同时也彰显了物质资本投资对于贫困村脱贫发展的重要性。

一方面，国家及各级政府、市场和社会力量向赤溪倾注了大量的扶贫物资，另一方面，赤溪脱贫成功的重要因素还在于对内生资源的开发利用。物质资本投入的扶贫模式已经不仅仅局限于依靠政府主导的专项扶贫投入，在市场经济日渐完善的发展过程中，充分利用市场资本的参与融入，立足本地物质资本的开发建设，也是贫困村获得内生发展动力、农户生计可持续改善的关键。从赤溪的脱贫实践我们可以看出：当贫困农户的原始积累水平很低时，需要“输血”式扶贫抬高农户的资产水平，更需要进一步引导农户将“输血”扶贫的资源转化为农户可进行持续“造血”的资本，积极开发本地资源和内生资本，做到“输血”扶贫与“造血”扶贫模式相结合，并产生资本投入“一加一大于二”的效果，走可持续的、内源式脱贫攻坚之路。

四、输血+造血：兰考县金融扶贫激活产业“稳”脱贫①

河南省兰考县，地处开封、菏泽、商丘三角地带的中心部位，东临京九铁路，西依京广铁路，陇海铁路横贯全境，郑徐高铁在兰考设有客运站，多条国道在县城交会，连霍、日南两条高速公路穿境而过，是河南“一极两圈三层”中“半小时交通圈”的重要组成部分。全县下辖13个乡镇、3个街道，450个行政村（社区），总面积1116平方公里，总人口85万，乡村人口77.29万。受自然地理条件制约，兰考县产业基础薄弱，经济发展落后，在20世纪60年代不断承受着严重的内涝、风沙、盐碱等自然灾害侵袭，可以说是中部地区“最穷”“最苦”“最难”的“三最”地区。

2002年，兰考被确定为国家级扶贫开发工作重点县，2011年被确定为大别山连片特困地区重点县。过去十多年来，兰考县扶贫开发工作取得了显著成效，物质条件有了根本性变化。2014年，在党的群众路线教育实践活动中，习近平总书记将兰考作为联系点，两次亲赴兰考指导工作。作为焦裕禄精神的发源地，兰考县委县政府向总书记做出了“三年脱贫，七年小康”的庄严承诺。但作为经济发展水平长期位列河南省排名倒数，一直顶着“国家级贫困县”帽子的兰考县，要打赢脱贫攻坚战，实现向总书记承诺的目标任务，仍然面临巨大挑战。

三年来，兰考全县坚持政府主导，把扶贫攻坚与经济社会发展统筹谋划，将扶贫攻坚作为“重中之重”的工作强力推进，不折不扣落实党政“一把手”负总责的扶贫责任制，逐级签订责任书，实行台账销号，形成

---

① 本案例根据网络新闻资料整理。

了人人关心扶贫、人人关注扶贫、人人支持扶贫的良好局面。通过制定《2014—2016年扶贫攻坚规划》，向全县115个贫困村派驻345名工作队员，层层落实帮扶责任，因村因户施策，开展精准扶贫精准脱贫。在驻村工作、金融扶贫、产业扶贫、教育扶贫、健康扶贫、兜底保障扶贫工作过程中，广大干部深入基层、走访调研、科学判断、关心群众、聆听诉求、果断决策、务实实施，并以政治动员优势和资源整合优势，脚踏实地、求真务实地做好每一项扶贫工作。同时，“三年脱贫、七年小康”的誓言和承诺，以及恒久不衰的焦裕禄精神，也激发起全县领导干部和人民群众脱贫攻坚的信心和勇气。特别是兰考县打破思路，创新工作，形成了政府主导、银行支持、上市公司带动、保险公司参与的“三位一体”“四位一体”金融扶贫模式，以及引进、培育、壮大扶贫产业，以产业发展增强贫困群众内生动力的实践模式，在脱贫摘帽过程中发挥了积极的政策创新和机制引领作用。

（一）“三位一体”“四位一体”：创新金融扶贫新模式

无论是提高公共服务水平、改善生产生活条件，还是发展致富产业，扶贫开发工作都离不开资金的支持。虽然国家和上级省级政府每年都会安排相应的专项扶贫资金，但对于兰考全县115个贫困村，7.21万建档立卡贫困人口实现长效稳定脱贫来讲，依然存在巨大的资金缺口。如何筹措扶贫资金，如何高效使用扶贫资金？这是摆在兰考脱贫攻坚过程中的一大难题。

兰考县同时也是国家证监会定点帮扶的贫困县，杨志海从证监会到此挂职副县长已有两年多时间，由于主抓金融和扶贫工作，他对金融扶贫模式创新的感受尤其深刻。为解决资金难题，他和兰考县委、县政府一起，开始从金融扶贫入手，探索建立政府、企业、金融“三位一体”的金融扶贫模式。

这一模式主要是由县财政拿出1000万元作为风险补偿金，按照1∶10的比例来撬动银行贷款1亿元，支持扶贫企业发展。通过扩大财政扶贫资金效应，“专业的人做专业的事”，有效破解了企业融资难题，并实现了金融机构风险可控与贫困农户稳定增收，实现了政府、银行、企业、农户“四赢”。

2016年，在“三位一体”金融扶贫模式的基础上，兰考县进一步推出政府、企业（个人）、银行、保险“四位一体”的金融扶贫模式。即由财政资金作为风险补偿金，银行按风险补偿金的10倍发放贷款，贷款主体（小微企业、新型农业经营主体）须提供5%的扶贫资金或每10万元带动1个贫困户就业，且就业时间不低于6个月，月工资不低于2000元（企业统一为贫困户办理银行工资卡，由乡镇、街道定期检查贫困户在企业务工的时间及工资）。贷款主体的贷款实行基准利率并全额贴息，保险公司为贷款主体贷款进行保险（保费为贷款总额的3%），对种植养殖业贷款进行保险，保费由省财政负担80%，贷款主体负担20%；对木材加工企业贷款进行保险，保费由县政府和贷款主体各负担50%，年底省财政对政府出资的保费奖补50%。种植养殖业和木材加工企业贷款的风险，由县政府和保险公司各承担50%。在合作银行方面，由2016年的农行1家扩大到与中原银行、农商行、农行、邮储4家金融机构合作，并在简化办事程序、降低门槛方面进行进一步努力，以提高办事效率和覆盖面。对于50万元以下的贷款申请，银行不需进行现场调查；50万元以上的贷款申请，由银行、保险公司与驻村扶贫工作队（包村干部）共同进行实地调查。取消对小微企业持续运营两年以上的要求，只需由会计师事务所提供最近年度和最近3个月的财务报告即可；在额度控制方面，个人贷款额度不超过5万元，企业贷款额度不超过100万元，审核不受额度限制，单笔贷款额度为注入风险抵押金的15%。

同时，兰考县在金融扶贫方面积极探索新的金融产品和金融服务。一方面，兰考县引进保险机制，确保脱贫“零风险”。在与中原农险公司签署协议书后，拿出 1000 万元对 2.3 万户、7.7 万贫困人口的财产、人身、产业三大类进行保险，总保额达 42.3 亿元。并对扶贫企业、新型农业经营主体和农户发展产业的贷款实行保险，做到脱贫路上“零风险”。另一方面，对于已脱贫农户，兰考县积极开展“脱贫致富奔小康产业发展信用贷”，实行“信用+信贷”联动。政府出资 650 万元作为风险补偿金，撬动银行贷款 6500 万元，对已脱贫户进行再扶持，巩固扶贫效果，帮助已脱贫户发展产业、尽快实现致富。此外，借助创建普惠金融改革试验区的契机，兰考县积极提高金融服务企业的能力，加大力度助推企业发展，给予企业贷款贴息，培育壮大小微企业和合作组织，最大化实现家门口人群就业，加速贫困人口脱贫奔小康步伐。

据统计，截至 2016 年底，全县金融扶贫贷款累计发放 2851 笔 3.74 亿元，近 8000 贫困人口直接受益。其中，“三位一体”发放贷款 962 笔 2.6 亿元，“四位一体”发放贷款 18 笔 1380 万元，“脱贫致富奔小康产业发展信用贷”发放贷款 431 笔 1551 万元，扶贫小额信贷 1440 笔 8401 万元。通过创新金融扶贫的一系列措施，既让财政专项扶贫资金充分发挥了“造血”功能，又让金融机构实现了信贷资金风险可控，增加对扶贫企业的投放，还增强了企业参与扶贫的动力，为贫困户高质量脱贫提供了切实保障。

“县里金融扶持办法多，我们这些小企业发展越好，为县里脱贫攻坚出力越大。”在兰考县仪封乡一个产业园区，园区负责人高兴地说。而在兰考县谷营镇的河南省鸿运包装有限公司生产车间，公司董事长赵学建对前来了解经营状况的兰考农商银行工作人员不住地表示感谢：“‘四位一体’贷款真是雪中送炭，当时厂子刚建起来，正愁着没钱买原纸呢，农商行就上门了，利率还只是以前的 50%。”可以说，金融扶贫模式不仅破解了扶贫过程中的资金难题，也进一步激活更多产业发展，增强了农村“造血”功能，为实现县域脱贫攻坚夯实了根基。

（二）“一乡一业”“一村一品”：产业发展激活内生动力

产业是强县之本、致富之源、脱贫之基。贫困人口要脱贫致富，根本出路在于发展产业。有了产业，贫困家庭的收入才能有保障，生计才能得到可持续的改善。长期以来，产业结构不合理、市场作用发挥不充分也是兰考未能脱贫的重要因素。为此，兰考脱贫攻坚过程中，坚持按照习近平总书记“两个重中之重”的指示精神，以扶贫开发统揽工作全局，坚持政府、市场、农户、科技、金融“五轮”驱动，大力培育壮大扶贫产业，为早日实现兰考“三年脱贫”目标提供强大支撑，努力走出一条扶贫开发的新路子。

在产业扶贫过程中，兰考县坚持政府主导，秉持“输血”与“造血”并重理念，统筹谋划贫困人口脱贫与经济社会发展，着力发展扶贫产业，不断提升贫困群众自我发展能力。同时，在政府外源“输血”的同时，注重引入和发挥市场撬动整合资本的作用。在不放松政府“有形之手”的基础上，围绕市场“无形之手”做文章，通过合理规划和市场运作引导生产要素重新配置，以产业结构的调整促进兰考经济向专业化、市场化、产业化转变，为实现“三年脱贫”奠定坚实基础。

一方面，政府采取“三位一体”“四位一体”等金融扶贫模式，为脱贫攻坚提供强有力的金融支持。同时借助主导产业发展，着力扩大开放，积极培育扶贫产业，成功引进培育了投资 10 亿元的禾丰集团肉鸭产业化、投资 10 亿元的晋开集团“农牧奶”一体化和一期投资 20 亿元的河南森源集团农业光伏发电等扶贫产业，辐射带动 6500 余户贫困户发展种养业，实现 3.2 万人稳定脱贫。目前，已有 4 家上市公司落户兰考，4 家本地企业准备走向资本市场，产业带动脱贫在兰考已经形成了趋势。另一方面，围绕各乡镇“一乡一业”、村庄“一村一品”的布局规划，大力发展与其相配套的关联企业，加大示范产业园区建设，支持贫困户、脱贫户发展种植养殖业和小加工业。依托兰考农副产品资源丰富的优势特点，找准产品与市场需求的结合点，大力发展农副产品深加工业，形成了以三环华兰集团为龙头的木制品加工产业、以中州乐器为龙头的民族乐器制造产业、以神人助粮油为龙头的粮食深加工产业，有效提升了扶贫产业发展层次，扩大了产业扶贫覆盖范围，为贫困群众脱贫致富提供了支撑。同时，引导推动农村合作组织建设，推进以集体经济合作社为主的产业化经营。目前，全县土地流转面积已达到 27 万多亩，农业产业化经营组织发展到 1527 个，年实现农村劳动力转移就业 19 万人、劳务收入 28 亿元，为贫困群众脱贫致富打下了坚实基础。

此外，在对贫困户本身的产业扶持方面，兰考县结合国家精准扶贫战略政策要求，派驻 115 个驻村扶贫工作队深入贫困村，根据贫困户实际能力“量身定制”致富产业项目。如谷营镇霍寨村在黄河大堤建起了香菇大棚；葡萄架乡杜寨村建设了哈密瓜大棚；惠安街道何寨村大力发展大棚油桃、葡萄；堌阳镇则着力培育发展民族乐器加工产业；等等，充分利用村庄不同的内生资源状况，发挥市场比较优势，真正实现了分类扶持、精准帮扶。而借助政府资金支持与市场资本扶持推动产业发展，不仅实现了兰考县产业结构的优化调整，盘活了村庄各项发展资源，也调动了贫困人口内生发展动力，为实现长效、稳定脱贫奠定了坚实基础。

（三）启示与思考

2017 年 3 月 27 日，经国务院扶贫开发领导小组评估、河南省政府批准，兰考县正式退出国家贫困县序列。这一振奋人心的消息，标志着兰考在新时期党员干部和广大群众努力下，兑现了对党和政府的庄严承诺。兰考县脱贫摘帽工作的实现，离不开国家和各级政府大量扶贫资源的输入，同时也是其创新扶贫资金利用形式，有效开发地区内生资本存量的实践结果。

兰考县以扶贫资金撬动金融资本，探索“三位一体”“四位一体”金融扶贫新模式，并引入市场资本助推地区产业发展的实践经验，体现了国家精准扶贫精准脱贫阶段基于物质资本投资扶贫的有效形式，也是地方政府扶贫开发过程中基于物质资本投资进行的反贫困机制和模式创新。一方面，兰考县通过创新金融扶贫方式，将政府专项扶贫资金与市场金融资本相结合，进一步扩大了扶贫资金的放大效应，是在政府、市场、社会共同参与贫困治理结构下的一次有益探索；另一方面，借助驻村帮扶、农村合作组织建设等举措，通过发展符合地区实际、与市场紧密结合的特色产业，实现本地资源的有效开发，以产业发展的内源扶贫方式激发贫困人口内生动力。从兰考县脱贫攻坚的实践可以看出，现阶段的扶贫开发不仅不能单纯依靠国家专项扶贫资金的输入，也不能依靠政府主导扶贫产业项目的内容和形式。对贫困地区而言，脱贫攻坚既是具有挑战性的艰巨任务，同时也是促进县域经济社会整体发展、激发贫困地区贫困人口内生发展的动力和重要机遇。当前，扶贫开发需要多元化物质资本的输入，亦需要多元扶贫主体的共同参与，更需要与开发贫困地区贫困人口自身资源相结合、相促进的精准扶贫模式。

五、小结

缺乏必要的物质资本是贫困者难以维持基本生活的重要原因，贫困首先表现为物质资本的匮乏。因此，从物质资本的视角出发，反贫困的主要路径就是促进经济增长和财富增加，进而推动贫困者提高收入、脱贫致富。结合中国实际来看，改革开放前期、非制度化扶贫阶段以社会救济为主的扶贫开发就凸显了国家基于物质资本输入的反贫困特征。20 世纪 80 年代中国正式启动农村扶贫开发进程以后，提出了以开发式扶贫为主的战略政策，并逐渐形成以专项扶贫、行业扶贫和社会扶贫为主的扶贫治理架构，强调在国家必要支持下，利用贫困地区的自然资源，进行开发性生产建设，逐步形成贫困地区和贫困户的自我积累和发展能力，依靠自身力量解决温饱、脱贫致富。与此同时，普惠性的农村基础设施建设投资、各项农业补贴以及减免优惠政策，在一定程度上也有助于增加贫困人口物质资本存量及减少其物质资本的支出，构成了广义层面上的物质资本投资形式。

从纵向历史角度来看，从救济式扶贫到开发式扶贫，中国农村扶贫开发工作发生了一系列调整和改变，开始从按贫困人口平均分配资金向按项目效益分配资金方面转变，从单纯依靠行政系统向主要依靠经济组织转变，从资金单向输入向资金、技术、物资、培训相结合输入和配套服务转变等。但从扶贫开发工作内容和形式来看，资金、物资等物质资本的输入仍然是政府主导扶贫开发的显著特征，基于物质资本投资进行的扶贫开发也是中国农村反贫困的主流政策形式。包括整村推进扶贫、产业扶贫、易地搬迁扶贫等专项扶贫或行业部门扶贫，主要是通过外部资本的输入，以改善贫困地区、贫困人口物质资本存量或资产状况。

新时期特别是党的十八大以后，中国提出了精准扶贫精准脱贫的战略政策，形成了当前以及未来很长一段时期中国扶贫开发的主导理念和指导思想。精准扶贫精准脱贫在强调以往物质资本输入的反贫困政策模式的同时，也进一步提出资产收益扶贫、旅游扶贫、金融扶贫等新的扶贫机制模式。这些扶贫机制模式一方面沿袭了以往物质资本的输入特征，另一方面也强调了物质资本的使用、开发和利用效率，不仅强调物质资本的外源输入，也重视贫困地区内生资本的挖掘和利用。这些构成了中国扶贫开发过程中基于物质资本投资反贫困的新机制、新模式，也体现出扶贫开发在经济社会发展全局中的整体性、综合性和动态发展性特征。因此，物质资本投资的反贫困机制不仅包括外部主体对贫困地区、贫困人口的资本输入，还应包括以贫困地区、贫困人口为基础的内生物质资本的开发和利用，只有这样，才能够实现贫困地区、贫困人口的长效、稳定和可持续脱贫。

·第四章·

基于人力资本投资的反贫困政策模式及其治理实践

贫困首先表现为贫困者收入不足而无法满足基本的生活需要，而收入不足的直接原因往往是与健康状况（残疾或疾病）或缺少必要的知识、技能等因素密切相关。换言之，贫困人口由于人力资本存量不足，他们没有足够的“能力”去寻求并获得生存和发展的机会，从而被社会排斥，处于社会最底层，过着贫困的生活。

大量经验研究表明，在造成贫困的经济、历史、资源、环境、制度、人口等诸多因素中，人力资本存量低是贫困地区的共同特点。农村贫困地区与其他地区之间除了经济收入的差距以外，更显著的是人的思想观念和教育水平的差距，以及由此而引起的文化、劳动、技术素质和创业精神的差距。即贫困地区往往文盲率高、教育层次低、科技人员少、思想陈旧保守的人多，这种低素质的人口必然使科技存量少，缺乏革新意识和开创精神，劳动生产率低，提供的剩余产品少，每个劳动力对各项经济指标增长的贡献小，整个国民经济发展速度缓慢。

事实上，一些学者在研究中对人力资本及其投资的重要意义进行了研究阐述。如西方古典经济学家亚当·斯密就把人力资本当作固定资本的组成部分；马歇尔在《经济学原理》中提出，对人本身的投资是各种资本投资中最有价值的；舒尔茨为代表的人力资本理论学者也认为，人的质量的改进是穷人福利改善中起决定性作用的生产要素。

实践经验也表明，不管是在农业领域还是非农领域，人力资本投资对农户收入都具有显著影响。人力资本一旦形成并有效利用，将会对经济发展产生直接以至决定性的作用，从而有助于减轻贫困。世界银行的研究报告也表明，在中国农村的各项基础投资中，教育投资对减贫的作用位列第一，对中国减贫的影响远远大于其他各项投资。人力资本投资有助于提高劳动力的知识、技术和生产能力，使物质资源得到充分有效利用，并决定着人类发明、掌握和运用新技术的能力，是一种最基本、最有价值的生产性投资，也是经济增长以及摆脱贫困的源头活水。因此，对贫困地区进行人力资本投资，是世界各国扶持贫困地区发展的普遍性经验之一。

可以说，人力资本的形成过程就是人力资本的投资过程。从学理上看，人力资本投资是指为了达到提升劳动者人力资本水平进而提高生产效率目标而施加于劳动者身上的一切投资。主要包括正规教育投资、在职培训、医疗保健投资、人口迁移、劳动力流动投资等内容。从来源上看，贫困地区人力资本积累主要依靠贫困区域以外对其进行的人力资本投资以及贫困人口自身的积累，即区内自我人力资本投资。具体来看，对贫困人口进行人力资本投资有两条基本途径：一是增加对贫困人口人力资本的投资，包括增加医疗保障和教育、职业技术培训等；二是盘活贫困人口的人力资本存量。只有将人力资本与物质资本结合，才能创造更多价值。包括为贫困人口创造更多的就业机会，激发他们的劳动积极性，扶持创业，减少社会排斥，促进劳动力的合理流动，优化人力资源配置。

中国贫困人口90%以上分布在农村地区，且绝大部分又集中在中、西部的主要贫困地区，人力资本极度缺乏是这些地区的一个显著共性。因此，通过实施农村义务教育、公共卫生、医疗保险、就业促进等普惠性政策措施，中国政府进行了普惠层面的人力资本投资积累。开发式扶贫及精准扶贫战略提出以后，农村劳动力转移培训计划、教育扶贫工程、健康扶贫工程、就业扶贫工程等专门性的扶贫项目，构成了国家政府层面对贫困地区、贫困人口进行的专门性人力资本投资建设。此外，一些民间组织机构也通过形式多样的扶贫手段对贫困地区尤其是少数民族贫困地区，或针对妇女、儿童等特殊人群进行了教育、健康、知识技能、流动迁徙等方面的人力资本投资。人力资本投资不仅改善了贫困地区贫困人口教育水平、健康、技能、迁徙能力等人力资本存量，也与物质资本投资一起，对贫困人口生计改善、减贫脱贫产生了积极影响。

一、政府主导的普惠性人力资本投资

（一）义务教育

教育投资是进行其他形式人力资本投资的基础。只有受过良好教育的人才能够在工作中接受进一步的职业培训，具备迁移意识和能力，并对卫生保健等方面的投资更为关注和更具有科学性。

民国时期，中国农村存在较高的文盲率，扫除文盲，成为新中国成立后面临的一项重要工作。为此，新中国领导人坚持一步到位把义务教育年限提高到发达国家教育水平，提出“国家再穷也不能穷教育”的口号和要求，并在宪法中规定了义务教育是适龄儿童和青少年都必须接受，国家、社会、家庭必须予以保证的国民教育。

1986 年，《中华人民共和国义务教育法》审议通过，并在 2006 年进行了修订。根据教育法规定，国务院和地方各级人民政府将义务教育经费纳入财政预算，按照教职工编制标准、工资标准和学校建设标准、学生人均公用经费标准等，及时足额拨付义务教育经费，确保学校的正常运转和校舍安全，确保教职工工资按照规定发放。同时，国务院和地方各级人民政府用于实施义务教育财政拨款的增长比例应当高于财政经常性收入的增长比例，保证按照在校学生人数平均的义务教育费用逐步增长，保证教职工工资和学生人均公用经费逐步增长，体现了中国义务教育的强制性、公益性和统一性特征。

义务教育是依照法律规定对所有适龄儿童少年统一实施的，具有普及性、强制性和免费性的学校教育，是提升国民素质的基础，也是实现社会公平的起点。中国在实现普及九年义务教育目标以后，明确提出将义务教育均衡发展作为义务教育的重中之重，努力实现让所有适龄儿童少年“上好学”。

2005 年 12 月，国务院下发《关于深化农村义务教育经费保障机制改革的通知》，提出逐步将农村义务教育全面纳入公共财政保障范围，建立中央和地方分项目、按比例分担的农村义务教育经费保障新机制。2017 年 5 月 23 日，教育部、财政部联合印发《关于全面实施城乡义务教育教科书免费提供和做好部分免费教科书循环使用工作的意见》，要求从 2017 年春季学期起，中央财政对全国城市和农村地区义务教育阶段学生免费提供国家课程教科书。这标志着免费教科书政策实施范围进一步扩大，实现了全国所有地区的全覆盖。目前，九年免费义务教育已全面普及，“两免一补”(免除学杂费、免费提供教科书和对家庭经济困难寄宿生补助生活费）政策也开始对城乡义务教育学生全部实行。据统计，2005 年以来，国家对义务教育投入大幅增长，全国一般公共预算义务教育投入由 2005 年的 2432 亿元增加到 2017 年的 19358 亿元。[①]

义务教育一直是中国教育改革和发展的重要工作，在全面建成小康社会进程中具有基础性、先导性和全局性的重要作用。而农村义务教育尤其是贫困农村义务教育则是国家义务教育工作的重中之重。

在广大贫困地区，由于收入水平方面的制约，一直承受着低收入水平—低教育水平的恶性循环，难以在短时间内得到根除。“扶贫必扶智”，让贫困地区的孩子们接受良好教育，是扶贫开发的重要任务，也是阻断贫困代际传递的重要途径。近年来，国家不断在顶层设计层面提出对贫困地

① 教育部. 2017 年全国教育经费统计快报［R/OL］.（2018-05-08）. http：//www. moe. gov. cn/jyb_xwfb/gzdt_gzdt/s5987/201805/t20180508_335293. html.

区教育发展工作的关注和重视，并出台一批政策措施，推进贫困地区教育尤其是义务阶段教育的发展水平。

2011 年起，中国在集中连片特殊困难地区启动实施农村义务教育学生营养改善计划，片区内 3200 多万名农村义务教育阶段学生直接受惠；2014 年 1 月 19 日，中共中央、国务院印发《关于全面深化农村改革加快推进农业现代化的若干意见》，在“推进城乡基本公共服务均等化”工作中，明确提出“加快改善农村义务教育薄弱学校基本办学条件，适当提高农村义务教育生均公用经费标准”的要求，以推进贫困地区义务教育发展水平和劳动力素质，从人力资本建设方面阻断贫困代际传递的恶性根源。

案例

全国教育经费总投入为 42557 亿元

2017 年，全国教育经费总投入为 42557 亿元，比上年增长 9.43%。其中，国家财政性教育经费（主要包括公共财政预算安排的教育经费，政府性基金预算安排的教育经费，企业办学中的企业拨款，校办产业和社会服务收入用于教育的经费等）为 34204 亿元，比上年增长 8.94%。

其中，教育经费在各级教育间的分配情况为：全国学前教育经费总投入为 3255 亿元，比上年增长 16.11%；全国义务教育经费总投入为 19358 亿元，比上年增长 9.96%；全国高中阶段教育经费总投入为 6637 亿元，比上年增长 7.82%，其中，中等职业教育经费总投入为 2319 亿元，比上年增长 4.33%；全国高等教育经费总投入为 11109 亿元，比上年增长 9.72%，其中，普通高职高专教育经费总投入为 2023 亿元，比上年增长 10.16%；全国其他教育经费总投入为 2198 亿元，比上年下降 0.13%。

从各级教育生均教育经费支出来看，2017 年全国幼儿园、普通小学、普通初中、普通高中、中等职业学校、普通高等学校生均教育经费总支出情况分别是：全国幼儿园为 9770 元，比上年增长 13.21%；全国普通小学为 12177 元，比上年增长 6.82%；全国普通初中为 17547 元，比上年增长 9.60%；全国普通高中为 18575 元，比上年增长 10.70%；全国中等职业学校为 18364 元，比上年增长 8.11%；全国普通高等学校为 33481 元，比上年增长 9.75%。

资料来源：教育部. 2017 年全国教育经费统计快报［R/OL］.（2018-05-08）. http：//www.moe.gov.cn/jyb_xwfb/gzdt_gzdt/s5987/201805/t20180508_335293.html.

（二）公共卫生服务与医疗保障

人的身体是所有形态人力资本的基础和载体，世界卫生组织（WHO）将健康定义为“完好的生理心理并具有社会幸福感的状态”。一个人的健康存量将决定他能够花费在所有市场活动和非市场活动上的全部时间。每个人通过遗传都获得一笔初始健康存量，这种与生俱来的存量随着年龄渐长而折旧，但也能够通过健康投资而获得一定的增加。

健康投入主要是指人们为了获得良好的健康而消费的食品、衣物、健身时间和医疗服务等资源。虽然健康还取决于个人行为的选择，如吸烟、心理调节、作息习惯等，但卫生公共服务尤其是医疗服务投入一直被视为最重要的健康投资指标。换言之，公共卫生、医疗等方面的投资可以通过提高人的健康水平和预期寿命，为人力资本的积累和使用打下坚实的物质基础，可以增进人们的工作能力和延长劳动力使用年限，从而达到使个人人力资本投资产生更多回报的目的。

虽然健康投资在很大程度上属于个人选择的范畴，个体同时也是健康资本的投资者和消费者。但预防、医疗、康复等卫生服务同时也具有公共产品或准公共产品的性质，因而无论在理论上还是实践上，各国政府都强调政府对健康领域的公共支持和投资。从政府的角度来看，主要是对针对普通大众以及特殊人群的国家基本公共卫生服务以及医疗保险、救助方面进行投资。其中，国家基本公共卫生服务主要针对当前城乡居民存在的主要健康问题，以儿童、孕产妇、老年人、慢性疾病患者为重点人群，面向全体居民免费提供最基本的公共卫生服务。

目前，中国国家基本公共卫生服务项目包括城乡居民健康档案管理、健康教育、预防接种、0~6岁儿童健康管理、孕产妇健康管理、老年人健康管理、慢性病患者健康管理（高血压、糖尿病）、重性精神疾病患者管理、结核病患者健康管理、传染病及突发公共卫生事件报告和处理服务、中医药健康管理、卫生计生监督协管服务等12项内容。

在中国，开展基本公共卫生服务项目所需资金主要由政府承担，城乡居民可直接受益。同时，基本公共卫生服务主要由乡镇卫生院、村卫生室、社区卫生服务中心（站）负责具体实施，是一种公益性的公共卫生干预措施，主要起疾病预防控制作用。2011年，各级政府基本公共卫生服务经费补助标准为人均25元，全国经费补助总额达到325亿元。伴随经济社会发展、公共卫生服务需要以及财政承受能力的提升，国家基本公共卫生服务项目的经费补助及其项目内容也进行了一定的调整。2014年，人均基本公共卫生服务经费补助标准由30元提高至35元，2017年，基本公共卫生服务经费财政补助已经达到50元/人。

虽然目前财政医疗和卫生支出的绝对值和占财政经常性收入的增幅均逐年增长，但基本公共卫生服务投入与需求之间仍存在较大差距，占国家医疗卫生总费的比例也在逐年下降。总的来看，目前基本公共卫生服务项目已经覆盖国家13亿多人口，与人民群众的生活和健康息息相关。实施公共卫生服务项目不仅有利于促进居民健康意识的提高和不良生活方式的改变，逐步树立起自我健康管理的理念，减少了主要健康危险因素，有助于预防和控制传染病及慢性病的发生和流行；也逐步提高了政府公共卫生服务和突发公共卫生服务应急处置能力，建立起维护居民健康的第一道屏障，对于提高居民健康素质具有重要的促进作用。

尤其是在贫困地区，由于医疗卫生事业发展滞后，农村医疗卫生网络体系不健全，贫困地区群众缺医少药、看病难、看病贵等问题十分突出，因而造成了一部分脆弱性贫困人口因病致贫、因病返贫。根据国务院扶贫办摸底调查显示，全国现有的7000多万贫困人口中，因病致贫比例高达42%。为此，十八大以来，习近平总书记等党和国家领导人在多次深入贫困地区调研过程中，都把改善贫困地区医疗卫生条件、促进基本医疗公共卫生服务均等化等作为改善贫困地区民生的重大举措强力推进，以提升贫困地区、贫困人口健康人力资本存量，减少因病致贫、因病返贫现象的发生。

案例

“健康中国”建设

《中共中央关于制定国民经济和社会发展第十三个五年规划的建议》（以下简称《“十三五”规划建议》）将“健康中国”建设上升为国家战略。《“十三五”规划建议》提出，推进健康中国建设，深化医药卫生体制改革，理顺药品价格，实行医疗、医保、医药联动，建立覆盖城乡的基本医疗卫生制度和现代医院管理制度，实施食品安全战略。2016年2月14日国务院常务会议提出部署推动医药产业创新升级的政策要求，而后持续不断的健康相关政策出台，令大健康产业的发展迎来政策蜜月期。

——2015年3月，十二届全国人大三次会议上，李克强首次提出“健康中国”概念，指出：健康是群众的基本需求，我们要不断提高医疗卫生水平，打造健康中国。

——2015 年 3 月，国务院办公厅印发《全国医疗卫生服务体系规划纲要（2015—2020 年）》，首次在国家层面指定医疗卫生服务体系，主要在于推动深化医改，解决看病问题，是打造健康中国的一项重要举措。

——2015 年 10 月，十八届五中全会将建设“健康中国”上升为国家战略。《“十三五”规划建议》：推进健康中国建设，深化医药卫生体制改革，理顺药品价格，实行医疗、医保、医药联动，建立覆盖城乡的基本医疗卫生制度和现代医院管理制度，实施食品安全战略。

——2015 年 9 月，国家卫生计生委全面启动了《健康中国建设规划（2016—2020 年）》的编制工作，突出强调以人的健康为中心，实施“健康中国”战略。

资料来源：中商情报网. 2016 年中国大健康行业大发展原因分析 [EB/OL]. (2016-07-06). http：//www. askci. com/news/chanye/20160706/11150338457. shtml.

除公共卫生服务以外，政府对健康领域的公共财政支持和投资，还包括了对医疗保障制度体系的建设和投入。目前来看，中国的医疗保障制度根据享受对象可以分为城市医疗保障制度和农村合作医疗保障制度。其中，农村合作医疗主要是指由政府组织、引导、支持，农民自愿参加，个人、集体和政府多方筹资，以大病统筹为主的农民医疗互助共济制度。农村合作医疗采取个人缴费、集体扶持和政府资助的方式筹集资金。

历史上，农村合作医疗是由新中国建立初期中国农民自己创造出的一种互助共济的医疗保障制度，在保障农民获得基本卫生服务、缓解农民因病致贫和因病返贫方面发挥了重要的作用，同时也为发展中国家解决医疗问题提供了一个范本，受到国际上诸多国家和机构的好评。20 世纪 70 年代以后，伴随中国合作社体制的解体，农村合作医疗也因资金来源问题走向瓦解。

2002 年 10 月，中国政府明确提出各级政府要积极引导农民建立以大病统筹为主的新型农村合作医疗制度。2009 年，中国做出深化医药卫生体制改革的重要战略部署，确立新型农村合作医疗（简称“新农合”）作为农村基本医疗保障制度的地位。2015 年以来，国家不断要求各级财政提高对新农合的人均补助标准。2017 年，各级财政对新农合的人均补助标准在 2016 年的基础上提高 30 元，达到 450 元，其中中央财政对新增部分按照西部地区 80%、中部地区 60%的比例进行补助，对东部地区各省份分别按一定比例补助。农民个人缴费标准在 2016 年的基础上提高 30 元，原则上全国平均达到 180 元左右。逐渐探索建立起与经济社会发展水平、各方承受能力相适应的稳定可持续筹资机制。

可以说，随着农村医疗卫生条件的逐步改善，新型农村合作医疗制度的全面建立，以及大病救助制度覆盖面的扩大，贫困地区群众缺医少药、看病难、看不起病和地方病多发等问题正在得到进一步缓解。

（三）就业促进

就业被视为民生之本和安国之策。在人力资本投资理论中，寻找工作、劳动力迁徙等也是基于人力资本的投资。即通过劳动力的合理流动，一方面可以实现宏观上人力资本的优化配置，缓解人力资本分布的稀缺程度；另一方面也可以使人力资本实现最有效率和最获利的使用。可以说，就业和迁徙是人力资本价值实现和增值的必要条件。改革开放以来，中国经济社会发展迅速，但由于巨大的人口基数，就业形势一直比较严峻。尤其是农村劳动力过剩问题突出，农村劳动力就业问题日渐引起政府和社会的重视。

为促进就业，促进经济发展与扩大就业相协调，2007 年 8 月 30 日，第十届全国人大常委会第二十九次会议通过了《中华人民共和国就业促进法》（简称《就业法》）。《就业法》明确了政府在促进就业工作中的责任，要求政府实施积极的就业政策，坚持贯彻劳动者自主择业、市场调节就业、政府促进就业的方针，始终把扩大就业放在社会经济发展的突出位置，多渠道扩大就业。具体来看，就业促进政策包括产业政策、财政政策、扶持政策、税费减免优惠政策、金融政策、城乡统筹扶持政策以及灵活就业扶持政策等多个方面。其中，在国家投资及农村劳动力就业方面，国家提出实行有利于促进就业的财政政策，加大资金投入，并设立就业专项资金用于职业介绍、职业培训、公益性岗位、职业技能鉴定、特定就业政策等的补贴，小额贷款担保基金和微利项目的小额担保贷款贴息，以及扶持公共就业服务等，以改善就业环境，扩大就业，建立健全城乡劳动者平等就业的制度，并引导农业富余劳动力有序转移就业。

2012 年，党的十八大报告将促进就业上升到新的战略高度，明确提出实施就业优先战略和更加积极的就业政策。包括加大公共财政对促进就业的投入，完善促进就业的税收和金融扶持政策，实施更加积极的就业政策；加强对重点群体就业的扶持，做好以高校毕业生为重点的青年就业工作和农村转移劳动力、城镇困难人员、退役军人就业工作；在人力资源市场和就业服务体系建设、全国就业信息网络、失业保险等方面进一步加强和完善，以建立与经济社会发展相适应的就业促进体系。

与此同时，促进农村就业，转移农村剩余劳动力，也是增加农民收入，解决农村发展中一系列深层次矛盾的重要途径，尤其对于贫困地区劳动力增收脱贫具有重要意义。

一直以来，中国农业部门存在着大量的剩余劳动力，由此也催生了劳动力外出打工的“务工经济”。在中国贵州，截至 2016 年 5 月，跨省外出务工达到 609.38 万人，省内就地就近转移就业 254.64 万人。对于这部分农村劳动力人口，一方面，政府通过职业介绍补贴、职业培训补贴、职业技能鉴定补贴、转移就业交通补贴等多项优惠政策，推动农村剩余劳动力外出务工就业；另一方面，随着经济增长和人口结构的变化，以及现代农业产业结构调整的需要，地方政府也不断通过拓展农民工返乡创业就业空间、提升返乡农民工创业就业能力、健全农民工返乡创业就业公共服务体系等方面，引导和支持农民工实现返乡创业和就近就业。特别是新时期脱贫攻坚阶段，农村贫困人口转移就业是一个重要的脱贫渠道。“一人就业，全家脱贫”。根据国家规划，到2020年，中国将通过帮助农村贫困劳动力转移就业，解决1000万人脱贫问题。为此，国家人力资源与社会保障部与国务院扶贫办在粤湘鄂启动了劳务协作脱贫试点工程，旨在为广大贫困人口找到稳定就业的途径，形成可推广、可复制的就业脱贫工作机制。

二、基于贫困人口进行的专门性人力资本投资

众所周知，人力资本不足是贫困人口的显著特点，同时也是造成贫困的主要原因。由于收入水平低下，严重制约了贫困人口在医疗卫生保健、教育等方面进行的投资，这些反过来又导致贫困人口在市场或非市场活动中的低参与率和低竞争力。贫困人口人力资本存量低突出表现为身体健康状态差、受教育水平低、缺乏专业技能、获取信息能力差、劳动迁徙能力低等。

据统计，2015年，城市居民人均医疗保健支出为1300元，农村则为850元，仅为城市的65%，而贫困地区医疗保健水平更低于农村平均水平。根据全国妇联儿童工作部、国家卫生计生委妇幼健康服务司发布的《中国贫困地区0~6岁儿童营养及家庭养育状况》报告显示，贫困地区农村儿童贫血患病率较高，5岁以下儿童低体重率和生长迟缓率约为城市地区的6~8倍，儿童早期锌缺乏比例高达50%以上，6岁以下儿童维生素A缺乏率是大城市同龄儿童的6.3倍。同时，在全国建档立卡贫困人口中，超过

50%的人只有小学以下文化程度；22.3%的家庭因为缺少技能摆脱不了贫困。[①] 贫困地区卫生医疗水平、教育事业发展水平，以及贫困家庭子女健康和受教育的程度都明显低于全国平均水平。

事实上，中国政府从一开始就高度重视贫困地区、贫困人口人力资本的投资建设，在开发式扶贫战略中就已经提出通过劳动力技能培训、卫生医疗救助等措施，着力提高贫困人口的人力资本存量。特别是精准扶贫精准脱贫提出以后，国家继续提出教育扶贫、健康扶贫、就业扶贫等理念和措施，以进一步加强对贫困地区、贫困人口的人力资本投资和建设。

（一）"雨露计划"

实践证明，在贫困地区开展劳动技能培训，特别是通过技能培训提高贫困劳动力素质，进而使他们转移到第二、第三产业，是帮助贫困人口增加收入、摆脱贫困的重要途径，具有重要的政治和经济意义。"雨露计划"的实施，标志着中国扶贫开发工作由以物质资本开发为主阶段，发展到物质资本开发与人力资本开发并举的新阶段。

自 20 世纪 90 年代国家提出开发式扶贫战略以后，扶贫工作已经开始从简单线性的资金输入向资金、技术、物资、培训相结合的输入和配套服务转变。2001 年，《中国农村扶贫开发纲要（2001—2010 年）》就提出全国扶贫系统努力提高贫困地区劳动力的素质，积极开展贫困家庭劳动力外出就业技能培训和农业实用技术培训，使之与整村推进和产业化扶贫一起，构成扶贫开发的"一体两翼"。2004 年 8 月，国务院扶贫办发出《关于加强贫困地区劳动力转移培训工作的通知》，标志着贫困地区劳动力转移培训工作正式开始。2006 年 10 月，国务院扶贫办正式启动了以提高农村贫困人口整体素质和自我发展能力为核心的专项扶贫措施——"雨露计

① 夏军，等. 我国贫困地区教育问题观察［N/OL］. 新华网，2015-12-02.

划”，以职业技能培训、创业培训和农业实用技术培训为手段，以促进转移就业、自主创业为途径，旨在帮助贫困地区青壮年农民解决就业、创业中遇到的实际困难，最终达到提高贫困地区劳动力素质、增加贫困农民收入的目的。

随后，国务院相继出台《关于在贫困地区实施“雨露计划”的意见》和《贫困青壮年劳动力转移培训工作实施指导意见》，以进一步规范“雨露计划”的实施开展。2015年，国家进一步加大“雨露计划”补助力度，投入中央扶贫发展资金，对建档立卡贫困家庭中接受高等、中等职（专）业院校、技工学校教育的成员，每生给予每年2000元的生活补助，连续补助2年；对建档立卡贫困家庭中当年考取就读二本B类以上普通本科院校的成员，每生给予一次性补助5000元。同时，国家扶贫、教育、人社等部门还提出加强“雨露计划”，支持农村贫困家庭新成长劳动力接受职业教育，并将“雨露计划”农村贫困家庭新成长劳动力职业教育作为实现精准扶贫的一项硬任务，引导农村贫困家庭新成长劳动力接受职业教育，提素质、学技能，稳就业、增收入，为新型工业化、城镇化建设培养技术技能人才，阻断贫困代际传递。

此外，为探索新时期“雨露计划”工作的新方式以及加强东西对口帮扶，国家提出用东部沿海改革开放先行先试的成功经验、“1+11”的培养模式和创业导师全程跟踪辅导的培养方法，为西部贫困村培养具有高度社会责任感、较强创业能力，适应扶贫开发和新农村建设需要，立足当地创业发展并带领村民共同致富的创业致富带头人。目前，在国务院扶贫办协调下，福建、甘肃、宁夏三省（区）已经开展实施了贫困村创业致富带头人培训的闽甘、闽宁试点。

“雨露计划”实施以来，通过提升贫困人口人力资本，不仅有效促进了贫困地区劳动力转移就业和脱贫增收，也有助于斩断贫困家庭的代际传递，从而从根本上实现贫困人口稳定长效脱贫。而以“雨露计划”为代表的农村劳动力培训，以培育和提高贫困人口人力资本存量为目标，注重增强贫困人口的社会适应能力和自我发展能力，体现了扶贫开发从重视投资和开发物质资本到同等重视人力资本的重要转变，是中国开发和积累人力资本的一项长期性投资战略。

案例

舞钢市："雨露计划"助力精准扶贫

自2015年秋至2016年底，舞钢市通过开展"雨露计划"，共资助中、高等职业教育贫困学生294人，资助金额29万多元。庙街乡中营村的李静静现就读于漯河中专，她是"雨露计划"的受益者："再有一年我就毕业了，通过'雨露计划'，我每个学期都可以得到1000元的补助，这大大减轻了家里的经济压力。"

"雨露计划"对贫困人口的帮扶还体现在技能培训上。据庙街乡扶贫办负责人介绍，贫困人口通过短期技能培训持证后，可得到1500~2000元的一次性工种补助。

鲁飞龙是庙街乡曹庄村建档立卡的贫困户，在驾校培训后考取了汽车驾驶证。"我现在在一家水果超市跑运输，收入还可以，听说市里对俺的情况审核过关后还会给俺2000元的补助哩。"鲁飞龙说到这"意外的收获"时一脸高兴。

如今，"雨露计划"已在该市14个乡镇（街道办）全面铺开，像庙街乡李静静、鲁飞龙这样的例子还有很多，他们依靠学得的技术，有的已经脱贫，有的正在脱贫之路上。

资料来源：舞钢市："雨露计划"助力精准扶贫［N］. 河南日报，2017-07-07.

（二）健康扶贫工程

健康人力资本存量低，因病致贫、因病返贫也一直是贫困落后地区反贫困进程中的重要难题。根据国务院扶贫办统计，截至2017年初，全国还有4335万贫困人口，其中因病致贫、因病返贫的占42.6%，成为贫困增量产生的主要原因之一。而伴随中国脱贫攻坚任务的推进，提升贫困人口健康人力资本，减少因病致贫、返贫现象，也愈益引起扶贫研究和实践工作者的重视。为此，国家采取超常规举措大力实施健康扶贫工程，通过建设农村公共卫生服务体系和医疗兜底保障机制，以及充分发动社会各界力量，全力帮助贫困地区提升医疗卫生服务能力与水平，力图让人民群众特别是贫困人口“看得起病、看得好病、看得上病、少生病”。

2016年，国家卫生计生委发布《关于实施健康扶贫工程的指导意见》（以下简称《意见》），针对农村贫困人口因病致贫、因病返贫问题，国家将继续加大健康扶贫投入，进一步加强统筹协调和资源整合，采取有效措施提升农村贫困人口医疗保障水平和贫困地区医疗卫生服务能力，全面提高农村贫困人口健康水平，为农村贫困人口与全国人民一道迈入全面小康社会提供健康保障。

《意见》提出包括“提高医疗卫生保障水平，切实减轻农村贫困人口医疗费用负担；对患大病和慢性病的农村贫困人口进行分类救治；实行县域内农村贫困人口住院先诊疗后付费；加强贫困地区医疗卫生服务体系建设；实施全国三级医院与连片特困地区县和国家扶贫开发工作重点县县级医院一对一帮扶；统筹推进贫困地区医药卫生体制改革；加大贫困地区慢性病、传染病、地方病防控力度；加强贫困地区妇幼健康工作；深入开展贫困地区爱国卫生运动”等多项重点任务和工作要求，以实现“到2020年，贫困地区人人享有基本医疗卫生服务，农村贫困人口大病得到及时有效救治保障，个人就医费用负担大幅减轻；贫困地区重大传染病和地方病得到有效控制，基本公共卫生指标接近全国平均水平，人均预期寿命进一步提高，孕产妇死亡率、婴儿死亡率、传染病发病率显著下降；连片特困地区县和国家扶贫开发工作重点县至少有一所医院（含中医院）达到二级医疗机构服务水平，服务条件明显改善，服务能力和可及性显著提升；区域间医疗卫生资源配置和人民健康水平差距进一步缩小，因病致贫、因病返贫问题得到有效解决”等主要目标。

同时，按照《全民健康保障工程建设规划（2016—2020 年）》，国家计划在“十三五”时期在贫困地区加强近 1000 所县级医院、2000 多所乡镇卫生院建设，配套建设一批乡镇卫生院周转宿舍，为乡镇卫生院配备急救转运车；加强面积缺口较大的 400 多个县级妇幼保健机构和 300 多个县级疾控中心建设。以实现 2020 年使每个县至少有一所县级公立医院，每个乡镇建设 1 所标准化的乡镇卫生院，每个行政村有一个卫生室的目标。

事实上，一批社会公益组织在更早时期已经开展了相应的健康扶贫项目，以帮助贫困人口提升健康人力资本存量。2002 年，中国初级卫生保健基金会就联合中国红十字基金会推出了为期十年的大型公益活动——“中国健康扶贫工程”。旨在通过开展系列化公益服务项目，推动中国基层及农村贫困地区的医疗卫生保健事业，缩小城乡居民的健康差距，改善弱势人群的生存质量，彰显“人人健康”的社会公平与公正，逐步消除因病致贫、因病返贫现象。十余年来，健康扶贫工程公益项目实施了疾病普查普治项目、资助妇女病普查普治项目、上消化道疾病普查项目以及肿瘤患者、贫困患者的救助项目和基层卫生人员培训项目等。项目覆盖范围达到全国 29 省、100 余地市、800 余县（市）区，直接惠及人口 8000 万；实现公益规模 20 亿余元，受到了社会的广泛关注和群众好评。

（三）教育扶贫工程

事实上，除一般性的公共教育投入以及专门性的贫困劳动力技能培训以外，中国在精准扶贫精准脱贫进程中还进一步提出教育扶贫的理念和机制，将教育扶贫作为斩断贫困代际传递的有效途径。中共中央、国务院《关于打赢脱贫攻坚战的决定》将教育扶贫的实现路径描述为“让贫困家庭子女都能接受公平有质量的教育”。2016 年 12 月，经国务院同意，教育部等 6 部门联合印发《教育脱贫攻坚“十三五”规划》（以下简称《规划》），成为国家首个教育脱贫的五年规划，也是“十三五”时期教育脱贫工作的行动纲领。《规划》提出了“一个目标、两个重点、五大教育群体、五项重点任务”，力争实现贫困地区“人人有学上、个个有技能、家家有希望、县县有帮扶”。

早在 2011 年，中央和教育部已经围绕教育扶贫中的薄弱环节，在学前教育、高中阶段教育、高等教育、特殊教育以及其他教育方面，出台了相应的支持性政策，并对贫困地区进行相应的政策倾斜，以促进提升贫困地区人力资本的积累和建设水平。2011 年，中国开始在集中连片特殊困难地区启动实施农村义务教育学生营养改善计划，片区内 3200 多万农村义务教育阶段学生直接受惠。2012 年，国家启动实施面向贫困地区定向招生专项计划，受惠学生由 2012 年的 1 万人增加到 2017 年的 6.3 万人，许多贫困地区首次有了国家重点高校的大学生；2013 年 7 月，国务院办公厅转发了教育部等部门《关于实施教育扶贫工程意见的通知》，明确了教育扶贫的总体思路、主要任务和保障措施等，充分发挥教育在扶贫开发中的重要作用。

为提升贫困地区办学的基础能力，国家先后启动实施了全面改善贫困地区义务教育薄弱学校基本办学条件、学前教育三年行动计划、普通高中改造计划和现代职业教育质量提升计划等一系列重大项目。2010 年至 2015 年，国家累计安排“计划薄改”资金 1296 亿元。在支持集中连片特困地区普通高中改善办学条件方面，2011 年至 2015 年，国家累计安排中央资金 130 亿元。同时，国家重视对贫困农村教师的投入，以吸引优秀教师人才。2013年至2015年，中央财政累计安排奖补资金44亿元落实连片特困地区乡村教师生活补助政策，乡村学校和乡村教师的受益面分别达到94%和87%，604个县94.9万名乡村教师受惠。

概括来看，十八大以来，教育部针对教育扶贫工作采取了一系列“靶向治疗”的超常规政策举措，先后组织实施了20多项教育惠民政策措施，实现了贫困地区义务教育普及、学校基础设施建设、学生资助体系、教师队伍建设、民族教育发展、职业教育提升等领域的教育扶贫全方位覆盖。教育扶贫精准聚焦到贫困地区的每一所学校、每一名教师、每一个孩子。基于人力资本的扶贫机制不仅包括针对贫困人口进行的人力资本投资，还包括贫困地区人力资本的配置和选择，以最大限度发挥人力资本作用。为此，教育部也在对口帮扶地区推广和实施了人才帮扶、智力帮扶、科技帮扶等一系列精准扶贫模式，并产生了良好的扶贫效益和社会效益。

（四）就业扶贫工程

中国政府历来重视劳动力人口的就业问题，并出台了一系列普惠性的就业促进政策，以促进人力资本的开发和利用。尤其对贫困地区而言，解决有发展能力贫困人口的就业问题，是实现稳定脱贫的根本性措施。由此，就业扶贫也成为脱贫攻坚阶段国家主导实施的重要反贫困举措。

2016年12月2日，国家人力资源和社会保障部、财政部、国务院扶贫办联合发布《关于切实做好就业扶贫工作的指导意见》（以下简称《意见》），要求充分认识做好就业扶贫工作的重要性和紧迫性，采取多种措施促进贫困劳动力实现就业、增加收入，发挥就业在精准扶贫中的重要作用，为打赢脱贫攻坚战、全面建成小康社会做出贡献。围绕实现精准对接、促进稳定就业的目标，《意见》提出建立“农村贫困劳动力就业信息平台”，实现与扶贫开发信息系统对接，以摸清贫困劳动力就业失业的基础信息；同时积极开发就业岗位，拓宽贫困劳动力就地就近就业渠道；加强经济发达地区与贫困县开展劳务合作；通过参加劳动预备制培训、岗前培训、订单培训、岗位技能提升培训等方式提高贫困劳动力技能水平；以及开展精准扶贫爱心企业创建活动，鼓励企业吸纳和稳定贫困劳动力就业等。总之，通过开发岗位、劳务协作、技能培训、就业服务、权益维护等措施，以实现帮助一批未就业贫困劳动力转移就业，帮助一批已就业贫困劳动力稳定就业，帮助一批贫困家庭未升学初、高中毕业生就读技工院校毕业后实现技能就业，带动促进1000万贫困人口脱贫的总体工作目标。

在此《意见》指导下，全国各贫困地区开展了形式多样的就业扶贫措施，以提高贫困劳动力人力资本的开发和利用水平，通过就业促进贫困人口脱贫增收。2017年7月，广东省江门市出台了《关于开发公益性岗位安置扶贫对象的实施意见（公开征求意见稿）》（以下简称《意见稿》），拟通过实行公益性岗位开发管理，进一步促进扶贫对象实现就业、健全就业援助制度。根据《意见稿》，江门市现有5097户共16659人将被纳入此次就业扶贫对象的范围，有望获得由政府部门出资开发或购买的道路养护、园林维护等公共管理和服务性岗位的工作机会，并享受不低于当地最低工资标准的工资。安徽省则探索建设就业服务驿站的形式促进贫困村劳动力就地就近就业，重点打造了就业扶贫车间、电商服务中心、公共就业服务中心3大板块，由各级部门对就业扶贫站的发展提供多方位资金支持，通过引导劳动密集型企业入驻、发展电商扶贫以及就业服务平台建设，实现就近吸纳建档立卡贫困劳动者就业的目标。2017年以来，安徽阜阳、六安、安庆等市县先行先试，已建设就业扶贫驿站482个，吸纳1.2万名劳动者就业，其中帮扶3628名建档立卡贫困劳动者实现了就业。

总的来看，作为人力资本投资的重要主体，中国政府在农村贫困地区进行了大量的人力资本建设投入，包括实施义务教育、农村基本公共卫生服务和医疗保障体系建设、就业推进政策等。同时，在中国扶贫开发过程中也针对人力资本投资建设，形成了一系列的扶贫模式，如“雨露计划”

"健康扶贫工程""教育扶贫工程"等，在促进贫困人口教育、健康、就业、迁徙等人力资本存量的积累建设方面发挥了积极作用，推动了贫困地区贫困人口脱贫增收和反贫困发展，也在阻断贫困代际传递、促进稳定长效脱贫机制形成方面具有重要意义。但与此同时，由于贫困地区收入水平、传统文化思想等方面的制约，贫困农户在人力资本投资方面仍存在一定的局限性，如何在现有水平下采取切实可行的措施，以激发贫困人口人力资本投资的意愿，增加教育、健康、就业、迁徙等方面的人力资本投资，进一步改善贫困地区农村人力资本的存量和开发状况，成为人力资本投资扶贫当下面临的主要问题。

三、"9+3"免费职教：教育扶贫的四川模式[①]

位于中国西南腹地的四川省，不仅是西部人口大省，同时也是多民族大省，境内分布着彝族、藏族、羌族等55个少数民族，民族自治地区辖区面积占全省总面积的62.9%。而由于历史、地理、经济等多方面原因的积淀交织，民族地区长期以来面临贫困落后局面，特别是高原藏区和大小凉山彝区更是著名的集中连片贫困地区。

多年以来，依靠中央和各级财政、政策投入，四川省民族地区人民群众的生活水平有了很大提高。但如何从根源上解决贫困问题，始终是四川省扶贫开发工作过程中面临的挑战和困惑。

扶贫先扶智，治贫先治愚。扶贫的关键在教育，发展教育是解决贫困问题的根本之策。因此，四川省结合地方实际，提出发展中等职业教育的思路和想法，从贫困人口自身的发展入手，通过教育提升贫困人口人力资本，从而进一步实现就业脱贫。2009年以来，四川省率先探索了"9+3"

① 本案例根据网络新闻资料整理。

免费中等职业教育的扶贫模式，并在国家提出教育扶贫路径措施以后，不断调整和改善免费职业教育的实施方式，形成了教育扶贫与就业扶贫相结合、行之有效的人力资本投资反贫困模式。

（一）藏区“9+3”免费教育计划

作为教育的重要组成部分，中等职业教育担负着培养数以亿计高素质劳动者的重要任务。“授人以鱼不如授人以渔”，在贫困地区发展中职教育，引导和支持农村贫困家庭新成长劳动力免费接受职业教育，增强创业就业能力，是脱贫攻坚最直接、最有效的重要手段，也是促进贫困地区经济社会发展的重要措施。基于以上认识和民族地区和谐发展、长治久安的需要，从2009年开始，四川举全省之力，集中人力财力物力，开创性探索实施了大规模跨区域的民族地区“9+3”免费教育计划，以提升贫困地区教育水平，帮助贫困地区群众提高就业层次、拓展就业途径。

支持藏区发展职业教育，办好中职学校，这是四川省针对民族地区职业教育的第一个计划，也是一个实践性的决定。目的就是借助内地职教资源，帮助藏区群众接受教育发展，提升人力资本存量，增加就业创业机会。2009年初，四川省政府出台了《关于藏区免费职业教育的实施意见》，即藏区“9+3”免费教育计划，提出在9年义务教育的基础上，积极组织藏区初中毕业生和未升学的高中毕业生到四川内地优质职业院校免费接受3年中等职业教育。对于这些到内地“9+3”学校就读的藏彝区学生，政府每年为每个学生提供7000多元补贴，免除全部学费并提供生活补助和交通、住宿、书本、一次性冬装等杂费补助及学校工作经费补助，并使其享受与学校驻地城镇居民同等的医疗保障。同时，对于在民族地区内就读中职学校的学生，政府同样给予免除学费、补助生活费的资助。

2009年，300名来自甘孜藏族自治州的藏区学生怀着憧憬与迷惘，走进四川内地5所“9+3”计划试点学校。随后，90所内地优质中职学校逐渐迎来了来自甘孜、阿坝、凉山三州的万余名藏区学生，展开了颇具开创性的教育创新和人才培养之旅。后来的实践证明，这次异地求学之旅，改变了无数民族地区贫困家庭的命运。

据统计，"9+3"免费职业教育实施以来，共招收藏彝区学生5万多人，其中85%以上来自农牧民家庭。通过实施免费职业教育，不仅有效提升了一大批藏彝区群众的人力资本存量，也为他们进一步实现转移就业、创业提供了必要的基础和条件。

（二）凉山彝区"9+3"免费教育计划

实践证明，"9+3"计划促进了民族地区义务教育的巩固和高中阶段教育的普及，提高了民族地区职业教育事业发展水平，也为改善民生、维护民族地区稳定发展大局起到了积极作用。2014年，四川省委、省政府做出"进一步重视大小凉山扶贫工作，打一场彝区扶贫攻坚战"的决策部署，出台了《大小凉山彝区"9+3"免费教育计划实施意见》，比照藏区"9+3"的免费和资助政策，启动实施了大小凉山彝区"9+3"免费教育计划，并在经费投入、管理机制、教学改革、学校管理、关怀培养、实习与就业等方面，努力探索建立一整套符合民族地区青年成才规律的培养制度和工作机制。

2009年以来，四川省逐步形成了由省到市县、校的党委政府统筹领导，相关部门主动参与、州内外共同努力、密切配合、社会各界关心支持的工作体制。统筹安排"9+3"计划经费投入20多亿元，突出"9+3"计划实施需要，强化以公共财政为支撑的经费投入体系建设。通过学校领导班子评估、教师业绩评估、专题培训，加强实施学校领导班子和师资队伍建设，选派近千名藏彝区干部教师入驻"9+3"学校参与管理。在招生和学生培养方面，四川省紧跟人才市场需求变动，适时调整招生学校和专业设置，扩大急需人才专业的招生规模以及"9+3"政策的受益面。按照

“第一年注重养成教育，第二年注重技能培养，第三年注重顶岗实习”的培养思路，不断提升民族地区学生的基础知识和技能水平。

就业是进一步解决民族地区贫困问题的根本性措施。为此，免费教育计划将就业及创新创业教育贯穿整个教育教学过程，帮助民族地区学生树立正确的就业观念，合理规划职业生涯；政府部门出台帮扶政策，实行专项目标管理，整合全省力量多措并举，逐一落实就业岗位，通过学生自主择业、学校指导就业、企业吸纳就业、继续升学深造及选征优秀学生入伍和藏区基层机关事业单位招录（聘）等多种途径，确保“9+3”学生“就业有出路、创业有帮扶、升学有渠道”。

来自阿坝州壤塘县尕多乡尕多村的泽让东州，2009 年通过“9+3”免费教育计划进入成都工业职业技术学院工程专业学习。2012 年毕业后，在学校和政府部门的推荐下，他进入成都建筑工程集团总公司，从事项目工程管理等工作。泽让东州深深明白帮助与鼓励的力量，参加工作后，他也经常做一些力所能及的事，比如组织朋友们捐出家中衣物，为家乡小学的孩子们买一些书包等。

“在家乡，由于老一辈人的观念和经济条件限制，上大学是很难的。可以说，我的命运因为‘9+3’而改变，我也希望这样的好政策能够改变更多边远地区孩子的命运，每个孩子都应该像我们一样，走到外面，看看这世界不一样的一面。”教育也深深改变了泽让东州的思想观念，他一直把学习放在重要位置。毕业工作之余，他还报名参加西南交通大学组织的学习。“顺利的话，我 2017 年就可以拿到西南交大自学本科学历。只有不断学习，才不会被时代淘汰。保持一颗积极向上的心，是每个年轻人该做的。”

2016 年，为落实全省脱贫攻坚总体部署，“9+3”部分资助政策扩展到包括秦巴山区和乌蒙山区的全省集中连片特困地区。从 2016 年秋季学期开始，其他连片特困地区 29 个县的中职在校学生，在一、二年级中职在校生全面享受中职助学金政策的基础上，也参照藏区州内“9+3”免费教育政策，对三年级在校生按每生每年1000元的标准给予生活补助，所需资金由省财政全额承担。

“9+3”计划实施以来，承担“9+3”教育任务的学校覆盖了四川三个民族自治州以外的全部18个市。其中，内地先后有90所中职学校、5所高职院校承担藏区“9+3”教育任务，共招收藏区“9+3”学生4万余人；有34所中职学校承担彝区“9+3”教育任务，共招收彝区“9+3”学生1万余人。四川省不仅通过职业教育有效提升了民族地区群众的人力资本存量，为其通过就业创业实现脱贫增收奠定了基础，也在一定程度上促进了四川省职业教育的发展。

可以说，“9+3”计划探索出了一条“州内打基础，内地学技能”“一人成才、全家脱贫”的民族地区人才培养和教育扶贫新道路，成为西部贫困地区发展教育扶贫的典范。同时，“9+3”免费教育计划模式也得到了国家和社会的广泛肯定，并开始作为国家教育改革重大试点项目而受到进一步的支持和推广。2015年国家“扶贫日”期间，教育部把四川“9+3”免费教育计划作为教育扶贫典型案例进行了推介。

（三）启示与思考

四川省的“9+3”免费职业教育计划，通过政府进行的人力资本投入，培育了一大批民族地区新型劳动者和技能人才，形成了独具特色的教育模式，对于发展民族地区职业教育、提升贫困地区人力资本以及促进教育公平具有巨大的启示意义。

长期以来，由于经济发展滞后、地理位置偏远等因素，造成了民族地区教育资源不足，职业教育落后，缺乏吸引力和竞争力的局面。而教育水平低也进一步加剧了民族地区的贫困落后。如果用传统思维去发展民族地区职业教育，既要考虑学校的教学条件、教学设施、基础建设等，又要考虑师资、生源和规模效益等，将是一个漫长的过程。

四川省从民族地区这一实际出发，将民族地区完成义务教育的孩子吸纳到内地优质成熟的国家级、省级示范和重点中职学校免费就读，既开辟了民族地区孩子到内地接受优质中职教育的新路，又丰富了民族地区教育体系，拓展了民族地区教育的外延。通过教育提升人力资本素质，也是改变民族地区贫困家庭命运的一条重要途径。发展职业教育是民族地区实现转变、提高劳动者素质的必要而有效的手段。通过“9+3”免费职业教育计划，更多民族地区孩子通过在内地接受优质职业教育，获得了一技之长，找到新的就业出路，也改善了整个贫困家庭的生活水平以及教育理念。同时，这一有效的教育扶贫模式在帮助少数民族地区增强自我发展“造血”功能，为民族地区发展提供人才和技术支撑，提升人力资本存量的同时，也有助于推动实现地区教育公平，让民族地区孩子和内地孩子同在一片蓝天下共沐一路幸福阳光，共同接受现代文明、传播现代文明，是一项多方共赢、共同发展的教育扶贫实践。

四、多重医疗保障：健康扶贫的“赫章经验”①

作为全国贫困程度最深的欠发达省份，贵州省一直是中国扶贫开发任务艰巨、难度极大的区域。位于贵州省西北部的赫章县，是贵州全省最困难的 10 个扶贫开发重点县和 13 个同步小康发展困难县之一。多年来，赫章县贫困人口基数大、贫困发生率高一直是其扶贫开发工作过程中的重要阻力。截至 2017 年，赫章县仍有 80 个贫困村，2.4 万贫困人口，因病致贫、因病返贫是构成其贫困问题的主要方面。2011 年以前，赫章县民政部门每年都有一笔千万元的医疗救助资金。然而，由于缺乏明确的规划和制

① 本案例根据网络新闻资料整理。

度性使用途径，这笔医疗救助资金往往花不完，这与农村贫困人口存在的巨大医疗需求形成鲜明反差。

2011 年以来，赫章县积极开展了联动式医疗精准扶贫，各部门将城乡居民基本医疗保障、大病补充保险以及特殊困难人群救助政策进行叠加，建立多重医疗保障形式，积极提升医疗卫生服务体系建设水平以及公共卫生服务水平，基本实现了让老百姓看得起病的目标，在推进医疗保障兜底扶贫过程中，逐渐创新摸索出一条符合地区发展的“赫章经验”。

2015 年 5 月 6 日至 9 日，时任国务院副总理汪洋到贵州省考察扶贫开发工作，了解到赫章县 3 年共有 60 万农民参加新农合，1.8 万人享受医疗“兜底”，老百姓没有因病返贫后，汪洋提出，“赫章这样一个贫困县实行医疗兜底的做法，具有很好的示范意义，值得认真总结”。通过织就“三张民生保障网”、构建一站式医疗服务体系以及提升公共卫生服务水平，赫章在推进医疗兜底精准扶贫的过程中积累了有益经验，为贵州乃至全国开展健康扶贫提供了有益借鉴。

（一）联动开展医疗精准扶贫，织就民生保障三张网

“辛辛苦苦奔小康，得场大病全泡汤。”长期以来，“小病拖、大病扛”是贫困人口生活的真实写照。早在 2011 年，赫章县卫生局就牵头协调各相关部门，形成了联动开展医疗精准扶贫的实施意见，以缩小城乡个人筹资差距，解决城乡居民筹资和报销标准不一致问题。

按照城乡统筹原则，将城镇居民基本医疗保障与新型农村合作医疗保障进行整合并轨运行，统一筹资和补偿标准，以提高城镇居民报销比例，真正实现“两保合一”。对于特困供养人员、农村“计生两户”家庭成员以及精准扶贫建档立卡中的 80 岁以上老人，赫章县大幅度提高了报销比例和标准，即县内定点医疗机构住院治疗起付线以上政策范围内费用 100% 报销；县外医疗机构（县外非定点民营医疗机构除外）住院治疗比照同级

医疗机构报销比例提高 10 个百分点予以补偿。同时，按照提高参保人员大病保险保障水平的原则，赫章县开始实行大病补充保险制度。2013 年，赫章建立了“统一提取、统一代缴、代管代报、风险共担、封闭运行”的大病保险机制，并逐年提高参保标准。

为解决一部分特困户“看病贵”问题，赫章县制定出台了城乡医疗救助实施办法，对城乡贫困群众符合城乡居民基本医疗保障范围内的自付部分实行分类救助。其中，对于五保户、80 岁以上老人等贫困群众在定点医疗机构和县外公立医疗机构看病就医后，起付费和保外费用给予全额救助；对特困供养人员、20 世纪 60 年代精减退职职工、精神病患者等困难群体，通过城乡居民医保、大病补充保险报销后，民政部门按照 100%的比例实施救助；对于农村“计生两户”，个人参合金缴纳由卫计部门全额资助，在定点医疗机构和县外公立医疗机构看病就医实行起付线以上政策范围内医疗费用 100%报销，起付费和保外费用由卫计部门进行全额救助；而对于未纳入城乡低保的重度残疾人，个人参保金由县残联和个人各承担 50%予以资助。同时，在所有定点医疗机构住院治疗起付线以上政策范围内费用，将比照同级医疗机构报销比例提高 5 个百分点予以补偿。由此，赫章县织就了医疗保障的三张“民生网”。2017 年，全县城乡居民基本医保住院累计补偿 10. 26 万人次 2. 39 亿元；门诊补偿 108. 72 万人次 4697. 67 万元；大病保险理赔 8801 人次 1028. 75 万元；大病专项救治补偿 629 人次 570 万元；计生利益导向资金救助 34 人次 28878 元；民政医疗救助 5420 人次 683. 20 万元；226 名贫困住院患者享受了先诊疗、后付费政策；第四重医疗扶助 3449 人次 66. 84 万元。

赫章县德卓乡胜营村孙家院组五保户贺遵贤逢人就说：“还是现在党的政策好，生病住院一分钱不用花。”贺遵贤不慎摔倒导致股骨骨折，随后住进了赫章县人民医院。一进医院，他心里没底，赶紧抓住医生的衣角问：“要交多少钱?”了解了他的情况后，医生告诉他不用交钱，他几乎不敢相信自己的耳朵。

在贺遵贤的医疗账单里，可以看出赫章县织就的三张“民生网”——第一张网是城乡居民医保报销。第二张网是政策范围内自付费大于4000元的，到人寿保险公司进行大病补充保险补偿。其中，1万元的报销比例是54%；1万元至7万元每增加1万元报销比例增加5个百分点；7万元以上部分按90%报销，分段累加合计得出补偿金额。第三张网是建立在前两张网的基础之上，个人负担医疗费仍然较高且影响家庭基本生活的，经乡镇民政部门调查核实后，由民政医疗救助资金按60%的标准进行救助。据悉，这一比例在2015年4月起已提高到70%。

此外，赫章县成功建成了“1小时县、乡健康服务圈”以及“30分钟乡村健康服务圈”，实现了医疗卫生服务体系建设水平的提高，避免了贫困人口因病远诊而增加就医开支。参保的城乡居民在县外住院，只需按规定的方式提供完整病历、住院发票、费用清单、参保“医疗卡”、患者户口簿或身份证，县合管中心通过审核后，便直接通过网上银行将补偿款转付到患者卡上。

医疗保障的三张网，以新农合医疗保障制度为基础，通过整合城乡医保并轨、整合大病补充保险、民政和计生等特殊群体医疗救助资源，让所有人都看得起病，有效破解了贫困人口因病致贫、因病返贫难题，也让广大贫困群众切实分享到医疗改革发展的红利。

（二）完善基本公共卫生服务，提升群众健康人力资本水平

健康扶贫是精准扶贫中最基础的“一道坎”，而基本公共卫生服务则是群众的“健康守门人”。赫章县开展医疗精准扶贫的同时，也提出了人人享有基本公共卫生服务的目标，促进公共卫生服务项目的落地，从提升卫生医疗水平和卫生服务方面提高群众健康人力资本水平和防病能力。

近年来，赫章县共投入资金2.06亿元，建成了县人民医院综合大楼、

县医院门诊综合楼、县妇幼保健院，配齐各种服务设备，新建或改扩建乡镇卫生院、村级卫生计生服务室等，实现了群众足不出村就可以享受基本医疗卫生服务。为提升医疗服务能力，县政府采取了请进来教、送出去学等多种方式，加强乡村医生培养，先后选送250名各类医务人员到省、市医院进修，培养全科医生50人，组织各级各类长短期培训1800余人次。同时，积极创造条件，招聘卫生技术人员充实到县医院、中医院以及乡镇医院，为医院提供人才支撑。并争取到省人民医院、贵州医科大学等三级以上医院对赫章县各级医疗机构进行帮扶，认真落实万名医师支援农村卫生工程活动，组织县医院、县中医院对16个贫困乡镇卫生院进行对口帮扶。

在健康宣传和居民健康管理工作中，赫章县通过有效的健康宣传教育形式，积极引导老百姓形成良好的生活习惯、卫生习惯和生育习惯，提高防病抗病知识知晓率，减少疾病的发生，降低因病致贫因病返贫风险。2016年，全县累计发放健康教育资料8万余份，开展了1000多次健康教育讲座。居民健康管理工作中，建立了58万人份的居民健康档案，城乡居民健康档案规范化建档率、规范化电子档案建档率均在90%以上。在慢性病患者治疗全程管理以及疾病防治控制工作方面，赫章县累计管理高血压患者38193人、糖尿病患者9593人，对已发现的2266例重性精神病患者全部建档管理。疾病预防方面，赫章县努力提高接种率和接种质量，消除免疫空白，减少疫苗针对传染病的发生和蔓延，保证免疫规划规定的各类疫苗接种率达到目标要求。据统计，赫章县儿童疫苗接种率在98%左右。此外，在妇幼健康服务工作方面，通过组织实施“农村孕产妇住院分娩补助项目”“降低孕产妇死亡率和消除新生儿破伤风项目”，孕产妇死亡率基本控制在0.24‰万以内，5岁以下儿童死亡率控制在10‰目标内，婴儿死亡率控制在8‰目标内。

（三）启示与思考

因病致贫、因病返贫，一直是国家扶贫工作中的老大难问题，也是推动精准扶贫、实现2020年全面建成小康社会过程中急需解决的困难。赫章县自2011年起开始探索医疗健康扶贫之路，通过整合城乡居民基本医疗保险、大病补充保险补助和民政医疗救助资源，构建了医疗保障的三张民生网，并积极构建医疗卫生服务体系、提升公共卫生服务水平，不仅实现了医疗保障兜底扶贫的良好效果，也创造了多重保障叠加运作的政策先例，为贵州乃至全国开展健康扶贫提供了有益借鉴。

健康扶贫是一项利国利民的长远举措，实施健康扶贫工程，对于保障农村贫困人口享有基本医疗卫生服务，推进健康中国建设，防止因病致贫、因病返贫，实现到2020年让农村贫困人口摆脱贫困目标具有重要意义。当前，提高农村医疗保障水平，推进城乡统筹、协调发展，不仅是着眼于当前推进的医疗保障兜底扶贫，也应立足于进一步提升农村社会保障水平、建成全面小康社会以及实现改革发展成果共享的宏伟目标。因此，加强农村特别是贫困农村医疗卫生服务基础设施建设、提高农村公共卫生服务水平，不仅是实现健康扶贫的重要举措，也应成为预防贫困、降低农村人口致贫风险、提升国民人口素质和健康人力资本的基本要求。

五、小结

贫困问题是在人类经济社会发展过程中产生的，也是一个富于动态性和发展性的概念范畴。伴随人们对于贫困认知的加深，文化贫困、能力贫困等成为解释贫困问题的重要维度，也开启了基于人力资本投资进行的反贫困机制模式。事实上，中国政府一直致力于人力资本的投资建设，通过开展义务教育、公共卫生和医疗服务建设以及就业促进政策，从国家层面进行了大范围、普惠式的人力资本投资，同时积极引导和鼓励群众开展相应的人力资本投资积累。就农村反贫困建设而言，中国政府在开发式扶贫战略初期就已经提出通过开展贫困人口技能培训、能力建设、转移就业等方面的举措，促进贫困人口脱贫增收、摆脱贫困，形成了“雨露计划”、教育扶贫、健康扶贫、就业扶贫等相应的反贫困机制模式，从技能培训、教育、健康、就业等方面促进贫困地区贫困人口人力资本的投资建设，并取得了显著的反贫困成效。

与国家主导的人力资本投资反贫困机制模式相比，一些国内外民间组织和企业组织在促进贫困地区贫困人口教育发展、医疗卫生服务水平提升、劳动力转移就业等方面也做出了突出贡献。如中国儿童少年基金会为救助贫困地区失学女童重返校园而发起组织的社会公益项目——“春蕾计划”；中国妇女基金会发起实施的，为贫困地区妇女儿童开展医疗卫生健康服务的“母亲健康快车”项目，通过母亲小额循环扶贫贷款，改变妇女就业理念、就业方式的“@她创业计划”项目，以及为贫困家庭的唇腭裂及头面部畸形患儿提供免费救助治疗的“微笑行动”等；由中国扶贫基金会发起的关爱留守儿童的“童伴计划”，为贫困地区乡村完小修建学生宿舍的“筑巢行动”，为家庭经济困难学生提供经济资助和成才支持的新长城特困高中学生自强项目、新长城特困大学生自强项目，帮助阅读资源有限乡村学校建立电子图书馆的“书路计划”，以及改善贫困地区儿童营养状况的“爱加餐项目”等；联合国儿童基金会帮助偏远农村地区、少数民族和城市流动儿童的卫生与营养项目，提供安全、快乐、包容参与式环境的爱生学校等；香港乐施会在贵州、甘肃、云南、青海及北京等省市实施开展的学校援建、志愿者支教、教师培训、乡土课程开发、双语教学、农民工子女教育项目；等等。

与政府人力资本投资相比，民间组织及企业组织参与进行的人力资本投资建设，主要针对特定的贫困地区或贫困人口群体，虽然在资金投入上远低于国家政府投资，但他们在创新人力资本投资反贫困机制模式、关注弱势群体、开展有针对性的投资服务、提高资金投入效率、转变贫困地区文化观念、引导贫困人口进行自我投资等方面，不仅有效补充了政府主导的人力资本投资建设，也为国家主导的人力资本投资反贫困政策模式提供了丰富的样本启示和有益借鉴。

· 第五章 ·

基于社会资本投资的反贫困政策模式及其治理实践

社会资本在收入和贫困问题中的作用被“发现”以来，社会网络、信任、规范、公共参与等社会资本形式对减轻农村贫困的作用逐渐受到学界的重视，特别是一些国际性组织如世界银行、联合国计划开发署等也开始在发展中国家的减贫行动中引入社会资本导向的反贫困机制，通过向贫困社区投入社会资本来促进贫困地区的发展。理论研究和实践经验大大推动了社会资本范式的反贫困研究发展，以及通过社会资本进行的减贫实践和探索。

从社会资本的视角出发，贫困不仅是经济意义上缺乏必要的粮食、衣服、住所以及受教育机会，还是社会学意义上缺乏必要的社会地位和社会联系，无法享受公共服务，被剥夺了社会机会以及缺乏政治诉求的机会等。导致贫困的原因不仅仅是劳动者缺乏发展的意愿和能力，或者说缺乏物质资本和人力资本，还缺乏必要的社会资本，即获取物质资本和人力资本的机会。大量经验研究也证实，社会资本匮乏使得人们在获取社会资源时处于劣势，不利于摆脱贫困。有学者认为，社会资本和贫困之间的关系是双向的，社会资本的缺乏不利于穷人，而穷人本身的政治和经济条件也不利于其社会资本的积累。

社会资本虽然不像物质资本那样产生直接的经济效益，但作为一种要素投入的“链条”或“黏合剂”，社会资本是贫困户获取资源和机会的重要渠道，能够通过影响物质资本、人力资本等投入要素的产出效益，从而影响减贫发展的效率。因此，自20世纪末期开始，社会资本被广泛引入到对发展中国家经济发展、贫困等问题的实践干预和理论研究中。中国虽然未明确提出将社会资本的投资培育上升到国家扶贫开发政策的顶层设计层面，但事实上，受国际机构及西方研究理论的影响，一些地方政府和民间组织也基于社会资本方面的投资建设，进行了相关反贫困行动模式的尝试和探索。可以说，中国在开发式扶贫、参与式扶贫过程中，社会资本建构已经成为政策设计所包含的理念和内容之一。同时，国内学者也运用社会资本的理论和视角对农村贫困问题及扶贫开发工作进行不同层面的解释和讨论。特别是伴随人们对多维贫困理念的加深以及当前精准扶贫阶段对于综合性扶贫政策的要求，基于社会资本投资的反贫困政策模式和机制安排将得到进一步的丰富和拓展。

一、社会资本：理解贫困及反贫困的新视角

20 世纪 80 年代后期，伴随科尔曼、帕特南等一批国外学者的研究推动，社会资本及其与经济增长、区域发展等问题的关系，逐渐成为发展经济学领域关注和讨论的热点。特别是世界银行在发展中国家进行的一系列减贫发展实践，有力地证实了社会资本是发展中“缺失的链条”，从而将社会资本与减贫紧密联系在一起。在中国，随着西方社会资本理论的发展以及减贫实践工作的推进，社会资本的反贫困范式也越来越受到国内学者的关注和思考。一方面，社会资本理论为研究贫困问题提供了新的理论视角和经验证据；另一方面，社会资本投资也成为重要的反贫困研究范式和政策理念。与此同时，一些学者基于社会资本理论对中国农村贫困地区社会资本现状进行的观察和分析，不仅有助于西方研究范式和实践模式的本土化，也为中国有效实施社会资本投资的反贫困机制模式提供了实践基础和前提。

（一）社会资本与贫困和反贫困

根据社会资本理论研究的内容，社会资本是自然资本、物质资本、人力资本的必要补充，也是经济社会发展必不可少的资本形式。同时，与传统的资本相比，社会资本是一种非正式制度，是行动者在行动中获取和使用的，嵌入在社会网络中的资源。法国社会学家布迪厄将社会资本界定为“实际或潜在的资源的集合体，这些资源与拥有或多或少制度化的共同熟识和认可的关系网络有关”，社会资本以社会声望、名誉、权威和头衔等为符号，以社会契约为制度化形式。科尔曼则认为，社会资本的定义由功能而来，它不是某种单独的实体，而是具有各种形式的不同实体。社会资本具有两个特征：一是它们由构成社会结构的各个要素组成，二是它们为结构内部的个人行动提供便利。马克·格兰诺维特借鉴嵌入性理论，提出社会资本是“个人通过他们的成员身份在网络中或者在更宽泛的社会结构中获取稀缺资源的能力。这种能力不是个人固有的，而是个人与他人关系中包含着的一种资产。社会资本是嵌入的结果”。林南在格兰诺维特的研究基础上，提出社会资本可以获得资源，这些资源可以让个人得到更多的益处，以满足自己的发展需要，但社会资本必须嵌入网络社会中才能获得这些资源。

社会资本的概念和理论被提出以后，逐渐在经济学、社会学、政治学等学科领域得到进一步的拓展和丰富，社会资本概念也被引入对经济增长、区域发展、收入分配、公共品供给、社会保障等问题的讨论和思考。由此，贫困、反贫困等问题的研究也逐渐采用社会资本的视角。

一方面，社会资本的视角拓展了多维贫困的内涵。在社会资本视野下，贫困不能被单纯理解为物质或收入贫困，也应包括知识、能力、心理、健康及其精神等因素在内的多维贫困。导致贫困的原因也不仅仅是单一经济因素作用的结果，而是包括自然、社会和精神等多种因素相互作用的结果。换句话说，社会资本对贫困的认知突破了收入或物质贫困识别窠臼，把贫困内涵充实和扩张到社会历史和精神文化层面，贫困是多种复杂诱因相互作用的结果。因此，社会资本概念的出现，首先引发了贫困类型以及识别标准的变化。由于社会资本的非均衡性特征，即社会资本在不同的时间、空间、位置上的存量不同，处于不同社会位置的人在社会资本拥有量上有着显著的差异，因而社会群体由于其不同的结构性位置与社会网络，对社会资本具有不同的获取能力，进而导致社会行动能力的差距。当社会资本在有利于一部分群体的行动时，也排斥了另一部分群体的行动机会。当地位较高者易于获取和使用嵌入在社会关系中的资源时，处于弱势地位的个人或群体只能占有更少量的资源，因而产生了研究者所谓的“关系贫困”，即在社会结构和社会网络中因关系的缺乏而陷入贫困。其次，“关系贫困”的产生也进一步引发了贫困识别和衡量标准及方法的变化。以往政府主要采用收入或消费为指标的经济测量方法，确定相应的贫困线标准，并通过自上而下的指标分配方式，结合基层民主评议方式，最终识别和确定具体的贫困人口。而伴随社会资本特别是多维贫困理念的产生，包含收入、教育、健康、生活设施、公共服务、资产等方面的多维贫困测量指标，日益被纳入贫困识别的具体实践。特别是中国提出精准扶贫方略以后，贫困户识别和瞄准机制在更加精准化、技术化的同时，也更加强调对贫困户家庭生活状况的综合考量，以及民主评议阶段其他村民的参与和诉求表达。

另一方面，由于社会资本匮乏而导致的“关系贫困”及其贫困发生机理，也引起反贫困理念和方式的调整变化。通过社会资本途径实现贫困地区反贫困，是近年来社会资本理论不断发展与完善，进而产生带动作用的一种新尝试。社会资本的反贫困机制主要基于两种不同假设，并形成了两种不同路径的反贫困行动取向。一是认为贫困人口本身具有相应的社会资本，如家庭成员和其他具有紧密联系的人之间的关系纽带，以及建立在这种关系之上的信任、互惠和参与基础等。社会资本在一定程度上发挥了“穷人资本”的功能，具有减轻贫困、改善家庭福利等作用。在一些贫困地区，由于市场机制发展缓慢，市场功能不完整，这种嵌入在日常生产和生活中形成的社会关系、网络和信任，能够在一定程度上弥补市场的功能，并在一些领域发挥市场无法起到的作用，如自我监督、风险分担、信息共享、互助合作等。因而如何发挥社会资本的作用，以提升物质资本、人力资本等要素的产出效益，进而帮助贫困家庭脱贫解困，是基于社会资本反贫困的基本要求。与之相对的，较为主流的第二种观点则认为，穷人正是由于缺乏社会资本而陷入贫困。特别是社会转型时期，农村贫困地区社会资本状况发生了较大变化，突出表现为社会资本存量不足的特点，如社会地位低下、社交关系网络狭窄等。因此，贫困人口缺乏相应的发展机会和发展空间，也更加需要通过外界来进行社会资本的投资和培育，并通过社会资本来推动政府扶贫开发工作的进一步开展。但从总体上看，这两种解释和行动路径均承认社会资本对贫困地区贫困人口减贫发展的重要性。

美国社会学家武考克也提出，一个地区或国家如果拥有较多社会资本，即较紧密的社会网络和公民联系，也就在面临贫困和经济脆弱时处于更有力的地位。因此，他把发展贫困地区的社会资本作为反贫困的一项重要措施。一项和世界银行的合作研究也证明，社会资本在地区反贫困中具有不可忽视的作用。在社会资本较高的地区，人们更容易信任对方，增进联系，以及参与社会公共事务，也有利于减贫工作的开展。从宏观层面来看，社会资本有利于促进正式制度的执行、补充正式制度的不足，从而有利于其他资本形式投资更好地发挥作用，以及创新实践活动的产生；更加可信的政府也可以增强政策的执行度；社会规范以及合作行为也有利于增加公共物品的提供并减少负外部性。在微观层面，家庭可以从其社会网络中获得更丰富的信息、更多参与活动的机会以及更多的资源，有利于减少交易中的机会主义行为和交易成本，从而提高家庭收入。

21世纪初，世界银行在《2000/2001年世界发展报告——与贫困作斗争》中，明确提出要把支持穷人积累社会资本作为反贫困的重要行动之一。特别是参与式扶贫模式的提出与实践，反贫困开始将社区建设与贫困人口的赋权、参与结合起来，社会资本在反贫困中的作用得到进一步强调。20世纪90年代以来，参与式扶贫模式逐渐丰富，并被引入到中国农村进行的反贫困实践过程中，在政府主导、民间组织参与的扶贫实践中发挥了重要作用。可以说，社会资本范式的减贫理念和行动实践，不仅重新发现和强调了社会资本在减贫中的重要意义，提供了有别于物质资本和人力资本投资的新的反贫困范式，同时也有利于调动起贫困地区贫困人口本身的发展意识，进一步增强其内生发展动力，并实现减贫发展的内源性和可持续性。

（二）中国农村贫困地区的社会资本现状

当前，社会资本作为农村反贫困的重要资源形式，已得到理论研究者及扶贫工作者的认同和重视。虽然中国政府主导的扶贫开发政策设计和机制安排，尚未明确提出社会资本建设的行动举措，但基于社会资本投资的行动理念和行动模式，早已在农村反贫困实践中出现。社会资本的反贫困作为西方理论指导下的反贫困路径模式，中国农村反贫困有必要立足于当前贫困地区社会资本的发展现状，以此推动形成符合中国实际的社会资本投资的农村反贫困机制模式。

科尔曼认为社会资本既不依附于独立的个体，也不存在于物质生产的过程之中，而是存在于人际关系的结构之中。从宏观层面来看，社会资本包括了制度层面对于人际关系的规范、约束以及在此基础上形成的社会网络等；微观层面则是人际互动中产生的信任、合作、互助、名誉以及公民参与等。同时，由于社会资本概念难以进行有效的测量，一般通过在某一社会中对群体和群体成员进行普查或利用有关信任和公民参与的社会资料调查来进行测量和评估。

长期以来，聚村而居、聚族而居是中国农村村落的典型形式，因而形成了以地缘、血缘等关系为基础的同质性的社会资本网络。同时，中国传统农村社会关系网络还具有明显的封闭性特征。由于村庄是人们生产生活的共同体空间，村民在“生于斯，长于斯”的有限空间内积聚生活，以血缘、地缘关系为核心，强调家族、宗族观念的社会关系网络，将个体牢牢束缚在狭小的村庄范围内，人们的交往范围受到一定的局限，因而具有一定的自我封闭性。这种固化的、自我封闭的社会网络，在一定程度上又造成了低水平的社会流动和“圈内人”的社会信任。虽然社区内人们之间互动频繁，但空间闭塞以及交通区位则限制了进一步的对外交流和开放，加剧了人员和信息流动的障碍，人们很难进行社会关系网络的扩展，进而产生“信息贫困”以及“贫困—封闭强化—贫困加剧”的恶性循环。

虽然这种同质性社会资本作为中国农民社会资本的主要形式，为乡村社会治理和经济发展提供了一定助益，并在相似的共同体生活和伦理规范作用下，形成了彼此间基本的互信、互助和互惠机制。但伴随工业化、城镇化以及现代化的推进，一方面在国家宏观政策影响下，农民与国家、村集体的联系，伴随土地制度改革和农村税费制度改革而呈现出一定的松散化特征，农村家庭的独立性和分散化程度不断增强，家庭人口规模趋向缩小，家庭关系日益简化，社区和农民亲属网络的社会支持作用逐渐发生了减退。特别是劳务经济的兴起，吸引了一大批农村剩余劳动力向区域外转移，农村空壳化现象逐渐增多，众多农村居民的流出，使得原本有限的农民微观社会资本更加匮乏，无法为留守农民特别是贫困农民提供必要的支持和帮助，导致社会关系网络出现节点流失、联系中断、网络破裂等问题。

另一方面，在国家工业化、城镇化等举措带动下，在加速农村社会资本外流的同时，无疑也强化了个人的独立性，削弱了人与人之间的社会交往。传统社会规范逐渐失去作用，法律、制度等正式社会规范尚未建立，个别基层政府粗暴专断地进行社会治理，也造成农村民众对基层政府的信任流失。总体上看，中国农村正处于传统社会资本流失、现代社会资本尚未完全建立的中间阶段，农村居民徘徊在传统和现代社会资本之间。

学者韩尚稳基于菏泽市郓城县的调查，对当前转型阶段农村社会资本状况进行了观察和分析。他指出，鲁西南平原地区农村社会资本具有社会网络相对封闭、社会信任普遍较低、制度资本亟待加强等现状特点。结合案例村观察，韩尚稳进一步指出，“信息贫穷”已成为信息化背景下贫困地区发展落后的重要因素，信息难以“进入”和“走出”，导致信息闭塞以及村民贫困现实无法及时传递到外界，难以获得政府和社会的扶贫资源。而贫困村庄社会结构普遍呈现很强的稳定性，社会信任水平较低，特别是对于村庄之外的人存有天然的排斥感和不信任感，造成与外界资源交换和信息交流的阻隔。同时，由于制度规范不健全以及缺乏相应的社会基础和公民基础，制度资本并没有发挥预期的规范作用，导致村民对村民自治的不信任和被动参与，甚至威胁到村庄治理的基础和公共性建设，进一步弱化了村庄的社会资本存量。

对贫困地区而言，社会资本不仅具有农村地区社会资本的一般性特征，也具有自身的独特性。武考克在《社会资本与经济发展：一种理论综合与政策构架》一文中，提出“镶嵌”和“自主”构成社会资本的基本维度，并根据镶嵌（整合）和自主（链接）高、低不同发展水平的相互组合，分析了四种社会资本形态及其不同的发展绩效。根据这一划分，中国贫困者具有微观和宏观层面的社会资本困境。从微观来看，由于贫困人口往往处于地理位置偏远、自然条件恶劣地区，特别是一些少数民族长居山区，缺乏对外联系，即便内部成员间关系密切，但也缺乏跨背景、跨社会级别的桥梁和社会关系，贫困人口对于村庄以外的社会参与和认知匮乏，社会资本严重不足。甚至在一些地区，贫困人口既缺乏家庭成员间的信任，又缺乏普遍信任，甚至隔离于所有形式的社会网络之外。从宏观来看，由于村集体经济匮乏以及村民自治实施不力，贫困人口往往面临低整合、低链接的社会资本困境，既缺乏相应的组织整合，又缺乏国家与社会的协作，政府难以及时回应弱势群体的诉求和需要，甚至因腐败、侵犯人权、掠夺社会而出现公信力下降问题。

张辉的研究也指出，由于贫困地区农民处于社会底层，在互惠社会关系无法提供足够资源反馈时，也将逐渐在社会关系中被隔离，处于边缘地位，越来越无法从社会关系中获得有利的资源，甚至陷入贫困的泥淖。特别是贫困人口的社会资本大多围绕封闭性的血缘、地缘关系展开，缺少横向沟通，难以获得更大范围的认同和接纳，导致普遍信任不足。贫困人口交往对象的经济水平与发展水平基本相同，不可能有更多余力帮助处在关系网络中的其他民众。即贫困者往往处于自身亲属网络支持不足、社区集体支持匮乏以及政府和主流社会关怀有限的境况。而社会资本不足反过来又影响到他们获取进一步的物质资本支持及人力资本支资，进而影响脱贫发展的可能性。

二、基于制度和社会网络层面的社会资本投资及其反贫困模式

社会资本一般被看作是个体或团体之间的关联，包括社会网络、互惠性规范以及由此产生的信任，是人们在社会结构中所处的位置带给他们的资源。作为一个多视角的概念，社会资本具有多种不同的表现形式。Uphoff 将社会资本划分为结构社会资本以及文化社会资本或认知社会资本，前者主要是社会组织和网络等客观存在的社会结构，后者则指代规范、价值、态度、信仰、信任、互惠等心理过程。按照社会资本层次划分，宏观

层次的社会资本主要是在国家或社会层面、组织内部为了成员间的相互利益而普遍认同和遵守的规范；微观和中观层面的社会资本则主要是指个体行动者的关系指向特征及其自身社会地位状况，以及个体所处的社会网络整体的结构性特征和网络间的互动。因此，广义的社会资本投资建设包括了政府层面的制度建设以及社区和个体层面有关合作、信任、参与等社会资本的投资培育。社会资本投资虽然不像物质资本或人力资本投资能产生直观的投资效果，但制度建设、社会网络培育以及信任建设等，也将有利于贫困地区培育和积累社会资本存量，从而发挥社会资本在减贫过程中的积极作用。

（一）制度建设层面的社会资本投资建设

广义的社会资本包括了政府有关贫困地区经济社会发展的制度和规范建设，以及由此而产生的政府信任和公众参与。就中国而言，长期以来形成的城乡分离“二元结构”对农村特别是偏远地区农村发展设置了有形或无形的结构性樊篱，并由此形成了农村“结构性贫困”问题。中国政府一直致力于在经济社会发展过程中解决贫困问题，并将贫困问题的解决与“三农”问题、城乡统筹发展、城镇化建设等问题结合起来。特别是注重消除由区分性别、民族、种族、地区和社会地位造成的社会障碍，扩大贫困者的经济机会和政治机会，构建有利于贫困人口公平参与到经济、政治活动中的社会制度，防止由此产生进一步的制度性贫困，提高贫困者的经济能力、政治能力以及政府的扶贫责任和能力建设，以及以此构建公平、平等、共享的制度环境，提升政府社会治理能力和公信力建设水平，培育有益于地区发展和国家治理的宏观社会资本。

1. 城乡统筹战略。从历史上看，中国是一个典型的城乡“二元结构”国家。中华人民共和国成立初期，国家确立了优先发展重工业的发展战略，农村不仅为新中国工业发展提供了大量原始积累，也由于户籍制度人为设置了城乡流动的樊篱，在一定程度上加剧了城乡“二元结构”的固化。改革开放以后，伴随家庭联产承包责任制等一系列经济社会体制改革，城乡、工农之间的产品要素交换环境得到了一定程度的改善，但城乡“二元结构”依然是影响“三农”问题解决的重要困境。在此历史背景下，中国共产党第十六次全国代表大会提出，“统筹城乡经济社会发展，建设现代农业，发展农村经济，增加农民收入，是全面建设小康社会的重大任务”。这是中国第一次在党的全国代表大会上从国民经济社会全局的角度提出城乡共同发展战略，标志着中国经济社会发展战略和指导思想的历史性转变。此后，一系列理论创新和实践都按照这个战略的要求，跳出“农业”解决农业问题，跳出“三农”解决“三农”问题，城乡“二元”结构开始出现松动，公共财政覆盖农村的范围不断扩大。

2007年，党的十七大进一步提出“统筹城乡发展，推进社会主义新农村建设”，并强调加强农业基础地位，走中国特色农业现代化道路，建立以工促农、以城带乡长效机制，形成城乡经济社会发展一体化新格局。随后，在十七届三中全会通过的《中共中央关于推进农村改革发展若干重大问题的决定》中，统筹城乡发展战略的指导思想更加明确，即“把建设社会主义新农村作为战略任务，把走中国特色农业现代化道路作为基本方向，把加快形成城乡经济社会发展一体化作为根本要求”，“统筹城乡经济社会发展，始终把着力构建新型工农、城乡关系作为加快现代化的重大战略”。同时，国家从制度建设、现代农业建设、农村社会事业发展等方面为实现城乡统筹发展和全面建设小康社会战略任务做出了全面具体的部署。

2010年，十七届五中全会通过的《中共中央关于制定国民经济和社会发展第十二个五年规划的建议》，在对十六大以来科学发展、统筹城乡发展实践以及对中国未来发展趋势客观、准确判断的基础上，提出了“三化同步”，即“在工业化、城镇化深入发展中同步推进农业现代化”的战略思想，同时从现代农业发展、城乡基本公共服务均等化、农村社会事业发展、体制改革和制度建设等方面对加快形成城乡发展一体化格局进行部署规划。战略发展的历史轨迹清晰表明，从“二元结构”松动到政策和公共资源配置向“三农”倾斜，从大力促进农村社会事业发展到城乡基本公共服务均等化，从农村税费改革到城乡教育、医疗卫生、文化、社会保障制度衔接统一，工农关系协调发展逐步深入，城乡融合渐次推进。

2012 年，党的十八大明确提出实施城乡一体化发展战略，这是中国经济社会发展战略实质内容的再一次深化。城乡发展一体化作为解决“三农”问题的根本途径，既要加强农业基础地位，加快新农村建设，同时要加大城乡统筹发展力度，逐步缩小城乡差距，着力促进农民增收，让广大农民平等参与现代化进程，促进城乡共同繁荣。同时，十八大提出了一系列保障性制度，以加快完善城乡发展一体化体制机制，着力在城乡规划、基础设施、公共服务等方面推进一体化，促进城乡要素平等交换和公共资源均衡配置，形成以工促农、以城带乡、工农互惠、城乡一体的新型工农、城乡关系。①

这些重大理论和政策创新，对于中国农业农村发展的制度创新、政策理念和政策制定实施发挥着巨大的指导作用：不仅促进形成了农业农村发展的“黄金期”，也从总体上推进了全面建设小康社会的进程。统筹城乡发展是科学发展观中“五个统筹”其中的一项内容，旨在更加注重农村发展，解决好“三农”问题，贯彻工业反哺农业、城市支持农村的方针，逐步改变城乡二元经济结构，逐步缩小城乡发展差距，实现农村经济社会全面发展，实行以城带乡、以工促农、城乡互动、协调发展，实现农业和农村经济的可持续发展。

---

① 张岩松. 统筹城乡发展和城乡发展一体化［N/OL］. 人民网（2013-03-19）. http://theory.people.com.cn/n/2013/0319/c40531-20834632.html.

与以往注重从农村内部解决“三农”问题的思路不同，城乡统筹战略要求跳出“就三农论三农、就三农抓三农”“以农言农”的传统思路，将农村经济与社会发展纳入整个国民经济与社会发展全局之中进行通盘筹划，统筹考虑工业和农业、城市和农村，通过城乡资源共享、人力互助、市场互动、产业互补，通过城市带动农村、工业带动农业，建立城乡互动、良性循环、共同发展的一体化体制。统筹城乡经济社会发展的实质是给城乡居民平等的发展机会，通过城乡布局规划、政策调整、国民收入分配等手段，促进城乡各种资源要素的合理流动和优化配置，不断增强城市对农村的带动作用和农村对城市的促进作用，缩小城乡差距、工农差距和地区差距，使城乡经济社会实现均衡、持续、协调发展，促进城乡分割的传统“二元经济社会结构”向城乡一体化的现代“一元经济社会结构”转变。

由于中国贫困人口90%以上都分布在农村地区，农村是国家反贫困的主战场。城乡统筹战略的提出，不仅有助于“三农”问题的解决以及加快城乡一体化发展，推动中国全面建设小康社会的历史进程。特别是对于贫困农村地区而言，通过文化、人员、信息的交流，以及城乡之间经济、教育、文化和科技多方面的交流合作，将城市现代文明输入农村，有助于打破城乡、地区间的制度性樊篱和结构性障碍，从制度、规范层面为贫困农村发展提供结构性社会资本的支持。同时，统筹城乡经济社会发展也是一个长期、艰巨而又复杂的系统工程，需要自上而下的观念、机制以及体制的诸多变革和创新，以实现城乡经济发展的共享、共赢，农民政治上的公平、公正参与和有效利益表达，以及社会文化服务上的城乡均等化和一体化。

2. 基本公共服务均等化。从学理上讲，基本公共服务是指建立在一定社会共识基础上，根据一国经济社会发展阶段和总体水平，全体公民不论其种族、收入和地位差距如何，都应公平、普遍享有的服务，它规定的是一定阶段基本公共服务应覆盖的最小范围和边界。基本公共服务是公共服务范围中最基础、最核心和最应该优先保证的部分，包括基础教育、医疗卫生、社会保障和就业等领域。而“均等化”并不是简单的“平均化”，而是在承认地区、城乡、人群存在差别的前提下，保障所有公民都享有一定标准之上的基本公共服务，其实质是“底线均等”。享有基本公共服务是公民的基本权利，保障人人享有基本公共服务是政府的重要职责。推进基本公共服务均等化，是全面建成小康社会的题中应有之义，对于促进社会公平正义、增进人民福祉、增强全体人民在共建共享发展中的获得感、实现中华民族伟大复兴的中国梦，都具有十分重要的意义。

实现基本公共服务均等化，是现代政府推动政治文明和公共财政的重要目标。根据《“十三五”推进基本公共服务均等化规划》，中国提出国家基本公共服务制度紧扣以人为本，围绕从出生到死亡各个阶段和不同领域，以涵盖教育、劳动就业创业、社会保险、医疗卫生、社会服务、住房保障、文化体育等领域的基本公共服务清单为核心，以促进城乡、区域、人群基本公共服务均等化为主线，以各领域重点任务、保障措施为依托，以统筹协调、财力保障、人才建设、多元供给、监督评估等五大实施机制为支撑，是政府保障全民基本生存发展需求的制度性安排。

中华人民共和国成立以后，中国公共服务供给制度主要经历了两个阶段的历史演变：一是新中国成立到改革开放时期，属于计划经济体制下的公共服务供给体制，以“高度集中、城乡分割和低水平平均”为基本特征；二是改革开放以后，公共服务供给制度逐步适应建立社会主义市场经济的要求，具有“体制转轨、城乡统筹和追求均等化”的特征。“十二五”以来，中国已初步构建起覆盖全民的国家基本公共服务制度体系，各级各类基本公共服务设施不断改善，国家基本公共服务项目和标准得到全面落实，保障能力和群众满意度进一步提升。截至2015年，九年义务教育巩固率达到93%，进城务工人员随迁子女在流入地公办学校就读的比例超过

80%；全国就业人员达到 77451 万人，劳动者参加就业技能培训后就业率平均在 70%以上；覆盖城乡的社会保障体系进一步健全，城乡居民养老保险制度实现整合，保障水平稳步提高；基本公共卫生服务项目增加到 12 类，全民医保体系加快健全，基本医保参保率超过 95%，大病保险覆盖全部城乡居民医保参保人员，国家基本公共卫生服务经费和城乡居民基本医疗保险补助标准分别提高到每人每年 40 元和 380 元，人民健康水平总体上达到中高收入国家平均水平；城镇保障性安居工程和农村危房改造力度加大，全国累计开工城镇保障性安居工程住房 4013 万套，其中改造棚户区住房 2191 万套，改造农村危房 1794 万户；现代公共文化服务体系建设积极推进，农村公共文化服务能力增强，全民健身活动蓬勃开展，广播、电视人口综合覆盖率均达到 98%。

目前，中国基本公共服务仍存在规模不足、质量不高、发展不平衡等短板和问题，不同地区、不同领域基本公共服务非均等化现状突出。尤其表现在城乡区域间资源配置不均衡，硬件软件不协调，服务水平差异较大；基层设施不足和利用不够并存，人才短缺严重；一些服务项目存在覆盖盲区，尚未有效惠及全部流动人口和困难群体；以及体制机制创新滞后，社会力量参与不足；等等。特别是农村贫困地区，基本公共服务建设严重滞后，遗留了巨大的历史欠账。如何推进贫困地区基本公共均等化建设，不仅需要制度建设层面的政策倾斜和重视，亦需要加强物质资本、人力资本的投资建设，在构建和培育政府社会资本的同时推进基本公共服务均等化建设过程。

案例

改革开放以后中国公共服务均等化发展历程

——2004 年 9 月，党的十六届四中全会提出，坚持以人为本、全面协调可持续发展的科学发展观，推动经济社会统筹发展；强调重视扩大就业再就业和健全社会保障体系；重视发展教育、科技、文化、卫生、体育等各项社会事业。

——2005年10月，《中共中央关于制定国民经济和社会发展第十一个五年规划的建议》首次提出“按照公共服务均等化原则，加大对欠发达地区的支持力度，加快革命老区、民族地区、边疆地区和贫困地区经济社会发展”。

——2006年10月，中共十六届六中全会审议通过《中共中央关于构建社会主义和谐社会若干重大问题的决定》，确定了2020年构建和谐社会的目标和主要任务，其中包括“基本公共服务体系更加完备，政府管理和服务水平有较大提高”的目标和要求，提出逐步形成惠及全民的基本公共服务体系，把“建设服务型政府”作为重要内容。

——2007年10月，党的十七大报告将“围绕推进基本公共服务均等化和主体功能区建设，完善公共财政体系”确定为当前深化财政体制改革的一个基本方针。同时将社会建设列为全面建设小康社会的重要目标和任务，确立了社会建设中改善民生、加快公共服务体系建设的基本方针和中心内容，以及提出缩小区域发展差距，必须注重实现基本公共服务均等化，引导生产要素跨区域合理流动，围绕推进基本公共服务均等化和主体功能区建设，完善公共财政体系等要求。

——2009年，全国财政会议更加明确强调，加快以改善民生为重点的社会建设，重点加大教育、就业、住房、医疗卫生、社会保障等民生领域投入，并向中西部地区倾斜，以稳定和改善居民消费预期，拉动消费需求。

——2012年11月，党的十八大报告在“全面建成小康社会和全面深化改革开放的目标”中提出了“基本公共服务均等化总体实现”的目标，并在教育、就业、扶贫、社会保障、医疗、住房等方面提出了一系列具体目标。

——2017 年 1 月，《“十三五”推进基本公共服务均等化规划》发布，提出了“从解决人民群众最关心最直接最现实的利益问题入手，以普惠性、保基本、均等化、可持续为方向，健全国家基本公共服务制度，完善服务项目和基本标准，强化公共资源投入保障，提高共建能力和共享水平，努力提升人民群众的获得感、公平感、安全感和幸福感，实现全体人民共同迈入全面小康社会”的指导思想，并提出包括教育、就业创业、社会保险、医疗卫生、社会服务等五大方面的基本公共服务发展指标，以及包括公共教育、劳动就业创业、社会保险、医疗卫生、社会服务、住房保障、公共文化体育、残疾人服务等八个领域 81 个项目的服务清单。

资料来源：根据历年网络新闻资料整理。

（二）社会网络层面的社会资本投资建设

如前所述，社会资本包括了嵌入在社区生活中的信任、合作、参与、地位、声望等社会资源以及由此形成的社会关系网络，它们不仅有助于调整人们之间的关系，也有助于促进社区经济社会的发展。对贫困人口而言，其社会资本主要源于其所处的农村社区。由于市场经济发展和社会变迁，传统以血缘、地缘关系为纽带的乡村社会已经发生了很大变化，传统社会资本逐渐消解，村庄对于村民特别是贫困村民的社会支持功能渐趋弱化。因此，国家提出加强农村社区基层治理和社区建设、培育农村合作组织和社会组织等方式，以此来进行社区公共性建设以及建构新的社会关系网络，从而提高贫困地区贫困人口的社会资本存量。

1. 农村社区建设和基层治理。社区建设作为社会资本投资的重要方向，对于贫困认可而言具有重要的意义。一方面，社区互助网络是贫困者获取社会资本的重要渠道。社区建设可以促进贫困者互助沟通，促进其提升自我管理、自我教育能力，提高风险抵御能力。另一方面，社区成员间的相互交流和鼓励，可以促进非贫困群体与贫困群体之间的信任程度，增强其人际关系，拓展贫困者的社会资本。按照经典的社区定义，社区是“人类生活的共同体”，具有“关系亲密、守望相助、疾病相抚、富有人情味”的特点。在中国，村庄、村落、聚落等构成农村社区的主要形式。虽然现代社区具有一定的国家建构特征，但社区特别是农村社区依然承担着提供公共产品和服务以及组织集体行动的基本功能，也是个人关系网络以及社区成员归属感、认同感的来源。

与此同时，作为国家各项政策措施落实的“最后一公里”，村庄决定了国家贫困治理目标的最终实现过程和实现程度。一方面，农村反贫困的最终落脚点是贫困村庄以及贫困农户自我发展能力的提升，所有政策支持和资本输入最终都要以农户和村庄的发展需求为旨归。另一方面，外部支持力量能否转化为贫困治理的成果，仍需要作为基层管理和组织平台的社区来有效对接。

农村贫困治理不仅指涉经济增长和收入水平的提高，还涉及社区公共物品供给和分配、生产生活基础设施建设以及公共文化培育等多个方面。大量经验事实表明，社区治理状况的好坏，甚至直接决定着项目进村、产业进村的交易成本，相较于村民涣散、矛盾多发的村庄，那些基层组织战斗力强，社区整合与团结水平高的村庄能够争取到更多的资源。相反，一些地区被村庄自身的运行逻辑所主导，如地方精英群体垄断资源，从而导致政策资源的使用与其初衷产生偏差，项目进村不但没有有效促进社区的团结，反而成为村民和干部之间矛盾的关节点等。因此，有效的贫困治理，有必要从村庄内部出发，重构有效的社会网络，利用社区社会资本推动扶贫开发政策、资源的有效落实和分配。

2006 年 10 月，中共十六届六中全会《中共中央关于构建社会主义和谐社会的若干重大问题的决定》中首次使用了“农村社区”概念，并提出“积极推进农村社区建设，健全新型社区管理和服务体制，把社区建设成为管理有序、服务完善、文明祥和的社会生活共同体”。2007 年，党的十七大会议再次强调把城乡社区建设成为“管理有序、服务完善、文明祥和的社会生活共同体”，开始将城市社区管理体制引入农村社区，社区治理成为基层治理的重要变革和制度创新。因此，在各有关部门、社会力量的协同合作和广大农村居民的积极参与下，中国农村社区建设试点工作扎实推进，并取得了显著成效。农村社区治理机制不断完善，社区自治功能有效提升；农村社区基础设施逐步改善，农村基本公共服务网络基本建立，村容村貌有了明显改观；农村公共服务体系逐步健全，农民群众办事更加方便；农村社区文化生活更加丰富，村庄品位和居民素养进一步提高。

2015 年 5 月底，中共中央办公厅、国务院办公厅印发了《关于深入推进农村社区建设试点工作的指导意见》（以下简称《意见》），进一步提出“创新农村基层社会治理，提升农村公共服务水平，促进城乡一体化建设，深入推进农村社区建设试点工作”，对中国农村社区治理提出了新的要求。《意见》指出，农村社区建设要坚持村党组织领导、村民委员会牵头，以村民自治为根本途径和有效手段，发动农村居民参与，同时不改变村民自治机制，不增加农村基层管理层级。依法确定乡镇政府与村民委员会的权责边界，促进基层政府与基层群众自治组织有效衔接、良性互动。并依托村民会议、村民代表会议等载体，广泛开展形式多样的农村社区协商，探索村民议事会、村民理事会等协商形式，以及村民小组协商和管理的有效方式，逐步实现基层协商经常化、规范化、制度化。同时，社区建设应强化农村社区文化认同，以培育和践行社会主义核心价值观为根本，发展各具特色的农村社区文化，丰富农村居民文化生活，增强农村居民的归属感和认同感，并广泛开展具有浓郁乡土气息的农村社区文化体育活动，凝聚有利于农村社区发展的内在动力和创新活力。

近年来，随着治理理论兴起，基层治理的主体更加趋向多元。国家政权、传统宗族、市场经济集合体，以及现代的村民委员会、社区组织、农村精英等都成为乡村治理的主体。而如何处理好村民自治与多元治理主体的参与关系，形成一种共建共享的机制，增进村民特别是贫困村民的主体性、参与性、互动性和合作性，并以此推进社区社会资本的形成和积累，成为农村社区建设和基层治理工作的重点和难点。

2. 农村合作组织和社会组织培育。近年来，中国农村贫困治理理念和治理范式均发生了显著改变。伴随经济增长理念从单纯强调增长到“对穷人友善的增长”和“包容性增长”，贫困治理理念经历了一个从强调物质资本投资、改善贫困者经济贫困，到强调人力资本投资、克服贫困者能力贫困，进而到强调社会资本投资、缓解贫困者社会排斥的演进过程；同时，贫困治理的范式则经由单方面强调经济发展和市场涓滴效应的益贫机制，到政府主导下的农村扶贫开发以至强调政府、市场、社会共同参与的农村贫困治理新格局。因此，通过建立农村合作组织、社会组织等组织形式，以此增进贫困地区村民之间的交流、互动和合作，并在社会网络中建立有利于组织内部乃至社区整体发展的行为规范、互惠、信任、合作机制等，增强穷人的社会资本和社区支持，是基于社会资本投资反贫困的重要形式。

农民的组织化不仅是提高农业产业发展水平的重要举措，也是贫困治理过程中农民能力建设和构建社会资本的重要内容。20 世纪 80 年代，农业市场化发展过程中，以农民专业合作社、农民专业协会为代表的农村合作经济组织迅速兴起。中国反贫困进程中，一些贫困地区政府在推动产业扶贫过程中，也产生了相当数量的农民专业合作社，且以民间组织为主体参与的贫困治理，也将建立农民合作社作为农民组织化的重要途径。一方面，农民专业合作组织有利于推动农业产业的现代化和规模化发展；另一方面，合作组织也修补并拓展了转型时期农村居民的社会关系网络，扩大了农村贫困人口的人际信任半径，有利于强化公共治理的制度性和规范性，为农村现代社会资本的构建和转型提供了基础。贫困村往往面临社会关系网络节点流失、联系中断、网络破裂等问题，而合作组织的出现能够及时强化乡村社会的群体性和组织性，帮助农村社会关系网络从“封闭内倾型”向“开放外向型”转变；信任结构从情感取向的“差序式”向理性支撑的“契约式”迈进；农民社会资本也从“单质同一性”向“异质多元性”转变。

为支持、引导农民专业合作社发展，2006 年 10 月 31 日，第十届全国人民代表大会常务委员会第二十四次会议通过了《中华人民共和国农民专业合作社法》，对农民专业合作社的成立、登记、成员、组织机构等进行了相关规定。根据法律定义，农民专业合作社是在农村家庭承包经营基础上，同类农产品的生产经营者或者同类农业生产经营服务的提供者、利用者，自愿联合、民主管理的互助性经济组织。随后，国家各有关部门按照中央高度重视农民合作社建设发展的要求，从财政、税收等方面出台了一系列扶持性政策，加大对合作社的支持力度，并通过引导性政策，加强合作社规范化建设。

一方面，中央财政从现代农业生产资金中安排部分资金专门用于支持农民合作社，采取“中央指导、地方落实”的管理方式，将审批权限下放给地方，支持各地灵活运用贷款贴息、先建后补、以奖代补等多种方式，扶持合作社引进推广新技术，获得认证、品牌培育和市场营销等，增强合作社的市场竞争能力和抵御风险能力。同时，税收、金融、国土、电力、人力资源等部门也通过提供税收优惠、金融信贷、用地用电配套设施、法律援助、人才培养等方面，支持和推进农村合作组织健康发展，以发挥其在增强农民组织化程度、推进农业产业化发展当中的作用。另一方面，国家高度重视合作社规范发展，多个中央 1 号文件要求引导合作社规范运行，切实提高引领带动能力和市场竞争能力。农业部会同发展改革委、财政部等部门下发了《关于引导和促进农民合作社规范发展的意见》，明确了合作社规范化建设的总体思路、目标原则、重点任务和政策措施，强调合作社产权关系要明晰、收益分配要公平、全体成员要受益。部分县市还成立了合作社指导服务中心，为合作社提供全方位、多层次服务。同时鼓励合作社开展多种经营，提高合作社带动能力。截至2016年6月底，全国依法登记的农民合作社达到166.9万家，实有入社农户约占全国农户总数的42.7%，有效推动了农民的组织化和合作化进程。

总体上看，研究者以及实践工作者对于农民合作以及农民合作组织存在的意义具有共识。如温铁军、黄祖辉、徐旭初等都认为市场经济条件下，农民合作可以有效克服个体小农经营规模小的弊端，增强市场竞争力，从而应对市场风险。除此之外，农民合作的意义还在于解决生产和生活中的公共品供给问题或形成一致行动，以及形成良好的人际互动和村庄精神慰藉。而一些贫困地区通过引导农民成立合作社，对内服务、对外经营，可以有效减少生产的盲目性，成为扶贫产业链条上的“药引子”、产业发展资金的“蓄水池”，以及产品加工销售的“金点子”。

大量实践证明，社会组织在推动人与人之间的相互信任与合作，以及社团之间的交往和帮助方面起着重要作用。作为一种稳定的合作形式，农村社会组织主要是指在农村社区中为完成特定社会目标，而有意识地组合起来的社会群体。严格来讲，社会组织主要包括社会团体、基金会、民办非企业等三种主要形式。但事实上，广义层面的农村社会组织则包含了农民专业合作社等经济合作组织，幼儿园等民办非企业单位，以及红白理事会、老人协会等农村自治组织。与农村合作组织相比，农村社会组织发展虽然取得了一定成就，但依然处于发展缓慢态势。特别是伴随农村社会结构发生深刻变动，家族、邻里组织、互助组织等传统型农村社会组织逐渐走向消解，互惠互助、合作以及社会支持功能明显弱化，而现代社会组织以娱乐组织为主，处于缓慢无序发展阶段，限制了社会组织在改善农民生活、提升农民文化和技能水平、降低生活风险、增强社区凝聚力等方面的功能和作用。

案例

农村社会组织发展状况调查

2015 年，华中师范大学中国农村研究院依托全国“百村观察”项目平台，对全国 25 个省（区、市）303 个村庄 8054 位农民进行了实证调查，并形成了《中国农村社会组织发展报告》。

报告显示，目前中国农村的社会组织虽然呈现出多样化发展特点，但社会组织“覆盖不足”问题突出，存在规模偏小，发展不均衡，以及社会组织主体“空转”、构架“官化”、活力不足等难题。据调查，中国农村社会组织每万人不足 10 个。其中，传统的宗族组织“效显量微”：在 300 个有效样本村庄中，87.33%的村庄已没有宗族组织，传统宗族组织的消失，让此类组织所起作用大打折扣。在 299 个样本村庄中，37.46%没有成立现代社会组织。而在农村的现代社会组织中，文娱组织占比最高，为 45.82%，但村民的文娱生活却“质量效果不佳”。2014 年，样本村庄平均组织文化活动仅 0.59 次，组织文娱活动 5 次以上的村庄仅占 17.87%。在抽查的 7976 个有效样本中，参加过社会文化娱乐组织的村民占 7.41%，不足一成。

资料来源：社会组织在农村覆盖不足［N］. 中国青年报，2015-05-19(06).

从本质上讲，社会组织是以社会资本为主的自组织网络，通过社会组织的合理运作，能够增强社会与个体之间的互动，达到政府远远不能达到的良好的公共管理效果。因此，社会组织在资源整合及社会资本集聚方面具有不可替代的优势。对农村特别是贫困地区而言，一方面，农村本土社会组织特别是一些基于产业协作关系或人际互动关系而产生的社会组织，可以为建设新型乡村社区、激活村庄凝聚力提供强有力的平台和基础，从而更好地承接扶贫资源和扶贫项目；另一方面，扶贫领域也是社会组织活动的重要领域之一，大量海内外社会组织参与到中国农村贫困治理过程中，提供实物救助、金融支持、劳动就业、教育培训、医疗卫生、能力建设、社区发展、性别平等、文化保护、生态建设、灾害救助等多方面的帮助。

外来社会组织在减轻贫困地区贫困程度的同时，也对其社会资本建设提供了典型示范带动作用和初始资本积累。因此，推动贫困地区减贫发展以及社区建设和治理，有必要从政策、体制、资源以及宣传、人才培养等方面加大投入引导，在农村形成政社分开、权责明确、依法自治的现代社会组织体制，推进农村本土社会组织的建设发展，并鼓励和支持城市社会组织参与农村社会组织建设，促进农村社会组织发展壮大，更好地服务“三农”、增进社区社会资本的培育和积淀。

三、社会资本投资的反贫困政策模式

社会资本及其反贫困范式提出以后，大量国际机构和民间组织围绕社会资本进行了多种形式的扶贫实践探索，形成了参与式扶贫、小额信贷等扶贫模式，为基于社会资本进行的扶贫工作提供了具有操作性和复制性的行动方案。这些行动模式强调贫困人口在扶贫过程中的平等、赋权和参与，通过建立有效的参与网络，促进贫困人口之间及其与外界的互动、交流、合作，以此扩大贫困人口的社会网络及其对政府和社会的信任机制，并鼓励贫困人口个人进行有效的社会资本投资，以提高贫困人口的自我管理能力和内生动力，提高扶贫项目的减贫效益。同时，这些反贫困模式也逐渐被引入到政府主导的反贫困工作中，成为政府扶贫工作的有效理念和工作方法。

（一）参与式扶贫和社区主导型发展模式

参与式扶贫，简单来讲就是在扶贫项目的设计、规划、实施、监管和验收过程中，将参与式理念和工作方法贯穿始终，通过采用自下而上的决策方式，激发群众的积极性、主动性和参与性。

从历史溯源来看，参与式扶贫是“参与式发展”理念应用于扶贫工作的实践产物。“参与式发展”的提出建立在对传统发展理论的反思批判，以及“参与式”发展的新思路和实践基础上。1994 年，世界银行形成的报告中将“参与”定义为：“参与是这样一个过程，项目利益相关群体能够通过它影响、控制涉及他们的发展介入、发展决策和相关资源。”此后，一些国际援助机构纷纷出台各类参与式发展项目，不同的机构和研究学者也根据各自的实践对“参与”进行了阐释。拉美经济委员会认为，参与是人们对国家发展的一些公共项目资源的贡献，但他们不参加项目的总体设计或者不应该批评项目本身的内容；Uphoff 认为，“参与是在对产生利益的发展活动进行选择及实施行动前的介入”。作为一种微观的区域发展理论，参与式发展理论区别于现代发展理论的“宏大叙事”，在理论实质上均认同以赋权为核心，尊重差异、平等协商，以及在“外来者”协助下，通过成员积极、主动的广泛参与，尊重和保护发展对象及其地方知识，修正发展过程中发展者与发展对象之间不平等的权力关系，有利于实现社区有效、可持续发展，使成员共享发展成果。参与式扶贫是“参与式发展”理念应用于扶贫工作的实践产物，并在发展过程中产生了参与性乡村评估（PRA）、社区主导型发展（CDD）等不同的扶贫工作模式。

20 世纪 80 年代末开始，参与式扶贫模式开始被引入中国。特别是一些国际援助机构和社会组织开始在中国农村扶贫领域进行大量的参与式扶贫实践，并逐渐影响到中国政府主导的农村反贫困模式。2006 年，中国扶贫部门与世界银行、国际计划、宣明会、乐施会等国际机构合作，开始在中国广西、四川、陕西、内蒙古等四省区四个项目县（区、旗）的60个重点贫困村（每个项目县15个村）开展社区主导型发展（CDD）的扶贫模式。旨在通过生态脆弱贫困农村实施社区主导型发展项目，帮助试点社区减缓农村贫困和提高环境可持续性。具体项目内容包括了社区小型基础设施与公共服务建设、社区发展基金以及社区自然资源管理与环境改善三个主要方面。

CDD的核心就是将社区和贫困人口作为目标群体和受益对象，将资源和决策的使用权和控制权完全交给社区，“一切由农民自己说了算”，由农民决定实施什么项目、由谁来实施，并由农民掌握、控制项目资金的使用，依靠农民自己推动社区的发展，实现农民的自我组织、自主管理、自我监督和自我服务。因此，CDD不是单纯的扶贫项目，其核心是加强农民的能力建设，基础是农民的广泛参与，是一种尊重农民意愿、让农民当家做主、提升农民综合能力的机制。

在国际上，CDD是一种比较成功的扶贫模式，能够针对贫困人口的需求提供服务，从而增强扶贫的可持续性。CDD在中国的实践也证明，将项目、资金的决策权和控制权完全交给农民，通过召开村民大会讨论确定项目优先清单，有效提高农民的民主管理能力。同时，放权后的政府主要为农民提供培训、技术指导、协调等工作，不仅强化了政府的服务意识和服务功能，促进了政府职能的转变，也让农民认识到政府是为农民服务的，政府和农民的利益是一致而非对立的。

伴随参与式扶贫实践在国内的推进，参与式扶贫日趋完善并开始具有本土化特征。在倡导社区成员积极、主动参与项目的同时，也更加尊重乡土知识和文化，注重与乡村各主体建立伙伴关系，等等。作为一种有效的扶贫工作方式，参与式扶贫能够有效改善贫困地区农村生产生活条件，促进生产发展和农民收入增加，提高农民民主管理能力以及促进政府职能转变。同时，参与式扶贫模式强调贫困人口的主动参与、平等赋权及互动合作，这对于激发贫困人口内生动力，建立其对未来生活的有效预期和信心，并提高社区凝聚力和合作水平，实现稳定长效脱贫以及贫困村社区建设显然具有更重要的作用和意义。

（二）小额信贷扶贫及信用村建设

小额信贷模式最早由孟加拉国经济学家穆罕默德·尤努斯于1974年创办，1983年正式成立孟加拉乡村银行——格莱珉银行。孟加拉乡村银行的小额信贷模式是一种利用社会压力和连带责任建立起来的组织形式，是当今世界规模最大、效益最好、运作最成功的小额贷款金融机构。在过去四十多年的时间里，小额信贷帮助当地千百万人脱离了贫困，是经济政策与社会政策并重发展下的优秀范例，并在国际上被大多数发展中国家模仿或借鉴。联合国将2005年定为“国际小额信贷年”，并促进小额信贷计划在全球的发展，为“千年发展目标”做出贡献。2006年，尤努斯因其成功创办孟加拉乡村银行而荣获诺贝尔和平奖。

作为一种成熟的微型金融扶贫模式，小额信贷具有以下特点：瞄准最贫困的农户，并以贫困家庭中的妇女作为主要目标客户；提供小额短期贷款，按周期还款，整贷零还，这是模式的关键；无须抵押和担保人，以五人小组联保代替担保，相互监督，形成内部约束机制；按照一定比例的贷款额收取小组基金和强制储蓄作为风险基金；执行小组会议和中心会议制度，检查项目落实和资金使用情况，办理放、还、存款手续，同时还交流致富信息，传播科技知识，提高贷款人的经营和发展能力。小额信贷是在适应市场经济条件下，大量穷人的信贷需要无法被正规金融机构满足，而产生的一种专门为穷人提供信贷服务的信贷形式。四十多年来，小额信贷扶贫在国际上形成了多种模式，但其运作基于一个共同的观点，即认为贫穷的人都有未开发的技术。国际主流观点认为，各种模式的小额信贷均应包含两个基本含义：一是为大量低收入（包括贫困）人口提供金融服务；二是保证小额信贷机构自身的生存与发展。这两个既相互联系又相互矛盾的方面，构成了小额信贷的完整要素。从本质上看，小额信贷既是金融服务向贫困人口的扩展，又是在发展视野下农村扶贫工作的政策创新。

事实上，新中国建立初期已经产生了由农村信用合作社运作的小额信贷服务，以解决个体农民存在的资金困难问题。进入20世纪90年代以后，一些非政府组织开始借鉴孟加拉国乡村银行的传统“团体联保贷款”模式，主要依靠国际捐助和软贷款，在贫困地区农村进行小额信贷扶贫的探索和尝试。如中国社科院农发所试点组建的“扶贫社”、国际粮食计划署建立的粮食保障小额信贷项目以及澳大利亚国际开发署援助的青海海东农业银行小额信贷项目等。而由于中国政府商业银行对小额信贷机构提供融资支持，在一定程度上限制了小额信贷扶贫模式的发展。1998年，在《中共中央关于农业和农村工作若干重大问题的决定》中，中国政府首次以文件形式肯定了小额信贷扶贫到户的有效做法，提出“总结推广小额信贷等扶贫资金到户的有效做法”，提出做到“扶贫到户”。此后，随着国家扶贫政策的推进，“政策性小额信贷扶贫项目”开始在四川、云南、广西、贵州、江西、山西等地迅速发展起来，国家扶贫、民政、社会保障、残联、妇联、工会等部门和社会团体先后参与其中，形成了多种多样的农村小额信贷扶贫模式。

21世纪以来，为了进一步解决“农户贷款难”问题，中国农村合作金融机构开始发放“小额信用贷款”和“农户联保贷款”，逐步扩大了小额信贷扶贫的资金来源。《中国农村扶贫开发纲要（2001—2011年）》也再次重申了小额信贷扶贫的重要性，提出要积极为当地推广扶贫到户的小额信贷，支持贫困农户的生产发展。2005年以后，农村小额信贷的发展环境和市场需求逐渐形成，小额信贷机构从早期的国际非政府组织推进，随后的政府组织大力支持倡导，逐渐走向多元化的小额信贷提供者参与的新阶段。中国小额信贷发展的整体形势已经形成了巨大的规模与影响，在扩大小额信贷覆盖面的同时也探索实现农村金融信贷的可持续发展。

由于信用是一项重要的社会资本形式，农村信用环境建设也是提高农村金融服务水平，增强农民信用意识，改善农村信用环境和融资的一项重要内容。近年来，国家提出农村金融综合改革工作，要求开展创建信用乡(镇)、信用村和评定信用户工作，旨在改善农村金融生态环境，加强农村基层党组织建设，从根本上解决农民“贷款难”问题，以及全面推广普惠制金融和建设“信用三农、诚信社会”。由此，广东、河南等地开展了一系列的信用乡（镇)、信用村以及信用户的建设和评定工作，这对于增强农村居民信用社会资本的投资建设具有重要意义。

案例

四川仪陇的小额信贷模式

在充分发挥国家金融机构信贷支农“正规军”作用的同时，四川仪陇县还大力发展“草根金融”——扶贫互助社，即通过建立社会化服务机构，培育以农户入股为主的村级资金互助合作组织，创新小额信贷扶贫的方式，帮助农民通过互助合作，提高自我发展能力，增强“造血”功能，有效弥补金融服务覆盖面不足、贫困户贷款难等问题。

扶贫互助社按照“入社自愿，退社自由”的原则，采取“富裕户入股，一般户配股，贫困户赠股”的方式，富裕户每户出1000元，一般户出500元，政府配套500元，对群众评选出的特困户，由政府出资赠一股。

“以前在银行贷款，要房产证或车辆物资作抵押，我们农民哪有这些？而且银行方面还要反复论证，最少半个月，实在太慢了。”仪陇县大风乡金盆村农民李辉告诉记者，在扶贫互助社借款，不用抵押，几分钟的时间就能办好。

据李辉介绍，2012 年，他看到农村很多农户建新房，需用汽车运输建筑材料，于是在互助社借款 4 万元，买了一辆农用车搞运输，获得了很好的经济效益，半年时间就还清了借款。

“一般性的金融机构都有‘嫌贫爱富’的属性，只有在资产质押的情况下才能放贷，但贫困人口恰恰没有资产，仪陇县扶贫互助社用创新的办法破解了这一难题。”中国人民银行南充市中心支行相关负责人表示，2014 年 4 月，由国家商务部经济技术交流中心与联合国开发计划署合作开展的农村金融创新试点在仪陇正式启动，目前该县已有 70 多个村建立了资金互助社，互助资金规模超过了 4000 万元。

2016 年 2 月，仪陇县委办、政府办联合下发了《关于进一步规范村级扶贫互助社发展的意见》，就规范运行、强化管理、完善保障三大方面做出了二十一条规定。其中，不乏创新之举，譬如，“单个互助社资金规模原则上不超过 300 万元”，经过特批的“最高额不超过 500 万元”；对社员单笔入社与支取金额也有突破，即入社“单笔最多不超过 10 万元”、支出“5 万元以上的要提前三天预约”等，因特殊原因还可以跨相邻两个村发展社员，以及“截至 2016 年底，互助资金规模未达到 50 万元的，原则上按程序退出并注销”等。

据了解，仪陇县拟用四年时间，通过财政补贴（10 万元/家）、社员自筹、社会捐赠相结合的方式，在现有 41 家村级扶贫互助社的基础上，在贫困村再新增扶贫互助社 70 家（今年新增 35 家），力争资金总规模从 4903 万元升至 1.2 亿元，并规定互助社中建档立卡贫困户占入社总户数的比例不低于 60%，以此拓宽贫困户致富增收渠道，充分激发贫困村脱贫出列的内生动力。

资料来源：仪陇金融扶贫“贷”出一片新天地［N］. 南充日报，2016-12-05（A1）.

案例

重庆綦江推进信用村、信用镇建设，使社会信用建设深入农村

作为重庆社会信用体系建设试点区，綦江区着力探索推进信用村、信用镇的评定工作，加快推进农村信用体系建设，使社会信用体系建设能够有效延伸到各村、各户。

"在信用村镇建设上，已经取得了阶段性的成绩。"试点区负责人介绍，2015年度綦江区评出信用村20个，对信用村30个涉农经营主体贴息10万余元。2016年度评出信用村68个，信用镇1个。

据悉，目前，綦江区已经初步形成信用村、信用镇的评定方法以及贴息办法，对信用村、信用镇实行"一年一评"，每年对上年度进行申报考核评定。同时，对上年度已评定授牌的信用村、信用镇进行复审。

未来1~2年的时间，綦江区将全面建立公共信用信息系统，确立信用监管体系，培育信用服务市场，让守信联合激励和失信联合惩戒机制在主要领域有效发挥作用，基本建立起辖区社会信用标准体系。推动信用村、信用镇（街）评定和建设工作，实施信用村贷款贴息等信用激励政策。

资料来源：重庆綦江社会信用建设已深入农村 信用村、信用镇成典范[N/OL].（2017-07-03）. http：//cq. cqnews. net/html/2017-07/03/content_42138483. htm.

四、参与式扶贫：重庆万州区社区主导型发展模式

万州区位于重庆东北部，处三峡库区腹心，区位独特。全区总面积3456平方公里，下辖52个镇乡、448个行政村、183个社区。万州区是重

庆市最大的区，同时也是国家扶贫开发工作重点地区。由于贫困村集中分布在边远山区，贫困程度深，生存条件差，致贫因素多，万州区面临艰巨的扶贫开发任务。

自 2007 年开始，由中国国际扶贫发展中心牵头指导，重庆地方政府开始与世界银行合作，在万州区开展世界银行第五期扶贫项目。项目覆盖到走马镇坝梁村、凉风村、渡河村等 12 个行政村，项目内容主要涉及社区基础设施和公共服务、社区发展基金和能力建设、可持续土地管理和适应气候变化、项目管理等四个方面。2010 年 10 月，万州区扶贫项目正式启动，项目计划总投资 4442.35 万元。截至 2015 年 12 月 31 日，万州区共完成投资 4522.96 万元，占计划总目标的 101.81%。其中，12 个项目村共实施 152 个道路及桥涵项目、58 个水利设施项目以及 7 个文化环境项目。

5 年来，扶贫项目的实施极大地改善了农村群众生产生活条件，人居环境得到优化，有力推动了地区农业产业化的发展。同时，项目实施以社区主导型发展（CDD）模式为主，将村民作为扶贫主导性力量，有效瞄准村民急需解决、最想发展的项目进行实施，引导村民在项目建设中自主参与、管理和执行。通过社区主导型发展模式，充分提高农户的民主意识，加强了农村基层组织建设，也更好地完善了政府面向社区的服务体系，社区主导型发展再次被证明是有效建构社会资本的反贫困行动模式。

（一）社区主导："让群众说了算"

作为一种全新的发展和减贫方法，社区主导型发展模式在世界银行等国际机构推动下，逐渐形成了一套固定的操作流程和步骤，包括宣传发动→竞争定村→组建村级管理组织→项目准备→项目竞争→项目审核→项目实施→竣工验收→后续管理→项目总结等阶段。CDD 模式的主要特点是将资源和决策的控制权交给社区和贫困人口，通过社区构建自己的制度和规则来决定其自身发展相关事宜，即在项目前期规划、项目实施管理、项目建后管护等各个环节都“让群众说了算”，规划怎么定，群众说了算；项目怎么实施，群众说了算；财务怎么管，群众说了算。

CDD 项目“落户”走马镇后，当地镇政府和项目村村委会就开始进行积极的宣传动员。通过召开临时院坝会议、举行项目小组会议等方式，项目组将村民召集起来，一起商讨村里与生产生活息息相关的大小事宜，包括修公路、整坪塘、筑便道、修建村民文化广场、整治社区垃圾污染、发展社区救助基金等。由于 CDD 模式的核心理念是社区主导，即要求村民实现自主参与、自主管理，变“要我做”为“我要做”。为此，项目在乡镇、村、组成立了三级小组。其中，在乡镇成立了项目领导、实施、监督小组，设置项目办和协助员，负责项目的指导监督、协调服务；在自然村，由全村农户大会表决推选项目决策委员会和监督委员会，具体负责项目的评选和决策，制定相关制度，重大事项必须经全体村民讨论决定；在村民组则通过民主选举成立了项目实施小组，具体负责项目的申报，中选项目的实施、组织、管理和后续维护等；同时选举成立项目监督小组，负责监督实施小组的工作。在项目实施过程中，充分尊重村民的选择权、决策权、实施权和管理权。项目竞争排序评选由全体村民参与，决策实施项目并自主询价采购，开设村级项目专项资金账户，实行三人共管。村民投工投劳并对项目的质量和进度进行全程监督，全体干部不得参与工程承包，项目建成后由受益农户共同管护。

一开始，CDD 项目繁多的程序、规则让村民有些不习惯和不理解。但随着项目一步一步进行，村民逐渐看到按照严格程序实施的项目收到了良好的效果。在参与项目实施的全过程之后，他们认识到“明规则”所带来的公平正义，意识到自己不仅是公平正义的享有者，更是公平正义的缔造者，从而培养了他们的制度意识。以往，村民可能会因为田边地角的争议就大打出手，甚至发生过两个村民因为一棵树的权属争议而持械砍人的事件。CDD 项目引入之后，村民制度意识明显提高，遇到纠纷时，大家会坐下来一起商量解决问题，再不会像以前那样动辄打架或者找政府闹事。走马镇马安村7组位于台地之上，四周为直立的陡崖，2014年之前仍然未通公路，交通极其不便。台地中央较为平坦，但水源只能依靠天然降水，人畜饮水较困难，灌溉条件差。因而在推选竞争项目的问题上，村民间出现了较大分歧。一些村民推选整治山坪塘项目，以解决基本的饮水和灌溉问题；一些村民则要求推选修建公路，以解决出行困难的问题；也有少数村民有其他的推选意愿。为此，项目小组专门召集村民大会，公开投票，最终修建公路项目得票最高获得通过。正是村民们的群策群力，该项目也在最终的村项目竞争评选中胜出，并顺利实施，有效改善了村民出行的交通条件。

（二）村民参与："出钱出力做村里自己的事"

CDD项目实施过程中，不仅给予村民充分的选择权、决策权，顺应社区本土化的需求与资源条件，由社区主导扶贫项目的选择和实施，也逐渐改变了以往村民"等、靠、要"的思想观念，增强了村民主动参与建设家园的意识和热情。

经过多轮村民大会和投票评选，项目村村委会相继推选出村级道路、人行道路、便民桥、堡坎建设、渠堰整治、山坪塘整治、人畜饮水池建设等一批改善生产生活的设施建设项目。而在项目实施管理的关键阶段，村民有钱的出钱，有力的出力，积极参加平整路基、铺筑片石、改房改厨、挖填土方等义务劳动。通过参与万州CDD分项目实施的全过程，村民们普遍感觉到自己的管理能力得到了很大的提高。原来村里开会"无人问津"，甚至还索要"开会辛苦费"，现在村里开会村民的积极性非常高。原来开会不敢发言、不会发言的村民，现在在会上发言踊跃，积极表达他们的内心诉求。原来不知道如何管理维护工程设施的村民，现在学会了管理维护技术。村民们积极投工投劳并参与项目的实施、工程质量的监督和后续的管理，并希望像这样“用国外的钱做村里自己的事”的项目能多实施一些。

CDD 将项目的选择权、实施权和管理权交给社区村民，把资金账户直接开设到村，并建立了严格的资金管理要求。CDD 实行先编制年度项目计划—上报批复—项目实施—验收—审计—符合程度—质量合格—报账—回补资金等模式，如果以上某阶段发生问题，将得不到世界银行的认可，其责任也要由项目村承担。因此，万州 CDD 项目广泛发动村民参与项目实施和资金运作的监督工作。例如，凉风村、冒水村、谷雨村等项目村村民每天轮流监督现场，有的村民自带卷尺丈量公路及人行便道的宽度、厚度；槽溪村、石窖村等村民拒绝为不符合要求的建筑承包商签字，直到承包商按照合同完成项目建设才同意签字。

项目实施小组在自主决策项目投资单价时，本着用较少的钱办较多的事的原则，坚持实事求是，精打细算，厉行节约，努力降低项目投资成本。据统计，在小型基础设施及公共服务子项目建设中，每个村按照同一个项目的技术标准，村民自主决定的预算单价要比国家定额预算的单价低，比过去传统式实施项目投资成本更低。同时，由于农户参与程度高，资金拨付环节减少，避免了项目资金的流失，工作效率提高，投资成本降低。项目监督小组在实地勘察槽溪村 6 组、7 组的硬化公路项目时，发现该项目作为组级公路设计标准超过村级公路，资金预算过大。后来经过及时的重新设计预算，该项目节约了近 8 万元的资金。①

（三）启示与思考

CDD 模式是参与式扶贫的重要行动实践。重庆万州区地方政府在中国

① 吴纪树. 论社区主导发展模式对乡村治理法治化的借鉴意义——以重庆万州 CDD 分项目的实践为例 [J]. 中共太原市委党校学报，2016 (3).

国际扶贫中心以及世界银行的合作支持下，在走马镇12个行政村进行了一场社区主导、村民广泛参与的扶贫项目活动。通过引导村民组建项目实施小组、讨论推选扶贫项目以及监督管理项目实施等过程，CDD模式有效提高了贫困村和农户自我组织、自我管理、自我发展的能力。同时，通过地方政府在项目实施过程中为项目村提供支持与服务，促进了基层政府的职能转变，走马镇镇政府正是在CDD项目实施中汲取了成功的经验。后来农村一系列强农惠农政策的落实，他们都会组织村民“一事一议”，采取听证会、票决制等方式决策，力求公开、公平、公正，村民的积极性、参与度、认可度非常高，也提高了政府提供农村公共服务的水平。这为探索和建立适合中国国情的大规模社区主导发展项目的运行和管理模式提供了重要的借鉴意义。

与一般政府主导的扶贫项目相比，CDD模式有助于解决传统扶贫方式中群众参与度低的问题，也能够充分关注社区群体尤其是弱势群体、妇女等的发展诉求，更具有包容性和可持续性，扶贫资金的使用效率也更高。同时，以CDD模式为代表的参与式扶贫，突出对贫困人口赋权和社区参与，不仅能够有效调动贫困社区村民的参与积极性，以及加强基层组织建设和治理能力提升，也在村民广泛参与的项目实施过程中，扩大了村民之间及其与外部组织的互动和合作，提高了村民参与、合作的意识和能力，在产生有效物质资本投资效益的同时，也积累了社区建设的人力资本以及社会资本，这对于村庄可持续发展具有更重要的价值和意义。

五、小结

如前所述，伴随人们对经济发展根源认识的不断深化，从最早关注物质资本，到看重技术资本，再到后来关注人力资本和文化资本，直到近年又将研究目光聚焦于社会资本，反映了人们对于促成发展的要素的认识越来越全面和深刻。这种认识也为人们探讨反贫困路径模式提供了更具可操作性的方案。

目前，社会资本作为农村扶贫工作中一项重要的战略资源，已成为扶贫领域理论研究者和实践工作者的共识。对贫困人口而言，社会资本不仅可以增加他们获取必要社会支持以及实现发展目标的机会，也可以增强他们在精神上的社会归属感和充实感。同时，社会资本是一种特殊的资源形式，不会因为使用而枯竭，正如林南所指出的，社会资本的积累速度比人力资本要快得多，人力资本的积累速度呈算数速度增长，而社会资本的积累呈指数速度增长。中国贫困农村正处于传统社会资本流失、现代社会资本尚未建立的中间阶段。如何修复与拓展农村社会关系网络、扩大农村贫困人口的人际信任，以及强化公共治理的制度性和规范性，提高政府及基层治理组织的公信力，对于农村现代社会资本转型以及由此推动的农村减贫和经济社会发展都具有重要的推动作用。

结合中国扶贫开发的演进历程来看，从救济式扶贫到开发式扶贫以至参与式扶贫和精准扶贫，实际上也体现出国家主导的扶贫开发在不同历史阶段，基于物质资本、人力资本以及社会资本方面进行的投资。特别是21世纪以后，中国扶贫开发已经从以解决温饱为主要任务的阶段转入巩固温饱成果、加快脱贫致富、改善生态环境、提高发展能力、缩小发展差距的新阶段，政府主导的扶贫开发开始更加重视社会资本在农村反贫困中的作用，提出参与式扶贫的理念和工作方法，强调加强农村基层组织建设和社区治理，加大农村合作组织和社会组织培育力度，从而增进贫困人口的参与、合作和社区归属感。

同时，在推进城乡统筹战略、加快公共服务均等化等宏观制度建设层面，中国不断强化国家公共治理的制度性和规范性，从制度层面减少和规避农村人口特别是贫困人口的结构性致贫因素。虽然当前中国尚未明确提出基于社会资本投资的反贫困政策设计和机制安排，但社区主导型发展模式、小额信贷扶贫、社区建设和基层治理、农村合作组织和社会组织建设等举措的提出，无不有利于加强农村社会资本的构建和维系，一方面通过增强贫困人口参与性、扩大贫困人口社会网络、提高贫困人口社会支持和信任水平等方式，推进贫困人口社会资本建设；另一方面也通过社会资本的投资和使用，继续扩展农村贫困人口的社会资本存量，为农村反贫困及可持续发展提供基础性动力。

·第六章·

基于三维资本协同反贫困的政策模式及其治理实践

改革开放以来，随着国家扶贫投入力度的不断加大，中国农村贫困问题逐步得到解决，扶贫开发取得了巨大成就。2011 年至 2015 年，现行标准下农村贫困人口减少 1 亿多人、贫困发生率降低 11.5 个百分点，贫困地区农民收入大幅提升，贫困人口生产生活条件明显改善，上学难、就医难、行路难、饮水不安全等问题逐步缓解，基本公共服务水平与全国平均水平差距趋于缩小。与此同时，伴随大规模绝对性贫困现象基本消除，农村贫困人口的结构和分布也开始发生显著变化。

据统计，截至 2015 年底，中国还有 5630 万农村建档立卡贫困人口，主要分布在 832 个国家扶贫开发工作重点县、集中连片特困地区县（以下统称贫困县）和 12.8 万个建档立卡贫困村，多数西部省份的贫困发生率在 10%以上，民族八省区贫困发生率达 12.1%，且剩余贫困人口以老年人、残疾人为主，超过 92%的贫困人口是初中以下文化程度，42.2%的贫困人口主要是因病致贫，16.8%的家庭缺少劳动力，因病、因学、因婚、因房等问题返贫情况时有发生，新型贫困人口问题凸显。① 还有一些贫困人口生活在自然环境比较恶劣、生态系统相当脆弱的地区，脱贫条件差，脱贫难度较大，这对中国实现脱贫攻坚和全面建成小康社会提出了巨大挑战。

---

① 实施精准扶贫精准脱贫 坚决打赢脱贫攻坚战（展望“十三五”）［N/OL］. 人民日报（2016-04-27）. http：//politics.people.com.cn/n1/2016/0427/c1001-28306797.html.

中国政府始终重视贫困问题的解决，在中华人民共和国成立以后近七十年的反贫困历程中，政府与扶贫开发各参与主体，一直在不断探索和改进有效的农村反贫困方式和方法。党的十八大以来，中国提出精准扶贫精准脱贫的战略举措，成为当前及未来一段时间中国扶贫开发的指导性思想，也标志着农村扶贫开发理念从大规模的区域发展战略转向区域发展与贫困人口能力建设并重，对农村扶贫开发的瞄准机制、扶贫开发手段、扶贫开发组织体制等方面均产生了重要影响。在此背景下，建立完善三维资本协同反贫困机制不仅是推进精准扶贫脱贫攻坚的现实要求，也是总结和创新扶贫开发新阶段政策安排和行动模式的重要内容。

一方面，三维资本协同的反贫困机制强调物质、人力以及社会等多种资本形式的投入和开发，不仅有助于推动形成政府、市场、社会共同参与的大扶贫格局，也是从理论上对当前多维贫困理论的反思和回应；另一方面，三维资本协同的反贫困机制与当前创新扶贫机制、因人因户精准扶贫的理念和战略要求具有根本的一致性和切合性，即要求优化扶贫资源配置，提高扶贫资源投资效益，以及建立以人为本、满足贫困人口多元需求取向的反贫困政策模式和机制安排。

同时，三维资本协同反贫困具有两方面的含义：一是在扶贫政策设计和行动模式上注重三维资本之间的关系，从物质、人力以及社会资本的多维度投资和开发来解决贫困问题；二是优化贫困地区物质、人力和社会资本的分配与配置，有针对性地实施相应的反贫困政策措施，以提高扶贫资源的利用效率，更好地实现反贫困目标。当前，虽然三维资本协同反贫困机制仍然处在理论倡导阶段，但事实上，中国政府提出并实施的一些扶贫开发模式已经具有三维资本协同反贫困的特点，如涉农资金整合机制、驻村帮扶机制、社会工作扶贫、政府购买服务扶贫等。这些机制和模式不仅从物质资本方面进行相应的投资，同时也以人力资本投资为导向，并注重扶贫过程中社会资本的投资和开发，以多元化、综合性方式解决贫困人口脱贫发展问题。

一、三维资本协同反贫困的减贫机理

资本与贫困的关系由来已久，无论是解释贫困产生的原因，还是建立有效的反贫困实施路径，资本始终处于核心位置，即资本的匮乏是造成贫困的主要致贫因素，而增加资本存量也成为反贫困的基本逻辑。一方面，贫困的研究概念经历了物质贫困、人文贫困以及社会排斥等多维度的变化演进；另一方面，研究者也形成了基于物质资本、人力资本和社会资本投资的反贫困研究范式。

从中国农村扶贫开发的历史进程来看，物质资本是政府主导扶贫模式的基本投资形式，中央和各级政府通过向贫困地区输入资金、物资等方式，帮助改善贫困地区人民生产生活条件，并促进贫困地区本身资源的开发和利用。同时，在从救济式扶贫到开发式扶贫以至精准扶贫战略的发展过程中，政府在不断加大物质资本投入的同时，也逐渐认识到人力资本、社会资本投资的重要性，并提出劳动力技能培训、参与式扶贫等政策模式，以提高贫困人口自我发展能力和内生发展动力，增加贫困地区贫困人口的人力资本和社会资本存量。当前，伴随反贫困理论研究的进一步深化，以及三维资本之间的相互关系，基于三维资本协同的反贫困机制建设越来越受到人们的倡导和关注。从减贫机理看，有必要认识和把握三维资本之间的关系以及系统理论、协同论、合作型反贫困理论等相关理论基础，从而更好地引导政府建立有效的三维资本协同反贫困机制。

（一）三维资本之间的关系

如前所述，物质、人力以及社会资本的缺乏都将造成或加剧贫困人口的贫困程度，因而基于三种资本形式的投资和开发能够增加贫困人口的资本存量，从而缓减或解决贫困问题。而作为同一时空中的三种资本形式，物质资本、人力资本和社会资本在独立发挥反贫困作用的基础上，也具有一定的关联性。

物质资本和人力资本是较早为人所重视的资本形式。古典政治经济学家亚当·斯密就曾提出“劳动是财富之父，土地是财富之母”的著名论断。马太效应理论也说明，越富裕的人因为拥有更多的经济资本，也会在下一轮的经济竞争中占据积累优势。而贫困人口由于缺少经济资本，将很难分享市场经济发展带来的成果。可以说，物质资本是人力资本、社会资本等其他形式投资的基础。现金、物资等物质资本形式的投资可以为个体投资自身文化知识、工作技能、健康体魄、流动迁徙以及各种荣誉提供必要的基础性条件；物质上的充裕也使得个体有更多精力和资源参与各种类型的社会网络组织，从而扩展其社会资本存量。贫困人口往往由于缺少资金，难以在提升人力资本的教育、健康等方面进行投资，加之贫困地区教育、卫生条件普遍落后，物质资本的匮乏及其导致的人力资本投资不足，共同造成贫困以及贫富差距问题。

从人力资本的角度看，它一方面可以经过劳动力的市场转换，获取物质资本的回报和补偿，也即人力资本可以创造物质资本；另一方面，人力资本也是建构社会资本的必要条件，个体社会资本的积累除了需要物质资源和宏观制度文化环境的支持以外，还需要个体具备一定的社会交往能力，这种能力的获得与个体的文化知识水平、经历经验以及流动迁徙的信息能力密切相关。知识丰富、社会声誉高的个体，其社会流动的频率一般也较高，社会交往范围相对比较广泛，由此也形成了比较突出的社会关系网络能力。相反，那些人力资本匮乏者往往在创造社会资本方面也不具备优势。

社会资本作为一种特殊的资本形式，不依附于任何物质资本的存在而产生。但社会资本作为一种潜在的社会资源，能够在个体陷入困境时提供必要的社会支持，因而对个体发展以及风险防范具有至关重要的作用。同时，社会资本可以为行动者提供关键性信息资源以及其他资源支持，能够降低交易双方的交易成本，减少交易风险，促使形成有利于行动者方向的资源配置，并有效解决集体行动中的非理性困境。但由于社会资本转化成物质资本和人力资本的过程相对比较复杂，个体对社会资本的投资与获得回报又存在时间间隔的风险性，这也使得不同的个体对投资社会资本的态度有较明显的差异。但社会资本不仅具有生产物质资本的功能，也能够提升主体的社会声誉和社会地位。此外，社会资本具有与物质资本和人力资本显著的差别，即社会资本在不断使用的过程中不仅不会被消耗减少，反而能够得到进一步的维护和强化，因此，从社会资本的角度来看，它对于物质资本、人力资本的形成特别是开发利用，同样具有重要的促进作用。

因此，基于物质资本、人力资本和社会资本进行的投资不仅能够产生不同资本形式的减贫效益，也能够形成一定的合力和促进作用。总的来看，物质资本和人力资本有助于个体扩大社会关系网络规模，改变社会关系的类型，从而建构更加有利于实现行动目标的社会资本；社会资本则能够起到润滑剂的作用，为物质资本和人力资本发挥最佳效能提供更加便利的条件。

（二）建立三维资本协同反贫困机制的理论基础和政策倡导

扶贫资源的投入和开发主体最终要归结到人以及各类组织机构，因而建立三维资本协同反贫困机制不仅仅强调扶贫投入的资本形式和内容，还侧重扶贫投入主体、过程、方法和手段的统筹协调，即三维资本协同反贫困机制应建立在多元扶贫主体的参与、多维扶贫资源的投入以及综合性扶贫方法的使用基础上，是扶贫资源的统筹安排和优化配置，同时也是扶贫主体的多元合作和协同参与。从理论上看，系统理论、多元协同扶贫理论以及合作型反贫困理论中都有对于多维贫困以及协同扶贫机制的阐述，为建立三维资本协同反贫困机制提供了一定的理论依据和基础。

系统论强调将有机体作为整体或系统来研究，提出以客观的数学模型将抽象的客体系统作为研究对象，着重研究系统中整体与部分、整体与层次、整体与结构、整体与环境之间的关系，而非系统的具体物质形态。因此，系统贫困论认为贫困是由诸多综合因素系统运行的结果，并形成了贫困的区域经济社会系统。分析中国贫困问题，必须将其作为一个整体，全面、系统地分析造成贫困的各个因素，并针对这些因素提出具体可行的措施。可以说，系统贫困理论摆脱了以往对贫困平面、静态的描述，实现了从更广阔的视野来研究贫困问题。同时，从系统论出发，贫困地区减贫发展也可以被看作是一个系统性工程，因而需要统筹协调减贫与经济、社会、政治、文化、生态建设发展的关系。

协同理论认为，任何一个管理系统中，各个元素之间的协调、协作如果可以形成拉动效应，推动事物共同前进，导致事物间属性互相增强、向积极方向发展，那么就会产生“1+1+1>3”的协同效应。反之，整个系统可能会陷于一种失控失序的状态，结果只能是“1+1+1<1”甚至“1+1+1<0”。基于此，研究者提出了多元协同扶贫理论，提出扶贫不仅涉及各不同行政区域地方政府及其部门的协同，还涉及市场、社会的协同互动和参与，以实现扶贫绩效最大化。伴随贫困概念的拓展和深化，贫困不仅被看作是贫困者处于低收入和缺乏能力的状态，更是一个经济、政治和社会活动中因参与不足而被边缘化的过程。因此，要消除贫困，不仅要投入物质资本和人力资本，更要投入社会资本，以促进贫困者的社会整合和社会融入。从本质上看，多元协同扶贫是一种社会行动，并以贫困者需求为导向，强调在政府主导的扶贫过程中，突出市场、社会力量的参与和多主体投入，并处理好政府、市场、社会等不同扶贫主体之间的关系，实现参与主体之间的协同、合作。可以说，政府、市场与社会协同参与贫困治理的过程，实际上蕴含着体制外和体制内等多重资源的有机整合，以及政府制

度化扶贫方式与社会灵活性的扶贫方式的多元融合。

合作型反贫困理论强调通过农村反贫困行动中各相关利益主体之间的合作，从制度层面构建可持续的农村反贫困机制，这样不仅有利于消除收入贫困，而且有利于从能力、合作机制、治理结构等更深层面，为贫困农户的脱贫乃至贫困地区社会、经济、政治等诸方面的协调和可持续发展构建制度基础。伴随农村开放式的社区结构以及农民分化日趋明显，完全通过政府行政传导或完全不需要政府介入来实现反贫困是不现实的。合作型反贫困理论强调基于政府、社区组织、农户各自优势，建立起一种有效的官民合作、贫困群体合作以及社区主体间的合作机制，同时政府与贫困群体之间应建立起一种通力协作关系，而区别于参与式反贫困的赋权理念。合作型反贫困理论强调政府、社会力量与贫困群体的共同参与和有力配合；贫困户之间的相互帮扶；政府部门之间扶贫实践的良性互动等。在合作型反贫困理论中，反贫困的主体可以分为政府力量与社会力量，政府力量主要指地方相关涉及贫困治理的政府部门，其主要作用是在扶贫实践中进行扶贫部门以及行业之间的协调、沟通与互动。社会力量主要包括社会组织，如 NGO 和相关行业协会。从资本的角度来看，合作型反贫困也强调不同扶贫主体的参与和扶贫投入，尤其是从能力、合作等方面强调增加贫困地区贫困人口人力资本和社会资本存量，以建立可持续的农村反贫困机制。

与此同时，伴随研究者对三维资本协同反贫困机制的理论思考，中国政府在扶贫政策安排上也逐渐突出多元主体参与、多样化扶贫机制的政策理念和工作要求。2013 年，国务院下发文件，提出要更加广泛、更为有效地动员社会力量，以形成扶贫开发工作合力；2014 年初，中共中央办公厅、国务院办公厅发布《关于创新机制扎实推进农村扶贫开发工作的意见》，提出扶贫开发工作要使市场在资源配置中起决定性作用和更好地发挥政府作用，更加广泛、更为有效地动员社会力量，构建政府、市场、社会协同推进的大扶贫开发格局，在全国范围内整合配置扶贫开发资源，形成扶贫开发合力；其后，国务院在《关于进一步动员各方面力量参与扶贫开发的意见》中再次强调，要形成政府、市场、社会协同推进的大扶贫格局，支持社会团体、企业等各类组织积极从事扶贫开发事业。这些不仅从政策顶层设计上提出了通过扶贫实践创新提高扶贫绩效的工作要求，也彰显了构建多元主体协同参与反贫困机制以及多维资本整合投入反贫困机制的意义和价值。

二、基于三维资本协同反贫困的模式探索

扶贫开发是一项长期性、综合性、系统性的工程，尤其是当前多维贫困理念下，不同贫困形态具有不同的发生机制，因而需要多方面扶贫资源和扶贫工作形式的介入。三维资本协同反贫困机制强调反贫困过程中基于物质资本、人力资本以及社会资本的多维投入和开发，实际上也包含了反贫困对于多维贫困形态以及不同贫困人口多元需求的回应。因此，三维资本协同的反贫困机制反映在扶贫行动上，也即多元反贫困模式的探索和应用。以往，中国政府主导的农村开发式扶贫注重贫困地区贫困人口物质资本和人力资本的投入和开发，而新阶段以精准扶贫为代表的减贫方略在强调扶贫开发精准性、有效性的同时，也更加重视三维资本的协同作用，尤其是人力资本、社会资本投资建设在农村反贫困过程中的价值和意义。当前，社会工作扶贫、政府购买服务扶贫等都是新阶段农村扶贫模式的重要创新，也体现了三维资本协同反贫困机制的扶贫模式探索。

（一）社会工作扶贫

作为一种专业活动，社会工作主要通过提供专业助人的服务，以增强个人与群体的人际关系和社会生活功能。社会工作最早源于西方工业社会的贫民救济或慈善事业，其发展历程与贫困和反贫困问题密切相关。可以

说，社会工作的专业方法、理念等，正是人们在与贫困及相关社会问题做斗争的实践中逐渐形成和发展的。社会工作对贫困者采取的个案工作、小组工作和社区工作方法等，已经成为扶贫工作的国际惯例。专业社会工作对缓解和消除贫困的先天优势与功能，也已为西方国家的实践所证实。历经百年发展历史，社会工作逐渐将关注点放在人类需求的满足与潜能开发上。

与西方发达国家相比，中国专业社会工作发展的时间还不长，但其在社会服务、社会治理等领域仍然取得了一定的成就。2006 年 10 月，中共中央十六届六中全会做出《中共中央关于构建社会主义和谐社会若干重大问题的决定》，提出要“建设宏大的社会工作人才队伍”，并指出“造就一支结构合理、素质优良的社会工作人才队伍，是构建社会主义和谐社会的迫切需要”。由此，社会工作成为中国社会建设的重要组成部分。根据民政部发布的《2015 年社会服务发展统计公报》《2016 年社会服务发展统计公报》等相关数据，截至 2016 年底，全国共有社会组织 70.2 万个，比 2015 年增长 6.0%。

随着社会工作的作用日益得到政府和社会的认可，国家开始推动专业社会工作在扶贫开发过程中发挥功能和作用。事实上，中国社会工作发展过程中，其服务触角早已深入教育扶贫、医疗扶贫、就业扶贫、灾后重建、生态扶贫、易地搬迁等城乡减贫和发展领域，扶贫对象涵盖个人、家庭、社区、组织等多个主体维度。

2012 年，民政部等 19 个部委联合发布《社会工作专业人才队伍建设中长期规划（2011—2020 年）》，明确提出，“实施社会工作专业人才服务边远贫困地区、边疆民族地区和革命老区计划……支持培养边远贫困地区、边疆民族地区、革命老区和广大农村社会工作服务人才”。随后，民政部又出台《边远贫困地区、边疆民族地区和革命老区人才支持计划社会工作专业人才专项计划实施方案》，提出从 2012 年到 2020 年，每年引导 1000 名社会工作专业人才到“三区”工作或服务，每年支持“三区”培养500名社会工作专业人才，发展“三区”社会工作事业。这一系列重大举措极大地推动了社会工作介入扶贫开发的力度。

截至2015年底，“三区”计划项目已经覆盖中国中西部23个省（区、市）的240多个国家或省级扶贫开发工作重点县、区；先后派遣3000多名社会工作专业人才到“三区”进行扶贫，开展个案工作6000余个，小组工作4800余次，社区活动6500余次，受益人群达210万人次，带动培养本地社会工作人才4000余人，取得了显著成效。① 同时，2015年、2016年连续两年的政府工作报告中，国家均提出要支持和发展专业社会工作。2015年，《关于打赢脱贫攻坚战的决定》明确提出实施“社会工作专业人才服务贫困地区计划”。2016年，民政部将国际社工日的中国主题确定为“发展社会工作，助力扶贫济困”，对鼓励和支持社会工作参与扶贫开发工作有着非常重要的导向意义。2017年，民政部、财政部和国务院扶贫办联合出台《关于支持社会工作专业力量参与脱贫攻坚的指导意见》，提出“社会工作专业人才是为贫困群众提供心理疏导、精神关爱、关系调适、能力提升等社会服务的新兴力量，在帮助贫困群众转变思想观念、树立自我脱贫信心、拓宽致富路径、提升自我脱贫能力等方面可以发挥积极作用”，进一步为社会工作参与扶贫开发提供了政策依据和政策基础。

结合各地实践来看，社会工作在中国扶贫开发过程中逐渐形成了一些相对固定的介入路径，如“委托-代理”型、“协作-互助”型以及“外展-介入”型扶贫路径等。特别是在政府职能转变以及精准扶贫精准脱贫背景下，社会工作介入扶贫不仅是对传统政府扶贫方式的有效补充，也从其扶贫理念和专业性等方面对政府扶贫创新产生进一步影响。

首先，社会工作者以“助人自助”为基本理念，强调对贫困人口的

① 2016年国际社工日主题宣传活动在京启动［N/OL］. 中国青年报（2016-03-15）. http://article.cyol.com/m/content/2016-03/15/content_12297325.htm.

“赋权”“增能”，主张协助“案主自决”以充分挖掘和发挥贫困人口的潜能和主动性，这与国家倡导的“造血式扶贫”“开发式扶贫”“参与式扶贫”等理念相一致。同时，社会工作者在实践中遵循个别化、差异化工作原则，能够根据需求与致贫原因的不同而为贫困人口提供针对性、多元化的服务，这与精准扶贫理念相契合。其次，与政府组织相比，社会工作机构的一大优势是链接与整合各方面可用资源。基层政府由于地域与权限范围的限制，所能动员的资源有限，社会工作机构则与其他社会组织、社会主体之间存在密切的组织网络与互动关系，其视野与活动空间相对基层政府更为广阔，因而能够结合政府与贫困者之所需，有针对性地引入多方面域外资源，与政府、企业、个人等多元主体形成扶贫合力，共同推动贫困地区减贫发展。再次，社会工作者强调以人为本，旨在恢复贫困者的社会功能，促进其个人及家庭的全面长远发展，不仅关注贫困者当下问题的解决，更着眼于贫困者长远发展的可能。在协助地方政府推动贫困人口经济脱贫的同时，社会工作者更加注重贫困者知识水平、劳动技能、文化素质、身心健康、社会融入、公民权利等方面状况的改善和提升，以及贫困家庭的经济发展和资产建设。可以说，社会工作参与的扶贫开发，不仅契合三维资本协同反贫困的理念，也能够在扶贫行动上整合吸引多种资本形式，并发挥不同资本形式的扶贫作用，起到提升经济水平、人力资本水平以及社会资本存量的综合性减贫效益。

案例

社工组织助力低收入村庄增收致富

2017 年 8 月 11 日，北京首个致力于促进低收入村户增收的村庄社工组织——社会工作服务站暨乡贤社会服务中心（以下简称“一站一中心”）在延庆区张山营镇胡家营村正式启动。

延庆区张山营镇是2022年北京冬奥会三大举办地之一，全镇上下正为建设冬奥冰雪休闲小镇而努力奋斗。受历史和现实因素影响，镇域内低收入村数量较多，胡家营村即为其中之一。此次成立的“一站一中心”，正是在镇党委和政府的关心支持下，发挥驻村第一书记桥梁纽带作用，协调朝阳区妇女儿童公益慈善促进会援建的帮扶对接服务平台。

胡家营村党支部书记胡顺泉介绍说，“一站一中心”成立后，将采取邀请乡贤共商发展、组织党员志愿服务、设立养老驿站、举办健康义诊、搭建电商销售平台、开展文化挖掘整理等方式，切实发挥社会工作服务机构和社会工作者在精准帮扶方面的独特优势，不断增强民众尤其是困难群体对社会工作服务的获得感。同时，伴随中心成立，三老议事会、红白理事会、巧娘手工社、国学兴趣社、党员爱心服务队、互助养老服务队、姐妹调解队、文体活动队等八支队伍也将为村民提供各类服务。

北京市委组织部组织处副处长朱兴东认为，“一站一中心”本着“助人自助、助力扶贫”的宗旨，链接社会资源、搭建帮扶平台，发挥专业优势、增进群众福祉，培育社会组织、创新乡村治理，开展了有针对性的社会工作专业服务，有助于推动村庄经济社会协调发展，对于促进低收入农户同步实现全面小康具有重要意义。

中国社会工作联合会常务副秘书长金莉表示，扶贫济困是社会工作的重要使命，发展社会工作是实施精准扶贫、促进村庄善治、共享家园红利的重要制度安排。胡家营村率先成立扶贫社会工作服务站，是发动社会力量、助力精准帮扶的积极探索，是凝聚乡贤力量、共建美丽乡村的重要途径，具有很好的学习借鉴意义和示范推广价值。

资料来源：中国青年网. 精准帮扶、社工同行，北京首个扶贫社会工作服务站亮相冬奥冰雪小镇［N/OL］.（2017-08-11）. http：//cunguan.youth. cn/jjsn/201708/t20170811_10492730. htm.

(二)购买服务式扶贫

政府购买公共服务主要是指政府发挥市场机制的作用，通过公开招标、定向委托、邀标等形式，将原本由政府承担的公共服务转交给社会组织、企事业单位履行，以提高公共服务供给的质量和财政资金的使用效率，改善社会治理结构，满足公众的多元化、个性化需求。从理论上来看，政府购买公共服务的理论基础包括公私合作理论、治理理论、激励规制理论等。萨拉蒙指出，为了实现社会建设的目标，政府应当将一些公共服务的任务委托给社会组织完成，而政府只需提供资金支持和负责掌握全局。20 世纪 80 年代以来，在政府提供服务的低效率和垄断性所产生的巨大压力下，英、美、澳、日等国家都逐步将政府购买公共服务作为重要环节纳入政府改革的实践框架之中，并取得了重大成效。

改革开放以来，中国公共服务体系和制度建设不断推进，公共服务提供主体和提供方式逐步多样化，初步形成了政府主导、社会参与、公办民办并举的公共服务供给模式。90 年代以来，政府购买服务机制在国家市场经济改革以及政府探索公共服务市场化过程中逐步发展起来。

十八大以来，中国政府不断强调要加强和创新社会管理，改进政府提供公共服务方式。2013 年 7 月 31 日，国务院总理李克强主持召开国务院常务会议，提出推进政府向社会力量购买公共服务的工作要求，标志着中国政府向“小政府、大社会”目标的职能转变和改革。2013 年 9 月 26 日，国务院办公厅印发《关于政府向社会力量购买服务的指导意见》，充分指出了政府向社会力量购买服务的重要性，提出了正确把握政府向社会力量购买服务的总体方向、规范有序开展政府向社会力量购买服务工作、扎实推进政府向社会力量购买服务工作等要求。随后，党的十八届三中全会通过《中共中央关于全面深化改革若干重大问题的决定》，提出了推广政府购买服务，凡属事务性管理服务原则上都要引入竞争机制，通过合同、委托等方式向社会购买的工作要求。2014 年，财政部印发《政府购买服务管理办法（暂行）》，进一步加快推进政府购买服务改革。

目前，虽然中国政府购买公共服务仍处于初级阶段，但不少地区进行了政府购买服务的探索和实践，政府购买服务行为陆续出现在精神卫生、社会工作、教育培训等领域。2005 年，国务院扶贫办与非政府组织合作，探索以“政府购买 NGO 扶贫服务”方式在江西实施村级扶贫规划项目，尝试消解传统扶贫管理体制的弊端。特别是在扶贫领域，政府购买服务扶贫成为新阶段国家倡导的创新性贫困治理形式。2014 年，国务院办公厅发布《关于进一步动员社会各方面力量参与扶贫开发的意见》，要求培育多元社会扶贫主体，加快推进面向社会购买服务，支持参与社会扶贫的各类主体通过公开竞争的方式，积极参加政府面向社会购买服务工作，政府部门择优确定扶贫项目和具体实施机构。2015 年，《关于打赢脱贫攻坚战的决定》强调，“在扶贫开发中推广政府与社会资本合作、政府购买服务等模式”。

政府购买服务扶贫的产生和发展具有一定的现实基础和理论基础。一方面，政府主导的农村开发式扶贫面临扶贫边际效益递减，扶贫资源越来越难以惠及扶贫对象，以及农村贫困区域集中连片、贫困人口能力水平不高、要素市场发展滞后、贫困人口扶持需求多样化等现实挑战，政府财政扶贫需要提供的发展扶持服务品种与数量越来越多。如何实现有效的供需对接，提高政府扶贫效率以及维护社会公平，需要扶贫工作理念的创新，需要改变传统的“单方供应、自我评估”的状态，引入“政府规控、部门购买、市场提供、群众参与”的扶贫服务新模式。

另一方面，政府购买服务扶贫也是合作型反贫困理论下探索出的一种新型扶贫开发模式，强调政府、社会力量与贫困群体的共同参与和有力配合，贫困户之间的相互帮扶，政府部门之间扶贫实践的良性互动等。这一扶贫模式的主体包括了政府力量和社会力量，其中政府力量主要指地方相关涉及贫困治理的政府部门，主要作用是在扶贫实践中进行各部门之间的协调、沟通与互动；社会力量主要包括社会组织、科研团体等，社会组织主要负责提供相应的财力支撑，科研团体提供相应的智力支撑。从各地实践来看，政府购买服务扶贫的典型模式包括了购买公益性岗位扶贫、购买社会组织扶贫等。

由于贫困治理是一个涵盖内部组织管理与外部贫困人口发展服务的系统工程，政府购买扶贫服务的重心在于针对贫困人口减贫发展提供支持和服务。扶贫部门的职能要由原来的政府直接为扶贫对象提供扶贫服务，转变为由社会服务主体围绕扶贫目标开展相关服务活动，政府提供财政购买并在此过程中进行监督与控制，使得扶贫资金直接作用于扶贫对象，同时支持社会组织的发展。作为一种扶贫机制和模式创新，政府购买扶贫服务不仅可以有效消解边际效益递减与扶贫资源难以惠及扶贫对象等开发式扶贫弊端，提升扶贫资源配置效率、放大财政支出乘数效应，还能够促进政府职能转变以及社会组织的发展和社会治理水平的提升。

案例

用政府购买服务打通精准扶贫“最后一公里”

2016年7月，安徽省合肥市新站区通过精准扶贫政府购买社工岗位，将扶贫救助和社会工作结合起来，把精准扶贫当作一个项目来实施，实现了精准扶贫的开放性，提高了扶贫救助的精准性、及时性和有效性。

其一，从社会招募来的社工，实行派遣制，直接接受区和社区领导小组办公室的监督管理，完成领导小组办公室布置的各项工作任务，对精准扶贫救助的各项考核负直接责任，可以从源头上规避“张冠李戴、优亲厚友”“以权谋私、坐地生财”“无中生有、虚报套取”“雁过拔毛、顺手牵羊”“欺上瞒下、挪作他用”的贪腐现象。

其二，经过专业培训的社工，知晓精准扶贫的相关政策，能很好地按照规定的系列流程规范性地开展精准识别等系列工作，协助社区（村）建立健全整合城乡低保、医疗救助、困难救助、教育救助等社会救助网络，可以从源头上避免诸如“仅用收入作为衡量标准、用村民投票方式决定是否享受低保”等简单化操作给精准识别贫困对象带来的失误。

资料来源：新疆青年网. 用政府购买服务打通精准扶贫“最后一公里”［EB/OL］.（2016-09-29）. http：//www. ccgp. gov. cn/gpsr/zhxx/df/201609/t20160929_7381045. htm.

三、基于三维资本协同反贫困的机制创新

近年来，中国政府主导的农村扶贫开发工作越来越重视扶贫机制的改革创新，包括改革贫困县考核机制、财政涉农资金管理使用机制以及完善干部驻村帮扶机制等。从三维资本协同反贫困的角度出发，这些都有利于消除扶贫过程中体制机制障碍，实现扶贫资源的优化配置，提高贫困社区贫困人口的资源承接和资本转换能力，从而提高扶贫开发工作的效率和效益。

（一）涉农资金整合机制

物质资本输入是实现反贫困的必要条件。近年来，中国逐步构建了针对贫困地区、贫困人口的财政综合扶贫政策体系，国家各级财政通过多种渠道增加扶贫开发的资金投入。而在扶贫投入规模不断增加的同时，贫困地区涉农资金使用管理仍然面临不少问题。特别是项目和资金的“碎片化”安排使用以及“专款专用”，在一定程度上制约了扶贫项目和措施的落地。从某种程度上讲，贫困县并“不差钱”，关键是要管好用好各类财

政资金。①

为进一步提高资金使用效益，保障贫困地区集中资源实现脱贫发展，政府于 2016 年出台优化财政涉农资金供给机制以及改革财政涉农资金管理使用机制的意见。根据政策要求，统筹整合使用的资金包括各级财政安排用于农业生产发展和农村基础设施建设等方面的资金。对纳入统筹整合使用范围的财政涉农资金，中央和省、市级有关部门仍按照原渠道下达，资金项目审批权限则完全下放到贫困县。

涉农资金整合机制旨在赋予贫困县统筹整合使用财政涉农资金的自主权，逐渐形成“多个渠道引水、一个龙头放水”的扶贫投入新格局，以激发贫困县内生动力。同时，国家提出，支持贫困县围绕突出问题，通过政府和社会资本合作、政府购买服务、贷款贴息、设立产业发展基金等有效方式，充分发挥财政资金的引导作用和杠杆作用，撬动更多金融资本、社会帮扶资金参与脱贫攻坚，以提高资金使用精准度和效益。在选择扶贫项目时，充分尊重贫困群众的意愿，积极推广群众民主议事决策机制，优先安排贫困人口参与积极性高、意愿强烈的扶贫项目，有条件的可吸收贫困村、贫困户代表参与项目评选和建设管理。②

2016 年，中央和省级财政专项扶贫资金首次突破 1000 亿元，同时下放资金使用管理权和项目审批权，到县比例从上年的 75%提高到 95%，全国各省（区、市）1/3 的贫困县开展了涉农资金整合试点。2017 年，国家继续提出在全面总结 2016 年整合试点的基础上，将试点范围扩大到全部 832 个国家扶贫开发工作重点县和连片特困地区县。

财政涉农资金统筹整合使用机制的建立具有重大的现实意义，对进一

---

① 新华社. 一场“刀刃向内”的自我革命——财政部副部长胡静林详解贫困县涉农资金整合［EB/OL］. 新华网（2016 - 06 - 27）. http：//news. xinhuanet. com/fortune/2016 - 06/27/c _ 1119119743. htm.

② 参见《国务院办公厅关于支持贫困县开展统筹整合使用财政涉农资金试点的意见》。

步优化财政涉农扶贫资金使用方向、使用结构、使用效率等方面将生产重大而深远的影响。以往，涉农资金存在“多头下达”“零敲碎打”“平均用力”“撒胡椒面”等问题，广为扶贫研究者及实践工作者所诟病。虽然国家一些部门如发展改革委、财政部、农业部、国土资源部等都有相应的资金项目，但由于资金使用分散或重复，扶贫效益并不显著。涉农资金整合机制的建立，不仅有利于加大扶贫项目的投入，也为充分发挥财政涉农扶贫资金使用效益提供了制度保障。同时，涉农资金整合有利于提高财政涉农扶贫资金规模和计划性，以及促进财政扶贫资金与信贷扶贫资金相结合，推动财政部门与金融部门在扶贫工作上的有机衔接，有效整合社会扶贫资源，积极提供融资、融智支持，这为物质、人力、社会等多维资本的投入和开发奠定了制度基础。

案例

湖南双峰县整合涉农资金支农惠农

2016 年 12 月 29 日晚，中央电视台《焦点访谈》分别以《“打酱油”还是“买醋”基层说了算》《政策活了，水渠通了》为题推出重点报道，以湖南省娄底市双峰县整合涉农资金整修“断头渠”为切入点，通过讲故事的手法，集中反映了双峰县先行先试，深化涉农资金改革、支农惠农的经验做法。这一报道反响良好。

双峰县属于财政贫困县，地处娄邵干旱走廊，如何利用有限的资金完善农村基础设施特别是水利灌溉系统尤为重要。过去，全县各涉农部门的支农资金自上而下分头管理，基层按项目申报，缺少整体规划、整体施工，导致有限的资金没有用在刀刃上，工程质量也得不到应有的保障。

为破解这一体制障碍，集中力量办大事，2013 年以来，双峰县大胆尝试，专门成立了“支农资金整合办公室”，县委书记当顾问，县长当组长，把原来分散在各个部门的涉农资金整合起来，由县里根据实际需要，统筹使用。制定了《双峰县涉农项目资金规划（2013—2020）》，打破了行政区域的界限，按水源工程和流域把全县分成四大片区统一设计规划，建立涉农部门联席工作会议制度，把涉农资金整合工作列入绩效管理考核范围。这些做法从一定程度上解决了资金难调配、项目缺少规划的问题，让农业基础设施建设得到全面科学推进，也让农民群众脱贫致富得到了真正实惠。

2016 年以来，中央、省先后出台文件，根据中央落实脱贫攻坚战的有关精神，支持贫困县开展统筹整合使用财政涉农资金的试点，把资金项目审批权限完全下放到贫困县。这一政策进一步为双峰深化涉农资金整合工作“松绑”，双峰县又整合了 1000 多万元涉农资金，对全县 14477 米的“断头渠”开始逐一整修。

资料来源：王威群. 央视《焦点访谈》报道双峰整合涉农资金支农惠农 [N/OL]. (2016-12-31). http://news.ldnews.cn/counties/shuangfeng/201612/503599.shtml.

（二）驻村帮扶机制

从历史上看，中国政府早在 20 世纪 80 年代启动农村扶贫开发工作时，就已经提出了驻村帮扶的扶贫机制。1986 年初，在《中共中央、国务院关于一九八六年农村工作的部署》中，就提出“利用各种渠道为贫困地区培养干部，同时从中央、省、地三级机关抽调一批优秀干部并组织志愿服务者到贫困地区工作”的意见和要求。1994 年，国务院发布《国家八七扶贫攻坚计划（1994—2000 年）》，在社会动员扶贫中也提出组织中央和地方党政机关有条件的企事业单位与贫困县定点挂钩扶贫；组织东西部地区青年相互交流、对口支援等工作要求。

2013年底，中共中央办公厅、国务院办公厅印发《关于创新机制扎实推进农村扶贫开发工作的意见》，提出将健全干部驻村帮扶机制作为六项扶贫开发工作机制创新之一，要求在各省（自治区、直辖市）现有工作基础上，普遍建立驻村工作队（组）制度。确保每个贫困村都有驻村工作队（组），每个贫困户都有帮扶责任人。2014年3月24日召开的国务院扶贫开发领导小组第二次全体会议，进一步要求各地把驻村帮扶工作和第二批党的群众路线教育实践活动结合起来，认真总结现有帮扶经验，选拔有经验、有能力、懂扶贫、善于同农民打交道的干部，在2014年上半年派驻到每个贫困村。

2017年，全国有扶贫任务的省、区、市均以不同形式开展了干部直接帮助贫困村活动，各地共向贫困村选派驻村工作队12.8万个，派出驻村干部54万多人，全国选派18.8万名优秀干部到贫困村和基层党组织薄弱村担任第一书记，充分发挥了驻村干部在基层扶贫政策和项目实施中的积极作用，提高了基层扶贫开发工作的有效性和针对性，有力推动了贫困村基层组织建设和干部能力建设，也为国家发现、培养和锻炼干部人才提供了重要途径和平台。

向贫困地区派驻工作队（组）和机关干部，帮助加强贫困村基层组织建设，带领贫困群众脱贫致富，是中国政府长期扶贫开发工作的一项重要举措。目前来看，全国各地采取了多种形式的驻村、联村帮扶模式，驻村工作队（组）在广泛宣传党和国家关于农村工作特别是扶贫开发的重大方针政策，帮助贫困村民更新观念、开拓思路，深入了解贫困村民的情况与需求，有针对性地开展工作，制定具体帮扶规划，协调有关各方，争取资金、项目和政策支持，确保贫困村民直接受益，实施做好组织动员工作，激发贫困村民脱贫的志向、动力，以及帮助加强基层组织建设，提高村党支部的执行力和战斗力，培养带领村民脱贫致富的带头人等方面承担了具体的工作任务。驻村工作队（组）有效配合村支两委，在贫困识别、建档立卡、分析致贫原因、寻找致富良策、落实帮扶责任等方面发挥了积极作用。

驻村帮扶机制通过在贫困村建立驻村工作队（组），协助基层组织贯彻落实党和政府各项强农、惠农、富农政策，参与扶贫开发各项工作，不仅有利于贫困村统筹整合来自国家及各级政府部门的扶贫资源，全面了解贫困群众贫困情况及脱贫发展诉求，建立扶贫政策资源供给与贫困人口发展需求之间的有效链接，帮助贫困村、贫困户实现脱贫致富，实际上也是一种增加贫困村人力资本存量的方式。通过外部人力资本的输入和配置，提高地区扶贫开发工作的效率和效益。同时，驻村工作队也借助其自身社会资本撬动和引入更多扶贫资源，并在促进基层组织建设的过程中增强贫困村社会资本存量。

因此，从反贫困的角度看，驻村帮扶机制也有利于建立三维资本协同的反贫困机制，即通过贫困地区人力资本的外部输入和配置，发挥国家物质资本扶贫资源的减贫效益，并培育和增加贫困社区社会资本存量，实现多元扶贫资本的协调整合和优化配置。同时，驻村工作队（组）能够直接接触最基层的群众，全面了解群众的疾苦和诉求，也有利于密切干部与群众的联系，促进干部作风转变以及管理能力提升，成为国家发现、培养和锻炼干部的重要途径。[①] 总之，驻村帮扶机制扶贫不仅有利于国家扶贫开发工作的基层实践，提高扶贫资源的减贫效益，也能够对国家治理产生重要的政治效益和社会效益。

① 为精准扶贫建好“管道”——访国务院扶贫办党组书记、主任刘永富［N］. 人民日报，2014-06-22（05）.

案例

黑龙江驻村第一书记：让村集体带动贫困户

在黑龙江省财政厅工作的马国泽，2015 年被派到贫困村黑龙江省兰西县兰西镇林盛村做第一书记。

到村里后，他换上迷彩服和胶鞋，挨家挨户走访。“刚来时大家都不相信他，认为他一个书呆子来农村干啥，还不是拿麦苗当韭菜。”林盛村 70 多岁的老党员龚万福说。

在马国泽的带领下，村里党员会开得多了，党的组织生活过起来了，凝聚力战斗力明显增强，村民们逐渐改变了对他的看法。

马国泽不但帮助村里拓宽了道路、装上路灯、修建大棚，还带来新的思想，带领老百姓调整种植结构。

林盛村目前有贫困户 27 户，基本上都是没有劳动能力的。马国泽意识到要想让他们脱贫得依靠产业，就带领村民成立了呼兰河右岸谷物专业种植合作社，服务涵盖果蔬、禽蛋、杂粮等。

由于合作社种植的蔬菜是高端产品，不适合贫困户参与进来。他把村集体经济与贫困户打包，提取合作社销售利润的 10%，成立林盛村扶贫基金，专门用于贫困户脱贫。

在马国泽的带领下，林盛村成种植千亩杂粮示范田，把贫困户的地收上来，采用地租加分红的模式，让贫困户带地入社享受扶贫基金，每个贫困户每亩增收 1500 元。

资料来源：新华社. 贫瘠土地开出希望之花——驻村扶贫干部群像扫描[EB/OL]. (2017-05-20). http://www.ccdi.gov.cn/yw/201705/t20170520_99662.html.

四、“政府+公益”：综合性扶贫的“河边村实验”[①]

云南勐腊县勐伴镇河边村是一个瑶族聚居的山区村寨。村庄面积为3.17平方公里，有耕地384亩、林地4079亩。全村辖1个村民小组，有农户54户，乡村人口199人，以种植业为主。过去，河边村在勐腊县以穷出名，54户村民中有12户为建档立卡贫困户，2014—2015年人均支出为7000多元，人均收入仅为3000元，人均负债7000多元。由于穷困落后，村民一直住在石棉瓦顶的简陋木板房中，甚至还出现全村先后有28户村民离开寨子，搬迁到8公里外的公路边去搭建简易房居住的情况。

2015年以来，勐腊县地方政府与中国农业大学李小云教授的“小云助贫中心”合作，开启了“政府+公益”的河边村综合性扶贫实验。通过整合政府资源投入与社会公益投入，为河边村脱贫发展注入了多种形式的扶贫资源，实现了物质资本、人力资本及社会资本等多维资本形式的投入和开发。由此，河边村走出了一条以“政府为主导、公益组织参与、村民为主体”的深度性贫困综合治理之路，实现了政府与公益组织在贫困治理领域的良性互动与合作。

（一）政府输血+公益实践：促进物质资本转换

2015年初，中国农业大学教授李小云成立了“小云助贫中心”，着眼于通过开发贫困社区的人力资源作为其开展助贫行动的骨干力量，依托微型助贫项目，促进优质公益资源下移以及基层公益组织发育，探索有效瞄准穷人的助贫机制和村级综合扶贫治理模式。

中心成立之初，就将河边村作为第一个项目实施地。李小云和他的团

---

① 根据网络新闻资料整理。

队一起，从“观察者”转变为“实践者”，致力于探索“公益+政府”的综合性整体助贫模式。而当地党委、政府也将河边村作为脱贫攻坚的试点村寨，与李小云教授合作，利用其人才资源优势，对村民展开贴身服务，量身订制和实施河边村可持续发展的脱贫攻坚计划。于是，一个以党委、政府为总指挥和主力军，具有人才资源优势的“勐腊小云助贫中心”充当出谋划策“军师”，“挂包帮”单位县委政法委和乡镇密切合作，服务到“最后一公里”的精准扶贫机制就此形成。当地政府与中心一起，全力破解制约河边村发展的基础性问题，开启“深度性贫困综合治理”的探索实践。

为了摸清河边村小组的整体贫困状况，小云助贫中心用了半年的时间开展贫困调查，深入了解贫困的程度和贫困的根源。经过调查发现，河边村长期处于深度贫困状态，基础设施条件严重缺乏，教育和医疗支出非常大，因病导致的家庭劳动力短缺和医疗支出的直接负担，对农户的家庭负担造成了双向的缩减。据小云助贫中心统计，河边村平均每户欠债 2 万元，年人均收入 3 千多元，但是年人均支出 7 千多元，收入少于支出，不仅很难摆脱贫困，而且容易陷入贫困的陷阱。

“盖房子对于当地农民来说是一项很大的支出，他们一旦用积蓄的钱盖了房子，就没有多余的钱为子女提供就学和医疗保障。”李小云说，“我们想办法通过各种力量帮助农民解决盖房子问题，使农民少花钱，并把所有投入的公共资产转化为农民脱贫的资产，让‘输血’为‘造血’创造条件。”针对河边村的贫困状况，李小云和他的团队做出了完整的助贫计划，其中包括基础设施建设、人居环境景观绿化、住房改造、公益型社区能力建设、产业扶贫等五个系统的综合改造工程，以实现河边村深度性贫困综合治理探索的主要目标，即收入的超常规增长和持续性增长、生活和环境的根本性改善、完全实现“两不愁、三保障”。

助贫规划出来以后，得到当地乡镇和地方政府的高度认同。勐腊党委、政府也认为“交通制约、缺乏产业”是河边村贫困的症结，同时看到了河边村具有发展生态农业和乡村旅游的优势。通过整合专项扶贫、兴边富民、产业扶持等项目资金，勐伴镇党委、政府决定投入2100余万元资金，对河边村进行进村硬化道路的修建，为村民改造住房、村内道路、排水沟、饮水等基础设施，并发展小耳猪、黄牛养殖和珍贵林木种植等项目，动员已经搬迁出去的28户村民返回村寨重建新房。由此，助贫规划的基础设施资金得到了解决，政府挂钩单位和公益组织也形成了合力，共同推进河边村的贫困综合治理项目。

2015年以来，通过政府在住房、道路、饮水、种养殖产业等项目上的大力投入，有效改善了河边村村民的生产生活条件，进一步夯实了群众增收产业基础。基于此，勐腊小云助贫中心设计了集主导型产业、辅助型产业、基础型产业为一体的产业发展思路，继续探索通过“输血”为“造血”创造条件的综合治理实践。

“虽然贫困程度深，但河边村有着得天独厚的自然景观，具备发展高端会议经济的潜力。”李小云表示，河边村将以高端休闲及小型论坛会议会址村建设作为主导型产业，在民房建设过程中动员村民修建嵌入式“瑶族妈妈客房”，既能保留民族特色，又能接待宾客，增加村民收入。此外，河边村通过微电商销售“河边天然出品”的品牌农产品，目前，“天然雨林鸡蛋”在上海、北京等地卖到10元一个，很受欢迎。短短两年多时间，河边村人居环境得到改善、基础设施有所提升、复合型产业成效初显，河边村开始焕发出新的生机。

土鸡蛋仅仅是河边村农产品开发实验的开端。“我们计划在河边村开发产业，做‘村品’农产品，也就是以村子品牌为主的农产品，将来在整个勐腊县开村店，实现‘一村一店’，每个村子按特色农产品进行开发，按村名命名，从特色开发逐步进入严格质量把关的阶段。”“将来，我们还要结合河边村土地资源继续开发木瓜、冬季作物、古法红糖、柚子、芭蕉、蜂蜜等一系列天然产品，借助微电商平台打开销路。”李小云表示，这将在为身在繁华都市中的人们提供最纯净产品的同时，也让村民提高收入，真正实现“造血”脱贫。

（二）外部示范+内部参与：促进人力资本和社会资本建设

作为一名多年研究贫困问题的资深学者，早在20世纪90年代，李小云就开始关注扶贫工作。在研究中，他发现农村发展过程中，政府、专家等“外人”的支持，常常与农民的需求之间出现“断层”。因此，1994年，他将“参与式发展”理念引入国内，提出农民是农村发展的主体，如何消除贫困更应该尊重农民的意见。以此为核心的系列研究成果，使他获得首届“友成扶贫科学研究成果奖”和“首届中国消除贫困科研奖”。

李小云在河边村综合性助贫实验推动过程中，主张践行“朴素公益”，从方式和手段上提倡“参与式助贫”，不主张大包大揽式的扶贫，而是通过长期的参与式综合施策，培育村民自我管理、自我经营、自我发展的脱贫能力。

为了让当地农村经济建设提升自身的“造血”功能，小云助贫中心从进入河边村那天起就特别注重培育村民组织，引导村民在项目具体实施、建设家乡过程中成长。为了转变村民思想，发挥示范带头作用，小云助贫项目组相继组建成立了由12名村民组成的“河边村发展工作队”，以及由10名平均年龄在22岁的青年组成的“河边青年创业小组”这两支队伍以互助的形式，帮助带动其他村民一起发展生产、创业脱贫。因此，小云助贫行动也被誉为“无声”的公益助贫行动。

在基础设施规划完成以后，小云助贫中心并没有马上予以落实，而是由两个团队来形成村内的核心骨干力量，调动其他的村民积极参与。每个项目的启动都设计了项目先行微型示范项目，如整村住房改造前，先选定一户或两户做建房示范，通过聘请技术人员引导村民参与学习技能，这样村民学到技术互助盖房，能够节省很多外包承建费用。

在“瑶族妈妈客房”的建设过程中，李小云带着“河边青年创业小组”到河北、北京等地参观学习，让他们对休闲式旅游有了直观的感受。他还长期驻扎在河边村，与农民一起共商脱贫大计，亲自参与村民房屋的设计建造。同时，中心从全国各地招募来建筑设计、项目规划、产业发展的专家和志愿者，分批来到河边村与党委、政府派出的驻村工作队员一起入户开展工作。根据打造民族特色村寨的规划定位，将村民的新建住房统一设计成瑶族干栏式建筑，既突出民族特色，又融入现代风格。而在新房建设中，每户村民只能聘请一至两名师傅，村民必须跟着师傅一起学习建房的手艺并投工投劳，以提高村民的主动性，并让村民学到一技之长。

在产业发展过程中，“河边村发展工作队”在中心指导下，注册成立由村民自主管理的土特产电商销售平台，将本村生态鸡蛋通过互联网销售到北京、上海等地。微电商从调研、搜集数据，搭建微店平台，包装设计，物流到销售所有流程的实验，大致花了半年时间，每个流程都注重“河边青年创业小组”的能力建设。在助贫中心的指导下，由村民完全自我管理的河边村天然产品微店，短短数月内，定价 10 元一个的鸡蛋卖出了 1678 个，给农户带来经济上的创收，而且河边村村民也能熟练处理订单了。

小云助贫中心在河边村扶贫计划的核心在于使村民获得自主性和可持续性的收入增长，并且把农民培养成经营自家资源的企业家。“把公共资源变成农户的资产后，减轻了农户为积累这个资产所花费的储蓄和收入，在这个基础上，国家投入到农民身上的公共资产，还要变成可以‘造血’的平台。”李小云表示，现在他们将引导村民在每一户新建的瑶族木楼中，布置一间具有民族特色的舒适客房。未来还将在村中建设高标准的会议中心、休闲服务中心、儿童活动中心、雨林体验中心、民族文化展览馆等多种配套设施，并提供机会让每一户瑶族妇女接受专业的服务培训。在不久的将来，河边村将会培育出一个独具特色的嵌入式会议和休闲产业，吸引全国各地高端休闲旅游消费者。到那时，村民们可以走出贫困陷阱，在环境友好的前提下大幅度提高收入。①

（三）启示与思考

小云助贫中心将公益资源扎根基层，促进优质公益资源下移，在云南河边村践行了“朴素公益”“大众公益”的公益理念。中心在河边村进行综合性扶贫治理，与地方政府合作，借助地方政府的扶贫资源“输血”，奠定贫困村庄“造血”基础；通过公益组织及个人的社会资本带动，开发贫困社区的人力资源，并将贫困村民作为开展助贫行动的骨干力量和参与主体，实现贫困村庄脱贫致富和生计建设的可持续。

河边村的参与式助贫实验是当地政府与公益组织合作推动的一次扶贫实践，体现了国家力量主导、社会资本参与、科研机构实施的综合性扶贫治理模式。同时，河边实验也实现了扶贫开发与农民能力培养、社区公共性建设的有效衔接，扶贫开发模式与扶贫治理主体实现了从传统单一型向现代多元化的过渡，体现出基于物质资本、人力资本以及社会资本等多维资本协同反贫困机制的运用。

农村反贫困离不开外界扶贫物质资本的输入和支持，同时也有赖于贫困地区内生资本的开发和利用。政府主导的扶贫模式往往以大规模的物质资本输入为主，但很少将物质资本的开发利用与其他资本形式相结合，民间社会组织则在吸纳社会资本、人力资本等方面具有优势。

河边村扶贫实验对当前中国扶贫模式的调整转变以及实现脱贫攻坚具有重要的启示意义。一方面，应继续倡导和鼓励民间社会组织参与农村扶贫开发，发挥社会组织在人力资本和社会资本建设方面的积极作用，探索

① 根据小云助贫中心网站资料及新闻宣传资料整理。

政府与社会组织合作扶贫的有效模式，以及多种资本形式协同反贫困的机制和模式。另一方面，应更加重视人力资本和社会资本在农村反贫困过程中的重要作用，特别是贫困人口的参与和学习能力建设，以提升物质资本的扶贫效益，增进农村反贫困的可持续性。

五、小结

伴随中国扶贫开发从“关注政策扶贫效果的国家导向”向“注重外部环境改善的区域导向”以至“关注贫困人口可持续发展的能力导向”不断转变，扶贫开发的主体亦开始跳出行政区划间隔，走向具有区际合作效应的连片扶贫开发，从单一的政府扶贫向政府、市场、社会协同参与的大扶贫格局转变，扶贫方式由原来的“撒胡椒面”式普惠性扶贫逐步转变为精准扶贫、竞争性扶贫。由此，三维资本协同反贫困机制不仅仅指涉扶贫资本形式的多元整合和统筹协调，还包括物质资本、人力资本以及社会资本等不同资本形式在扶贫开发工作中的相互配合和正向转换。因此，三维资本协同反贫困机制实质上是建立在多元扶贫主体参与以及综合性扶贫治理模式的基础之上，内在地要求政府主导的扶贫开发过程中吸纳市场组织、社会组织的参与，以及基于物质资本、人力资本和社会资本投资和开发的多样化模式。

结合以往中国农村扶贫开发工作来看，一些地方政府及扶贫工作者沿袭传统救济式扶贫及粗放式扶贫的工作方法，扶贫的主体、动力、形式、手段比较单一，并延续了政府扶贫中存在的一些先天性缺陷，如调动资源的规模及资本形式有限，投入的精力有限，扶贫专业性不足，等等。同时，政府单一支配、行政推动的扶贫模式还容易产生一些延伸性问题，如扶贫对象的福利依赖和政府依赖，非专业性方法引发的村民矛盾、官民矛盾，非常规政策带来的扶贫成本增加，等等。可以说，作为一项长期性、综合性、系统性的工程，农村反贫困需要物质资本、人力资本以及社会资本的投入和开发，需要多方面力量的共同参与。虽然新阶段国家不断提出和加强社会组织、市场组织参与农村反贫困工作，但整体而言，社会力量参与扶贫开发的规模、力度、形式等仍然非常有限，基于三维资本协同反贫困的机制尚未建立和完善。

当前，国家提出精准扶贫精准脱贫的战略举措，并由此引发了各地贫困地区轰轰烈烈的脱贫攻坚行动。在此过程中，政府继续进行大规模的扶贫资源投入，并逐渐改变政府单一主体、单一物质资本投入的扶贫模式，探索建立涉农扶贫资金整合机制、驻村帮扶机制，以及社会工作参与扶贫、政府购买服务扶贫等新型贫困治理模式，以提高扶贫资源的使用效率以及贫困地区的人力资本配置，增强扶贫治理行动的针对性和精准性。基于此，一些地区通过建立“第一书记”制度、干部联村包村机制、政府购买公益性扶贫岗位、引入社会工作机构参与扶贫开发等形式，探索政府与社会组织、市场组织互动合作，引入社会力量参与的农村扶贫开发，并在贫困人口减贫发展方面取得了显著成效，也在三维资本协同反贫困机制建设方面进行了有效的探索和实践。从未来中国农村贫困状况发展变化以及中国扶贫开发道路的递进演化来看，三维资本协同反贫困机制的建立和完善应着眼于扶贫开发工作中物质资本、人力资本以及社会资本等不同资本形式间的相互促进和转化，特别是贫困地区本身资本存量之间的开发和转换，以实现稳定、可持续的减贫发展。

·第七章·

三维资本协同激发内生动力

如前所述，物质资本、人力资本和社会资本作为同一时空中的三种资本形式，在减贫发展进程中，各自独立发挥作用，并具有一定的关联性。物质资本和人力资本有助于个体扩大社会关系网络规模，改变关系类型，建构更加有利于实现行动目标的新型社会资本。社会资本能够起到润滑剂的作用，为物质资本和人力资本发挥最佳效能提供更加便利的条件。如果将贫困仅仅看成是物质资源匮乏的表现，在现实层面，贫困对象三维资本的不足都具有强化其贫困程度的作用。研究表明，贫困对象由于缺少物质资本，将很难分享市场经济发展带来的成果。因此，物质资本往往不能自动减弱贫富分化的程度。投资人力资本需要以一定的物质资本投资和相对优越的教育条件为基础，贫困对象因缺少资金，加之贫困地区的教育条件比较落后，这也使得人力资本不足同样成为扩大贫富差距的因素。贫困对象物质资本缺乏，人力资本水平比较低，极大地限制了其社会关系网的扩展，使得穷人的社会资本严重不足，甚至出现赤字状态；贫困对象由于物质资本和人力资本不足，往往导致现有的社会资源获取不足，其结果反而强化了贫困对象的弱势地位。更为重要的是，三维资本不足，导致了贫困人口内生动力的不足，直接影响了脱贫的稳定性和可持续性。实现三维资本协同激发贫困地区、贫困群众内生动力，成为中国脱贫攻坚进程中面临的突出挑战。

本章分为四部分：第一部分阐述习近平激发内生动力重要思想的科学内涵及其实践要求；第二部分分析脱贫攻坚实践中内生动力不足面临的主

要挑战；第三部分以不同案例从多个方面呈现了三维资本协同激发内生动力的经验及启示；第四部分提出了三维资本协同激发内生动力的对策建议。

一、激发内生动力的根本遵循

作为一种复杂的社会物质和精神匮乏的现象，精神贫困在本质上被视为贫困的重要表象之一。特别是人类社会进入21世纪以后，贫困人口精神层面的无力感、失落感等内部框架逐渐成为一种新的致贫解释机制。国际减贫实践表明，缺乏有效目标以及主流价值规范的偏离是造成发展援助项目失败的重要原因。由此，西方发达国家反贫政策也从反物质贫困发展到反精神贫困，即倡导对贫困者进行行为方式的塑造或精神层面的引导干预。可以说，解决贫困问题不仅要依靠外部物质资源的输入，还需要转变和重塑贫困者的行为和观念。2008年世界消除贫困日主题“贫困人群的人权和尊严”揭示，反贫困应重视解决贫困人口心理或精神层面的问题，主张将贫困人口从贫困文化泥沼中拯救出来，使其养成摆脱贫困的习惯。精神扶贫一直是全球扶贫的重要部分，对精神扶贫的关注日趋加强。

针对脱贫攻坚进程中，一些贫困地区出现群众“等靠要”思想严重，内生动力不足，不信、不敢脱贫等问题，习近平总书记反复强调，要重视扶贫同扶志、扶智相结合，注重激发贫困群众内生动力，形成了激发内生动力的重要思想，为三维资本协同激发内生动力指明了方向，提供了遵循。

（一）激发内生动力是扶贫脱贫的根本目标

习近平总书记指出，我们坚持开发式扶贫方针，把发展作为解决贫困的根本途径，既扶贫又扶志，调动扶贫对象的积极性，提高其发展能力，发挥其主体作用。“只要有信心，黄土变成金。”贫穷不是不可改变的宿命。人穷志不能短，扶贫必先扶志。“没有比人更高的山，没有比脚更长的路。”要做好对贫困地区干部群众的宣传、教育、培训、组织工作，让他们心热起来、行动起来，引导他们树立“宁愿苦干、不愿苦熬”的观念，自力更生、艰苦奋斗，靠辛勤劳动改变贫困落后面貌。注重激发内生动力。贫困群众既是脱贫攻坚的对象，更是脱贫致富的主体。要坚持以促进人的全面发展的理念指导扶贫开发，丰富贫困地区文化活动，加强贫困地区社会建设，提升贫困群众教育、文化、健康水平和综合素质，振奋贫困地区和贫困群众精神风貌。“摆脱贫困首要并不是摆脱物质的贫困，而是摆脱意识和思路的贫困。扶贫必扶智，治贫先治愚。贫穷并不可怕，怕的是智力不足、头脑空空，怕的是知识匮乏、精神委顿。脱贫致富不仅要注意‘富口袋’，更要注意‘富脑袋’。”要加强扶贫同扶志、扶智相结合，激发贫困群众积极性和主动性，激励和引导他们靠自己的努力改变命运，使脱贫具有可持续的内生动力。要统筹安排使用扶贫资源，把各部门制定的政策措施落实到位，创造可持续发展条件，激活内生动力，加大教育、健康扶贫力度，调动群众积极性和主动性，建立健全稳定脱贫长效机制，注重脱贫质量。

践行习近平激发内生动力的扶贫思想，就是始终强调要发挥贫困人口的主体性、能动性和创造性，并倡导艰苦奋斗、自力更生精神，把内生动力激发、提升、培育作为精准扶贫、精准脱贫的重要内容和根本目标，以实现贫困地区贫困人口内源式发展。

（二）尊重贫困群众脱贫攻坚的主体地位

习近平总书记指出，贫困群众既是脱贫攻坚的对象，更是脱贫致富的主体。要注重扶贫同扶志、扶智相结合，把贫困群众积极性和主动性充分调动起来，引导贫困群众树立主体意识，发扬自力更生精神，激发改变贫困面貌的干劲和决心，靠自己的努力改变命运。干部和群众是脱贫攻坚的重要力量，贫困群众既是脱贫攻坚的对象，更是脱贫攻坚的主体。现在，一些地方出现了“干部干，群众看”的现象。一些贫困群众“等靠要”思想严重，“靠着墙根晒太阳，等着别人送小康”，认为“扶贫是干部的事，反正干部立了军令状，完不成任务要撤职”。出现这种现象，既有群众的原因，也有干部的原因。一些地方工作还是老办法老路子，简单给钱给物，对群众的思想发动、宣传教育、感情沟通不到位，在调动贫困群众脱贫积极性、激活内生动力上做得不够。要注重扶贫同扶志、扶智相结合，把贫困群众积极性和主动性充分调动起来，引导贫困群众树立主体意识，发扬自力更生精神，激发改变贫困面貌的干劲和决心，变“要我脱贫”为“我要脱贫”，靠自己的努力改变命运。群众动力是基础。必须坚持依靠人民群众，充分调动贫困群众积极性、主动性、创造性，坚持扶贫和扶志、扶智相结合，正确处理外部帮扶和贫困群众自身努力关系，培育贫困群众依靠自力更生实现脱贫致富意识，培养贫困群众发展生产和务工经商技能，组织、引导、支持贫困群众用自己的辛勤劳动实现脱贫致富，用人民群众的内生动力支撑脱贫攻坚。要注重调动贫困群众的积极性、主动性、创造性，注重激发贫困地区和贫困群众脱贫致富的内在活力，注重提高贫困地区和贫困群众自我发展能力。

践行习近平激发内生动力的扶贫思想，就是要充分发挥贫困群众在脱贫攻坚中的主体作用，要采取系统性措施，从理念到落实，让贫困群众全过程在项目选择、设计、实施、管理、监督、验收、后续管理全过程每一个环节发挥主体作用，强化贫困群众的主体意识和拥有感，最大限度提升贫困群众在脱贫攻坚中的获得感。

（三）多措并举激发内生动力

习近平总书记指出，授人以鱼，不如授人以渔。扶贫必扶智，让贫困地区的孩子们接受良好教育，是扶贫开发的重要任务，也是阻断贫困代际传递的重要途径。我国正在采取一系列措施，让贫困地区每一个孩子都能接受良好教育，让他们同其他孩子站在同一条起跑线上，向着美好生活奋力奔跑。新型农村合作医疗和大病保险政策要对贫困人口倾斜，门诊统筹要率先覆盖所有贫困地区，财政对贫困人口参保的个人缴费部分要给予补贴。要加大医疗救助、临时救助、慈善救助等帮扶力度，把贫困人口全部纳入重特大疾病救助范围，保障贫困人口大病得到医治。发展教育脱贫一批，治贫先治愚，扶贫先扶智，国家教育经费要继续向贫困地区倾斜、向基础教育倾斜、向职业教育倾斜，帮助贫困地区改善办学条件，对农村贫困家庭幼儿特别是留守儿童给予特殊关爱。要统筹安排使用扶贫资源，把各部门制定的政策措施落实到位，创造可持续发展条件，激活内生动力，加大教育、健康扶贫力度，调动群众积极性和主动性，建立健全稳定脱贫长效机制，注重提高脱贫质量。要提高扶贫措施有效性，核心是因地制宜、因人因户因村施策。目前，脱贫的做法和手段有很多，如发展特色产业脱贫、组织劳务输出脱贫、资产收益脱贫、易地搬迁脱贫、生态保护脱贫、发展教育脱贫、医疗保险和医疗救助脱贫、低保兜底脱贫、社会公益脱贫等。要弘扬中华民族传统美德，勤劳致富，勤俭持家。要发扬中华民族孝亲敬老的传统美德，引导人们自觉承担家庭责任、树立良好家风，强化家庭成员赡养、扶养老年人的责任意识，促进家庭老少和顺。一个健康向上的民族，就应该鼓励劳动、鼓励就业、鼓励靠自己的努力养活家庭，服务社会，贡献国家。要改进工作方式方法，改变简单给钱、给物、给牛羊的做法，多采用生产奖补、劳务补助、以工代赈等方式，不大包大揽，不包办代替，教育和引导广大群众用自己的辛勤劳动实现脱贫致富。

践行习近平激发内生动力的扶贫思想，就是要针对精神贫困的综合性成因，采取综合性举措。教育扶贫阻断贫困代际转移，健康扶贫降低贫困脆弱性和因病致贫的风险性，发展产业就业增加收入，“富口袋”为“富脑袋”提供支撑。

（四）外部帮扶与内生动力结合

习近平总书记指出，用好外力、激发内力是必须把握好的一对重要关系。对贫困地区来说，外力帮扶非常重要，但如果自身不努力、不作为，即使外力帮扶再大，也难以有效发挥作用。只有用好外力，激发内力，才能形成合力。要进一步发挥部门和地方的积极性，外部帮扶要与内生动力更好地结合。随着外部支持力度的加大，在一些地方产生了“挤出效应”，许多贫困户“等靠要”思想没有转变，有的甚至更加突出。要改变我们习惯的送钱送物方式，坚持扶贫先扶智，扶贫先扶志，深入细致地做好群众的思想工作，帮助贫困群众提高增收致富的能力，帮助贫困群众摆脱思想贫困、意识贫困。要建立正向激励机制，总结推广脱贫致富成功经验，宣传脱贫致富先进典型，让大家充分认识到勤劳致富、扶贫济困是伟大光荣的事业。通过组织开展贫困识别和贫困退出、扶贫项目实施，贫困地区基层治理能力和管理水平明显提高，增强了农村基层党组织的凝聚力和战斗力。通过选派“第一书记”和驻村工作队，锻炼了机关干部，培养了农村人才。要改进帮扶方式，多采取以工代赈、生产奖补、劳务补助等方式，组织动员贫困群众参与帮扶项目实施，提倡多劳多得，不要包办代替或简单发钱发物。要加强教育引导，各地要办好各种类型的农民夜校、讲习所，通过常态化宣讲和物质奖励、精神奖励等形式，促进群众比学赶超，提振精气神。要尊重扶贫对象主体地位，各类扶贫项目和扶贫活动都要紧紧围绕贫困群众需求来进行，支持贫困群众探索创新扶贫方式方法。上级部门要深入贫困群众，问需于民、问计于民，不要坐在办公室里拍脑袋、瞎指挥。贫困群众需要的项目没有扶持政策，而明眼人都知道不行的项目却被当作任务必须完成，这种状况必须改变。

践行习近平激发内生动力的扶贫思想，就是要用好外力、激发内力。

从政策设计上，形成正向引导激励机制，防止政策“养懒汉”；加强教育宣传，通过典型引导贫困群众自力更生，在外力帮助下实现自主脱贫、稳定脱贫；改变外在帮扶方式，创新各类更有利于调动贫困群众参与的途径方式，把扶贫脱贫和贫困群众的自我发展能力建设有机结合起来。

（五）注重贫困地区基层干部的能力建设和素质培养

习近平总书记指出，要抓好党建促脱贫攻坚。“帮钱帮物，不如帮助建个好支部。”要把夯实农村基层党组织同脱贫攻坚有机结合起来。在乡镇层面，要着力选好贫困乡镇一把手、配强领导班子，使整个班子和干部队伍具有较强的带领群众脱贫致富能力。在村级层面，要注重选派一批思想好、作风正、能力强的优秀年轻干部和高校毕业生到贫困村工作，根据贫困村的实际需求精准选配“第一书记”、精准选派驻村工作队。致富不致富，关键看干部。在脱贫攻坚战场上，基层干部在宣讲扶贫政策、整合扶贫资源、分配扶贫资金、推动扶贫项目落实等方面起关键作用。要采取双向挂职、两地培训等方式，加大对西部地区干部特别是基层干部、贫困村致富带头人的培训力度，帮助西部地区提高当地人才队伍能力和水平，打造一支留得住、能战斗、带不走的人才队伍。要求基层扶贫干部拿出“敢教日月换新天”的气概，鼓起“不破楼兰终不还”的劲头，攻坚克难，乘势前进。重视发挥广大基层干部群众的首创精神，支持他们积极探索，为他们创造八仙过海、各显神通的环境和条件。

践行习近平激发内生动力的扶贫思想，就是要切实加强对基层干部的培训，着力提高他们的能力和素质。特别是通过有效培训，帮助基层干部转变传统观念。帮助基层干部理解和掌握精准扶贫、精准脱贫的方法和要求，理解和掌握“六个精准”的根本要求，“五个一批”的脱贫路径，解决“四个问题”方式方法。帮助基层干部理解和掌握组织群众、发动群众的能力和技能。

二、内生动力不足的挑战——精神贫困

内生动力不足，其实质就是精神方面的贫困。摆脱贫困既包括摆脱物质贫困，更包括摆脱精神贫困。伴随中国实施脱贫攻坚，有关精神贫困的研究逐渐成为热点。总的来看，研究者围绕精神贫困内涵、表现、特征、分类及其产生原因和干预路径等问题，形成了心理、文化、情境等不同分析视角和观点。这些研究有助于拓展人们对精神贫困问题的认识理解。在实践中，精神贫困有多种多样的表型形式，对这些形式的了解和把握，有利于提高解决精神贫困的针对性、有效性。

（一）关于内生动力不足——精神贫困问题的研究综述

1. 精神贫困的界定。朱华晔等认为，精神贫困是指个人或社会群体对积极向上的精神生活需要和认同程度明显低于群体中其他多数成员的需要和认同程度等。杭承政、胡鞍钢将精神贫困定义为贫困人口志向缺乏、信念消极和行为决策的非理性行为表现，本质是个体失灵的结果。麻朝晖、余德华、姜晓辉、张玉平等比较综合性的定义认为精神贫困是种种发展障碍和制约因素造成的，某一社会群体或个人在思想道德素质、文化知识水平、价值观念、价值取向和风俗习惯、思维方式和行为方式上落后于社会主要物质生产方式，以致影响物质生活资料获得和精神生活需求满足的生存状态。

总的来看，现有关于精神贫困的界定主要关注贫困者的心理状况，以及心理因素对个体陷入贫困和摆脱贫困的影响，具有明显的个体指向性。事实上，贫困视阈下的精神贫困与一般性的精神贫困存在显著差异，心理问题是精神贫困的表现形式之一，精神贫困是更多经济、社会、文化因素的产物。因此，我们倾向于从反贫困出发，将精神贫困界定为个体减贫发

展的目标以及实现这一目标的手段与主流社会相偏离。

2. 精神贫困的表现。程肇基指出，精神贫困主要表现为相对剥夺感比较强烈，人生目标感比较模糊以及生活认知感普遍消极。陈依元、麻朝晖、汪三贵等认为，精神贫困表现为“以‘无为’、懒散、消极为特征的精神面貌”“以贫困价值观为核心的落后、贫困的观念”“轻视教育与智力开发，存在文化愚昧”“严重缺乏农业科技知识，存在大量‘科盲’”。在反贫困语境下，精神贫困主要表现为一部分人“穷占便宜富吃亏”的思想，“扶贫就是给钱”，不给钱就不是扶贫的思想，以及越穷越懒、越懒越散、越散越穷，坐等上级救济的思想，还有脱贫主动性不足、“等靠要”思想严重，有脱贫愿望，却缺乏自主的精神，缺乏理性精神和长远打算，在精神上缺乏改变自身处境的积极性和紧迫感。

罗浩波认为精神贫困具有社会历史性、动态变化性、相对独立性、综合复杂性、承袭稳定性、深层隐蔽性、长期性七个特征。在类型上，朱华晔认为，从贫困主体方面可分为个人精神贫困、群体精神贫困和社会精神贫困；根据致贫原因可分为物质型、能力型、社会型和家庭型精神贫困；按表征可分为自卑忧郁型、敏感偏激型、妒忌猜疑型、狂妄自大型以及空虚无聊型等；按社会危害程度可分为轻度、中度和重度精神贫困等，突出了心理学视角的划分。根据对精神贫困的界定和现实观察，可将其划分为有减贫目标而手段偏离的“‘等靠要’型精神贫困”、有减贫手段无减贫目标的“消极盲目型精神贫困”以及无目标无手段的“安于天命型精神贫困”。

3. 精神贫困的测量。精神贫困具有隐蔽性、深层次性、主观性等特点。国外学者在研发精神性的测量工具方面做出了卓有成效的努力，形成并不断完善了有关精神性测量表。孙咏梅通过对多维贫困测度（Alkire-Foster）方法的应用，对农民工群体面临的精神贫困、精神贫困影响整体多维贫困两个问题进行了量化分析。廖小琴在对精神生活质量进行衡量时，提出主客观指标相结合并以主观指标为主、相对性与动态性相结合以及简明实用的原则，并将精神生活特性、精神生活需求、精神发展程度和精神感受作为衡量指标。

4. 精神贫困的原因。一般认为，精神贫困是物质因素、教育因素、社会因素等共同作用的结果，其中物质贫困是根本导因，教科文的不发达是直接原因，自然环境条件差、土地贫瘠是外在推动力，人口过多、负荷过重是社会原因。黄颖从经济视角、文化视角和制度视角对精神贫困的成因进行分析；余德华、麻朝晖认为欠发达地区的干部和群众的精神素质没有得到根本改变和提升，缺少一种发自内心的脱贫致富奔小康的精神动力和内在需求是导致精神贫困的主要原因。研究精神贫困的同时，需要解释精神贫困与物质贫困、文化贫困、心理贫困等的关系。朱华晔认为，物质贫困和精神贫困是反映贫困不同特征的两个具体的表现形态，精神贫困又是物质贫困的直接后果和人文表现，是物质贫困产生的主要根源。余德华、黄颖等认为精神贫困比物质贫困更隐蔽、更可怕。文化贫困是指特定文化的一种低水平低层次的状态或特征，精神贫困在一定程度上可视为文化贫困。此外，精神贫困研究还要与能力贫困、心理健康问题进行区分，能力贫困是指人获取收入或物质生活资料的能力不足，心理健康问题是一个医学概念，精神贫困则是一个哲学或社会学概念。

5. 解决精神贫困问题的对策。精神贫困的治理主体包括贫困个体和地方政府，一方面，地方政府需要强化基层干部群众对精神扶贫的认识，促进基本公共文化服务均等化，打破文化贫困陷阱，营造良好的文明氛围；另一方面，从贫困的主体——“人”入手，以“人”为中心，积极推进贫困人口的社会参与，提升贫困人口的自信心和参与效能感。从内容上看，研究者大多主张从经济援助、社会融合、文化建设、制度变革等角度应对精神贫困现象，包括思想扶贫、文化智力扶贫和科技扶贫等，同时做到精神扶贫与物质扶贫、精神扶贫与心理关怀以及精神扶贫与队伍建设的结合。从具体路径来看，研究者主张发展经济，创造消除精神贫困的物质条件；将扶志与扶智相结合，帮助贫困群众树立起摆脱困境的斗志和勇气；提高教育水平，转变思想观念，提升综合素质和能力。

（二）内生动力不足——精神贫困的现实挑战

在脱贫攻坚战全面打响的实践中，各地党委政府发挥党建引领，大多数贫困群众的积极性、主动性得到激发，各地涌现了大批自力更生、光荣脱贫的先进典型，贫困群众摆脱了精神贫困，发生了脱胎换骨的变化。但随着外部支持力度的加大，在一些地方产生了“挤出效应”，出现干部作用发挥有余、群众作用发挥不足，贫困人口内生动力不足的现象。主要表现在贫困群众个人行为和贫困地区环境两个方面：

1. 内在表现。

（1）能力欠缺。绝大多数贫困人口世世代代遵循着祖辈的耕作方式，不敢轻易尝试新的生产方式，由于受教育程度有限，缺乏见识和能力，对新生事物没有判断力，发展能力、抗风险能力相对偏弱。

（2）畏难情绪。没有脱贫勇气，对脱贫存在畏惧感。有的贫困群众易地搬迁怕难以适应新环境，发展产业怕学不会新技术而赔本，外出务工又不想受朝九晚五的约束。怕这怕那，就是不怕“穷”，宁可守着穷摊子，也不愿意干出新生活。

（3）依赖心理。有些贫困群众依赖心理严重、惰性强，“等靠要”思想严重，坐等政府救济，觉得免费的午餐最好吃，“等靠要”得来的最轻松、最保险。

（4）懒汉思想。无劳动积极性，认为当前生活能凑合过，所以就得过且过，相比发展产业致富，他们更担心目前的状况变坏。有“安贫乐道、穷自在”的思想。

（5）拒绝脱贫。一些贫困群众存在“争当穷”“习惯穷”的思维，将被划为贫困户作为一种荣耀和待遇，以得到贫困户指标为荣。已达到脱贫标准而不愿退，经常会以“什么也没得到”为由拒绝脱贫，甚至存在为了不脱贫，拒绝帮扶人为其子女联系的正式工作、拒绝村集体为其安排公益性岗位的情况。

（6）相互攀比。农户之间普遍有攀比思想，非贫困户与贫困户攀比、贫困户之间也互相攀比，攀比谁得到了更多的帮扶，谁得到了更多实惠。

（7）缺乏感恩。对党的扶贫缺乏感恩，对各级组织的帮扶心安理得地享用。对扶贫政策的理解片面化、碎片化、有偏差。对村里正在实施的项目袖手旁观，有时还会借故刁难，谋求自己的私利。

2. 外部表现。

（1）基层党组织发展动力不足。有的村“两委”班子涣散，没有基层党组织带头人、脱贫致富带头人，缺乏市场意识、机遇意识，自身致富和带领群众致富能力弱，发展遇到挫折，就失去发展信心。

（2）妇女儿童老人留守问题严重。村中一般受过一定教育的年轻群众大多外出打工，留下来的多是所谓“386199”部队，妇女、留守儿童、空巢老人在生产生活、受教育、安全等方面存在很多困难和问题。

（3）陈规陋习严重。有的贫困地区陈规陋习严重，信迷信、不讲卫生、越穷越生，对老人薄养厚葬，彩礼漫天要价，把办红白喜事变成争面子、比阔气。

（4）文化生活匮乏。有的贫困地区文化生活匮乏，贫困群众精神空虚，甚至还沾染上了赌博、酗酒等不良嗜好。大部分贫困群众文化消费意识淡薄，基本不产生精神文化方面的支出，导致其文化素养、精神状态、信息交换与社会逐步脱节，形成了越穷越落后的恶性循环。

三、三维资本协同激发内生脱贫动力的案例及启示

在长期的扶贫开发特别是脱贫攻坚实践中，各地以激发贫困群众内生动力为目标，持续探索摆脱精神贫困的路径和方法。这些路径和方法主要有：积累物质资本，改善生产生活条件；加大人力资本投入，提高贫困家庭的人力资本水平，提高综合素质，提升抓住发展机会的能力；逐步关注社会资本建设，通过加强基层组织建设，强化驻村帮扶，提高社区参与和自我发展能力，推进社会资本的积累。以下的案例，从七个方面展现了各地“三维资本”协同激发内生动力的生动实践。尽管每个案例侧重点不同，但贯穿这些成功做法始终的是内外结合，不断增加贫困群众物质资本、人力资本、社会资本，最终激发贫困群众内生动力，实现稳定脱贫。

（一）党建引领激发内生动力

案例

福建建瓯市：“党建+”驱动扶贫“内生动力”

“我身体不好，农活干不了，工厂不要我，家里很困难。多亏了村支部帮我在企业找到了一份轻松的工作，还帮我修缮了房子。现在，我每月能拿到2600多元工资，日子一天比一天好！”在华宇竹木有限公司，正在上班的东峰镇井岐村贫困户苏达成感激之情溢于言表。

富裕原因可能相似，贫困原因却各不相同：或缺少劳力，或因病返贫，或天灾人祸……针对扶贫对象不同情况，建瓯市坚持党建引领，实施“精准滴灌”，为各贫困村“量身定制”扶贫规划、确定扶贫项目，切实把党的组织活力转化为推动扶贫开发的动力，形成“支部带富、党员创富、

群众致富”的党建扶贫新格局。从搭建服务平台入手，建瓯市创新党建扶贫工作模式，探索建立“党建+”模式。

1. “党建+产业”，增强发展动力。建瓯市注重发挥党支部在产业发展的政治引领作用，立足资源优势，积极发展现代特色农业和乡村旅游业，实现产业发展到哪里，党支部就建到哪里。大力推行“支部+公司（合作社）+基地+贫困户”“支部+集体经济”“支部+电商”的党群共富机制，引导村集体把土地、山林等资源，通过转让、租赁、参股等形式转化为“红色股本”，鼓励农民通过流转山林、土地等方式参与经营分红或务工增收，促进贫困村早出列、贫困户早脱贫。

小桥镇在发展蔬菜产业中，发动农民成立互助组，每一互助组吸纳一名老弱病残户，帮助其完成种植、管理和采收等劳作，做到每户都能自食其力，完成蔬菜种植户的脱贫。2017年参加蔬菜种植互助组的困难户有32户，种植面积100亩，预计种植年收入有70多万元，可实现蔬菜种植困难户摘帽脱贫。“产业扶贫是重要抓手。我们公司投入资金建设1000多亩高效标准葡萄园，成为党员带创基地。在务工人员上，优先录用31名贫困群众，而且每月工资比一般人员多二三百元，实现产业扶贫与企业经营双赢。”建瓯市富民农业发展有限公司总经理吴良麟说。

2. “党建+能人”，增强发展引力。建瓯市充分发挥农村党员能人致富、帮富、带富的先锋模范作用，探索实施“红色细胞”工程，通过创建党员创业示范基地，开展“三定三帮”（定片、定人、定责，帮群众解决困难、帮群众代办事项、帮群众致富增收）活动，帮助贫困户找穷因、寻良方、挖穷根。东游镇盛前村青年党员叶宽俊创建的俊丰食用菌专业合作社，带动25户农户种植黑木耳50万筒。2017年又尝试循环利用种木耳的废菌棒培植市场前景看好的黄金菇，还帮扶张忠泉等7户贫困户种植黄金菇、黑木耳，安排贫困人口劳动力就业10人。“合作社鼓励我家培植4000袋黄金菇，签订保护价收购，还垫资2000元。黄金菇4月份上市销售，我家已经取得很好收益。”张忠泉高兴地说。

3. “党建+金融”，增强发展活力。建瓯市积极筹措扶贫小额信贷资金1121万元，由绿瓯农林发展有限公司代为运作，启动扶贫小额贷款和易地扶贫搬迁投融资两个平台的建设。东峰镇井歧村党支部在培育和发展雷竹产业过程中，采取“支部协调、五户联保，统贷统还、分散使用”的金融扶贫创新推动计划，获得银行低息贷款560多万元，确保想种竹的农户干得下去、有钱赚。贫困户陈国华种植20多亩雷竹，年收入10多万元，一举脱贫致富。川石乡慈口村针对有劳力但缺资金的贫困户，制定了对种植雷竹予以每亩500元补助，对改良和种植茶叶的每亩予以400元补助的方案；对无劳动能力的贫困户，由村里协调将其田地以入股的形式流转给合作社进行统一耕种管理，增加他们的收入。

4. “党建+项目”，增强发展助力。建瓯市坚持把群众致富需求与党建项目紧密结合起来，积极开展党员脱贫专项帮扶、就业全程帮扶、“双技”培训帮扶、无住房解困帮扶，实现困难群众困有所助。王长兴、王长有是徐墩镇九匡村的一对低保兄弟，旧房一直是危房，要哥俩拆危房建新房简直比登天还难。为了帮助他们脱贫，村党支部采取置换哥俩的宅基地用于扩建村民活动中心的办法，免费给兄弟俩盖好建筑面积200平方米的新房。王长兴感动地说：“真没想到我们还能住上新房。现在，村党支部还让我当保洁员，一个月能领上1500元的工资，生活够开支了！”

建瓯市的“党建+”还在进一步探索扩大。此举有效激发了扶贫内生动力，实现基层党建与脱贫攻坚相融互动，互利共赢。市委组织部负责人说，党建工作也是生产力，只有把基层党组织的作用发挥好，选好带头人，找对路子，才能为农村的发展打下坚实的基础，进而实现“机制活、产业优、百姓富、生态美”。

案例点评：包括贫困地区在内的13亿中国人民共同奔小康，是人类发展史上的奇迹。这一人间奇迹，只有在中国共产党领导下才能创造出来，只有发挥党的组织优势和党员的先锋模范作用才能创造出来。福建省建瓯市通过抓党建促脱贫的实践证明，村党组织是脱贫攻坚的领导核心。有了这个核心，群众脱贫路上也就有了主心骨、领路人。“党建+”的模式，着力点是发展能力，起作用的机理正是三维资本的协同。

（二）创新激励激发内生动力

案例

陕西汉中略阳县：奖补结合促脱贫激发群众脱贫内在动力

缺资金、缺技术，不敢作为和不想作为，是贫困群众中脱贫普遍存在的几大障碍。2017 年，汉中略阳县积极推动“扶志+扶智”工作，从贫困群众最关心，也最能体现他们现实利益的角度出发，推出了因地制宜的产业奖补政策，从而激发贫困群众脱贫致富的内在动力。

45 岁的王德仁是略阳县接官厅镇亮马台村村民，多年来一直和父亲一起生活，由于老人瘫痪多年，他需要待在身边照顾，不能外出务工，导致家庭贫困。王德仁说：“没办法去打工，一直在家，没有经济来源。”那么，如何才能改变他贫困的现状？2017 年 3 月，王德仁听从镇村干部的建议，从银行贷了 2 万元贴息贷款，买了 20 只山羊放养。喂养 8 个月后，经过村、镇两级验收和公示，他拿到了 5000 元补助。

有了这笔 5000 元的补助，王德仁购买了一台铡草机，减轻了劳动强度。而让王德仁感到意外的是，政府不仅对他养羊有补助，而且羊卖了后还有奖励。

略阳县接官厅镇亮马台村村委会主任对王德仁说：“你卖了 12 只羊，销售收入是 7500 块钱，按照我们政府的奖补政策，销售收入超过 5000 块钱，按10%补助，那么，你将拿到750块钱的奖励。”

由于王德仁是2018年1月份卖的羊，所以奖励只能计算在2018年度。对王德仁来说，如果在今明两年内他继续扩大养羊规模，两年内还能领取最多5000块钱的补助，另外还能领取不超过2000块钱的奖励。

王德仁的事例只是略阳县奖补结合促脱贫政策的一个缩影。为进一步调动建档立卡贫困户发展产业增收脱贫的积极性，从2017年9月起，略阳县采取奖补结合、资金到户的方法，按照每户不超过1万元的标准，分三个年度对全县13255户建档立卡贫困户产业发展进行补助和奖励。具体实施中，主要分三个类别进行扶持和管理。

补助方面：第一类是对发展特色种养业的贫困户，每户补助资金总额不超过1万元，分三年兑付到户，原则上第一年补助5000元，第二年补助3000元，第三年补助2000元。第二类是对持有工商营业执照、发展家庭经济的贫困户，每户补助金额不超过1万元，原则上按照4000元、3000元、3000元的标准，分三次兑付。第三类是对务工的贫困户，年度补助资金按当年务工收入的15%计算，连续补助三年，每户补助金额不超过1万元。而对同一贫困户，既发展种养业，又发展家庭经济或者外出务工的，规定可以按类别叠加补助，但每类补助不得突破该类补助标准的上限。

奖励方面：①发展特色种养业，年度销售收入累计达到5000元以上的贫困户，连续三年按照销售收入的10%予以奖励，每年度最高奖励不超过1000元。②发展家庭经济，年度经营收入累计达到1万元以上的贫困户，连续三年按照经营收入的10%予以奖励，每年度最高奖励不超过2000元。③务工收入年度累计达到1.5万元以上的贫困户，连续三年按照务工收入的10%予以奖励，每年度最高奖励不超过2000元。

略阳县扶贫办主任说：“我们这样做，主要解决这么几个方面的问题：第一个是要持续发展产业，这是个核心。原来只是对种养业进行补助，对别的不进行补助，而且是一次性的，这一次性补助很有可能造成贫困户第二年发展产业缺资金、缺扶持，有可能返贫的风险。第二，我们这样做，既补助规模，又奖励效益，就壮大了我们的自主产业。我们在补助的时候，是有选择性的，是要发展我们县上的特色产业。第三，是调动了贫困户发展产业的积极性，作为我们扶志的一种手段。”

按照产业奖补政策，那些发展产业规模越大、类别越多的贫困户，得到的补助和奖励就越多，脱贫致富的动力就越强。

横县河街道办事处横县河村地处大山深处，交通不便，属于深度贫困村。50岁的黄国录家有五口人，由于父亲患病欠下一身债务，成了贫困户。脱贫攻坚之前，尽管他有脱贫的想法，但苦于没技术、没资金，而一直无法付诸行动。黄国录说：“想改变，一是没有技术，二是没有资金，三是我想改变但是胆小，害怕亏本，一直没有实施。”2017年9月，在帮扶干部的鼓励下，黄国录和妻子借了5000元在镇上开办了一家面皮店，开业半年，收入达到1.1万元。按照县上的奖补政策规定，他还领到了4000元的补助和1100元的奖励。再加上女儿2017年在外打工，收入了36000元，政府又给他女儿补助了4000元，奖励了2000元。几项合起来，全家共计领取奖补资金11100元。黄国录说：“奖补资金今年1月份就打到了我们的一卡通上了，这个政策不光是给钱，更重要的是鼓舞了我的脱贫信心。”

如今，在重奖实补产业政策的激励下，越来越多的贫困户选择了适合自己发展的项目。兴洲街道办安坪沟村的高彩萍一家，共有四口人，由于母亲年迈有病，没有安全住房，成了贫困户。2017年9月，随着产业奖补政策的推出，高彩萍和丈夫选择在家种植香菇，一年能收入10000多元；儿子高飞则去了西安一家陶瓷建材店打工，一年能收入20000多元。按照奖补政策规定，高飞也于今年春节前领到了2017年打工的补助和奖励。高飞说：“补助了3240元，奖励了2000元，这个政策连续享受三年，我感觉这个政策给了我们很大的信心，让我们更有动力去脱贫。”

在推出奖补政策的同时，略阳县还在保障政策执行、防止漏洞的机制上进行了设计。主要做到“三严”：一是严格产业核查核算标准，对全县主推的19类特色种养业和3类家庭经营项目，以及外出打工，都规定了清晰明了的核查验收指标和补助标准；二是严格验收程序和资料，要求贫困户必须提供真实有效的印证资料和签字证明，并且实行村镇两级验收核查和公示；三是严格处罚弄虚作假现象，依法依规进行追责、惩处。

案例点评：激发内生动力关键在“激发”二字，“晓之以义”与“动之以利”同样重要。略阳从贫困群众最关心，也最能体现他们现实利益的角度出发，推出了因地制宜的产业奖补政策，从而激发了贫困群众脱贫致富的内在动力。科学设置奖励梯度，做到干多补多增干劲，干好奖好促效益，有效解决了“撒胡椒面”的弊端，从而在产业扶贫中将效率原则与公平原则有机地结合起来。略阳对产业脱贫实行补助和奖励，较好地解决了贫困群众发展产业缺资金的问题，帮助他们迈出了脱贫致富的步伐，而且树立了勤劳致富光荣的鲜明导向，实现了群众内生动力与产业脱贫的共同促进。

（三）更新观念激发内生动力

案例

贵州省：办好“新时代农民讲习所”
提升脱贫内生动力

2017年4月贵州省毕节市威宁县成立首家脱贫攻坚讲习所，切实提升了贫困群众的脱贫技能。10月19日习近平总书记在参加党的十九大贵州省代表团讨论时强调，新时代的农民讲习所，要赋予它新的内涵，这是创新。罗飞扬就是纳雍县脱贫攻坚讲习所的一名专职讲师，拥有刺绣和织麻

“绝活”，通过63场授课指导，很多苗族妇女重拾传统刺绣手艺并到昆寨乡小花苗服饰蜡染刺绣加工厂工作，现人均月收入可达2500元以上。

毕节市兴办讲习所已有一整套规范的做法：一是要达到“五有标准”，即有场地、有机构、有师资、有标识、有资料。二是要确保拓展讲习主体市（州）、县（区）、乡（镇）、村（社区）的“五级联动”。主体包括全省各级党政领导干部、高校、企事业单位专业技术人员、各类先进模范人物、文化和传统工艺传承人，以及推动脱贫攻坚的“土专家”“田秀才”“乡贤榜样”等。三是把讲习内容“菜单化”，做到“六讲六干”，即“讲思想、干有方向”“讲感恩、干有激情”“讲政策、干有思路”“讲技术、干有本领”“讲比武、干有榜样”“讲道德、干有精神”。四是各地结合实际创新方式方法，按照新时代农民的不同特点、不同需求，结合不同层次群体的文化程度、年龄结构和语言习惯等特点，分类讲习、因人施教，并采取“课堂式大集中、互动式小分散”的方式，在田间地头、居民院落、园区工地等场所，通过院坝会、板凳会、座谈交流、新媒体讲习等多种形式开展讲习，还把专业术语通俗化，让群众易于接受。

讲习所的创办取得显著成效，助力发展产业扶贫。截至2017年11月，毕节市共成立脱贫攻坚讲习所2989个，开展培训1万多场，培训干部群众100万余人次，并通过多种讲习方式，助力产业扶贫挑起脱贫攻坚大梁。在宗岭镇坪箐村已经成立16个专业合作社，490名村民加入，链接全村76户208名精准扶贫户，发展苏州大白鹅、根雕、八月瓜等产业，极大地提升了贫困村民的脱贫技能，促进了思想观念的转变。

从毕节市兴办讲习所的案例中，我们深刻感觉到，办好讲习所是摆脱精神贫困的重要手段，其宝贵经验值得推广：第一，准确把握习近平总书记关于“新时代农民讲习所”的重要指示，充分认识它具有政治性，系统性、战略性与参与性等新特征，讲习所的兴办将伴随整个新时代，极有利于深度脱贫攻坚工作与乡村振兴战略实施。第二，坚持党的领导，充分释放讲习所的功能和作用，将其打造成为新时代执政的基层抓手、提升扶贫机构运转效率的支撑、干部转变作风的途径、乡村振兴的基础和创新农村基层社会治理的举措。第三，一切以需求为导向，坚持同困难群众商量，健全完善持续发展的制度机制，强化组织机构、任务分工、载体整合、师资力量与配备等一系列工作。第四，坚持“一分部署、九分落实”，打造县乡村讲习所三级纵向联动，做到村级全覆盖，讲习内容多层次、多领域，实用性强，讲习方式多样化，持之以恒、求真务实，切实落实习近平总书记的重要指示。

案例点评：农民运动讲习所历史悠久、成效卓著，最早是由中国共产党推动，在第一次国共合作时期举办，可以说是农民革命运动的大本营。毕节市较为准确地把握了习近平总书记关于“新时代农民讲习所”的重要指示，充分认识到讲习所的新特征，注重讲政治，将讲习所办成宣讲习近平新时代中国特色社会主义思想的一个重要阵地，积极宣传党的十九大报告精神和对深度脱贫工作的新部署新要求，讲习内容系统全面，方式灵活多样，成功探寻了一条“扶志+扶智”的深度脱贫攻坚之路，为三维资本协同激发脱贫攻坚内生动力提供了一个经典案例。

案例

四川内江市：扎实开展精神扶贫十大行动助力脱贫奔康

为推动培育和践行社会主义核心价值观内江实践，深化拓展“践行十爱·德耀甜城”主题活动，结合脱贫攻坚“头等大事”，内江市以打赢脱贫攻坚战为行动目标，面向贫困村、贫困群众，从2017年下半年起，着力开展精神扶贫十大行动，旨在使“践行十爱”、脱贫奔小康成为贫困群众的思想意愿和行动自觉，促进贫困群众养成好习惯、形成好风气，为实现“两个率先”、“三个基本建成”、建设幸福美丽内江奠定坚实基础。

开展“十爱进万家”行动。围绕培育和践行社会主义核心价值观内江实践，将“践行十爱·德耀甜城”主题活动向贫困村、贫困群众延伸，推动社会主义核心价值观在内江贯穿结合融入，落细落小落实。将社会主义核心价值观、“践行十爱·德耀甜城”等内容编印成图文小手册，发放到贫困村、贫困群众，修编面向农村、通俗易懂、朗朗上口的“十爱”民谣，在群众中传播和诵读。利用村级文化院坝、宣传长廊、宣传栏、橱窗、雕塑小品等，设置常态固定的公益广告，打造与乡村环境有机融合的乡村文明景观。结合开展“践行十爱·德耀甜城”主题活动，督导推动集中整治群众身边不正之风和腐败问题专项工作。

开展“身边人讲身边事”行动。以“感恩奋进”为主题，把话筒交给群众、舞台让给群众、焦点对准群众，在农村脱贫典型、创业先锋、致富能手中，遴选政治过硬、具有一定政策水平和语言表达能力、自身影响力较强的“草根”宣讲员，组建成立群众宣讲小分队，在贫困村中广泛开展感恩奋进、自立自强、勤俭致富、社会公德、法规法纪等宣传教育。通过深入农家大院、田间地头、居民聚集点，以坝坝会、摆龙门阵、拉家常等形式，结合自身实际向贫困群众宣讲党和国家脱贫政策、宣讲各级各部门帮扶成效、宣讲农业农村巨大变化、宣讲脱贫致富成功故事，用身边的人、身边的事教育群众、感染群众，激发贫困群众自主脱贫的思想意愿、行动自觉。

开展“农村家庭能人”行动。坚持“扶志”和“扶智”并重，开展结对帮带，办好“农民夜校”，建强实训基地，结合推进“两学一做”学习教育常态化制度化，加强感恩教育、道德教育、法治教育，开展好社会主义核心价值观、“践行十爱·德耀甜城”主题活动等思想教育“必修课”；开展好实用技术培训、“巾帼家政”服务培训等“技能课”，集中培养一批“挣得到钱、当得好家、待得来人、走得正路”的“农村家庭能人”，使他们成为团结带领家庭成员建设富裕美满家庭的“主心骨”，成为引领带动贫困群众脱贫致富的“带头人”，引导贫困群众自强自立，用勤劳双手改变落后面貌，创造幸福美好生活。

开展“邻里守望”互助行动。大力弘扬“奉献、友爱、互助、进步”的志愿服务精神，推动学雷锋活动向贫困村、贫困群众延伸，组织广大党员志愿者、青年志愿者、巾帼志愿者从关爱帮扶做起，在贫困村开展“党员义工日”“童伴计划”“爱心接力妈妈”“小手拉大手”等志愿服务活动，让贫困群众感受到社会大家庭的温暖。倡导“远亲不如近邻”的文明理念，引导群众爱社会，发挥村民主观能动性，组织村民成立志愿服务小分队，为村里的空巢老人、留守儿童、留守妇女、残障人士等群体提供聊天陪伴、打扫卫生、帮助购物等日常生活服务，开展治安巡逻服务，有效防范违法犯罪行为发生，通过邻里互助构建和谐文明乡村。

开展家庭道德实践行动。以社会主义核心价值观引领家庭文明建设，探索建立家庭道德积分激励机制，开展“十好十星”量化积分活动，广泛开展体现时代精神、契合家庭需求、群众喜闻乐见的“最美家庭”创建活动，深入挖掘和宣传群众身边“最美家庭”及感人故事，传承夫妻和睦、尊老爱幼、科学教子、勤俭持家、邻里互助的中华民族家庭美德，推动形成相亲相爱、向上向善、共建共享的社会主义家庭文明新风尚，以家庭文明促进社会文明，以家庭变化助力脱贫攻坚。

开展“晒晒我的好家风”行动。传承中华优秀传统文化，挖掘家风家训时代内涵，引导广大家庭整理编写体现传统美德、符合生活实际的家训家规，利用村综合文化服务中心、宣传文化长廊、善行义举榜等阵地，将好家训、好家规、好家风上墙上榜，展示好家训、好家规，弘扬好家风。举办优秀家训、家规和家风故事分享会，组织农村家庭能人，贫困村中涌现出来的“践行十爱·德耀甜城”典型人物以及群众推选出的好公婆、好媳妇、好妯娌、好儿女等，深入贫困村广泛宣讲管家治家兴家的好做法，以好家风推动形成好乡风、好民风。

开展移风易俗行动。坚持法治和德治并举，发挥法律的规范作用和道德的教化作用，组织开展法治宣传进农村、法律援助进农村等工作，为贫困村选聘法律顾问，评选“法治明白人”，健全矛盾纠纷多元化解机制，促进贫困村依法治理、和谐稳定。把养成好习惯、形成好风气作为推动移风易俗工作的着力点，围绕文明村镇、幸福美丽新村、“四好村”创建等内容，深化农村精神文明创建，让乡风文明融入贫困群众生产生活的各个方面。加强基层民主建设，指导贫困村修订村规民约，将社会主义核心价值观、“践行十爱·德耀甜城”等内容贯穿其中，成立“红白理事会”“村民议事会”等自治组织，教育引导群众自觉破除陈规陋习，自觉抵制婚丧喜庆事宜大操大办、聚众赌博和封建迷信活动，对好吃懒做、爱慕虚荣等不道德行为进行教育。挖掘整理本地传统乡贤文化资源，结合“我们的节日”主题活动，以移风易俗的典型案例为内容，自编自演文艺节目，用农民群众喜闻乐见的形式引导贫困群众，促进良好社会风气的形成。

开展农村环境“五清”行动。倡导绿色发展理念，推行绿色生活方式，结合城乡环境综合治理，开展贫困村“一增一减一治”工作，实施“清河、清渠、清沟、清路、清院”等“五清”行动，解决生活污水泼洒、生活垃圾堆放等问题，狠抓农村面源污染治理，打造“水清岸绿、渠沟通畅、路见本色、庭院整洁”的优美农村人居环境。以“爱自然”为主题，组织村民实施植树种绿、养绿护绿等庭院美化“微工程”，开展保护河流、爱护野生动物等环保“微活动”，巩固“五清”行动成果，保护良好生态环境。

开展“文化扶贫示范村”创建行动。发挥以文化人、以文扶志的积极作用，以“书画文化”“红色文化”等特色地域文化为基础，加强文化精准扶贫，在计划退出的贫困村，按照省八项标准和“六有”目标，实施

“文化扶贫示范村”创建行动，通过打造阵地、建设队伍、开展活动、保障经费、健全机制，满足群众读书看报以及参加文体活动等基本公共文化需求，以“文化扶贫示范村”的带动引领，改善贫困群众的精神面貌，增强人民群众的获得感。开展“送文化下乡”“送电影下乡”“送健身指导下乡”等活动，把“幸福文化广场”“月月看大戏”“大千讲坛”等群众品牌文化活动延伸到贫困村，培育业余群众文化活动队伍、文化志愿者队伍、文化管家，变“送文化”为“种文化”，营造积极健康向上、生动活泼的社会文化环境。

开展寻找“蝶变”乡村行动。紧紧围绕全面建成小康社会和脱贫攻坚目标任务，注重内强基础、外树形象，在推进“四好村”创建的基础上，开展“脱贫攻坚示范村”“旅游扶贫示范村”创建活动，展示贫困村的脱贫成果，寻找一批通过精准扶贫发生“蝶变”的贫困村，利用各种媒体平台展示其生产美、生活美、环境美、人文美、风光美，以“村容村貌美”带动“村风民风正”，以“蝶变”乡村的典型示范，促进其他贫困村加快脱贫步伐。

案例点评：“精准扶贫既要富口袋，也要富脑袋”，必须坚持人民群众主体地位，培育激发脱贫内生动力，使被帮扶群众不仅成为发展成果的共享者，也成为社会主义现代化的建设者、贡献者。内江市将培育和践行社会主义核心价值观、深化拓展“践行十爱·德耀甜城”主题活动，与当前脱贫攻坚行动相结合，开展多种类型的精神扶贫活动；特别是找准着力点，使扶贫活动面向贫困村、贫困群众；不仅引导贫困群众实现自强自立，用勤劳双手改变落后面貌，创造幸福美好生活，还营造了好民风、好家风、好乡风、好社风，有力地加快了打赢脱贫攻坚战，实现全面建成小康社会的步伐。

（四）提高技能激发内生动力

案例

山西阳曲县："周末学堂"激发脱贫内生动力

习近平总书记多次强调，扶贫先扶志，扶贫必扶智。山西省阳曲县于2016年5月创造性地搭建"周末学堂"平台，践行先富"脑袋"再富"口袋"、再出"学堂"搞创收的想法，激发全县干部群众尤其是贫困群众的脱贫主动性。城东路社区居民李素珍就是受益群众之一，每堂课她总是早早地来到"教室"占座，说："现在每月上课的居民很多，大家都是抢着学，尽可能多参加，很有启发。"

通过大量实践探索，"周末学堂"已形成一套特色鲜明的做法：一是"全覆盖+常态化"。在原有道德讲堂、农村文化大院、社区活动室的基础上，确定场地，悬挂牌匾，配备必需的学习设施，并覆盖全县各乡镇、社区、机关企事业单位和行政村，以及所有干部群众。二是"规定内容+干群需要+正能量教育"。设立以社会主义核心价值观、党规党章、村规民约、家风家教等为基本框架的培训内容体系，并坚持"缺什么补什么"，通过微信公众平台向群众提前征集和推荐教学内容。三是"送学下乡+典型引领"。县四大班子领导带头"送学下乡"，农业专家和乡村农业技术带头人走进田间地头，形式多样，评选典型事例以激励困难群众自强上进。

阳曲县"周末学堂"成效显著，受益的困难群众较多，积极推动了产业扶贫。据统计，一年来参学的党员干部6600余人，群众89000余人，送学下乡225人次，有2000余名困难群众找到新的创业就业门路。尤其是在攻克产业脱贫资金短缺的掣肘方面，专门开展"五位一体"精准扶贫小额信贷发放培训，组织120人深入全县117个村、5470户贫困户、12137名贫困人口中帮助他们提高认识。目前，已发放贷款5183万元，1046户贫困户受益，占任务数4800万元的108%。

从阳曲县的精神扶贫案例中，我们获得了四点可资借鉴的经验：第一，要找准凝聚民心的点，设立“周末学堂”的核心理念，做足宣传工作。“周末学堂”致力于讲解惠民政策、宣传先进典型、传承中华美德、增强致富本领，就是贯彻了习总书记“以浓厚的氛围熏陶人、以生动的事迹教育人、以科学的技术富裕人”的重要指示。在宣传工作中，抓住了民心，坚定了信心。第二，坚持党的领导，发扬务实肯干的作风，打造好讲授工作的各个环节。办好“周末学堂”需要坚持在县委、乡镇党委以及村党支部的坚强领导和民主决策中推进工作，各级领导干部踏实勤勉，在方案谋划、制定、评定以及表彰等各环节中细化管理工作。第三，坚持同群众商量，加大协商力度，把各方面力量动员、组织起来。“周末学堂”的课程设置做到提前印发培训需求调查表，充分征求群众关注的精准扶贫问题，并通过微信公众平台向居民提前推荐，每一步工作都在绝大多数贫困群众同意的基础上实施，有利于集结各方力量，使“周末学堂”真正成为全县党员干部制度化、常态化学习的载体和平台。第四，设置多学科、多领域、实用性的讲授内容，课堂形式多样化。“周末学堂”的讲授内容紧贴形势政策、地方特色，强化政治理论、县情乡情以及职业技能培训，加大现场教学、案例教学、情景教学比重，运用励志故事和邻里脱贫事迹进行宣传和讲解。

案例点评：营造良好的学习氛围、树立追赶意识，无疑是从根本上激发贫困户内生动力的有效路径。阳曲县创造性地搭建“周末学堂”平台，践行了先富“脑袋”、再富“口袋”、再出“学堂”搞创收的想法，“以浓厚的氛围熏陶人、以生动的事迹教育人、以科学的技术富裕人”。为进一步提高政治思想素质，领导干部带头，在学习内容、机制、成效、档案、学以致用等方面做了非常具体的安排，坚持不懈、以上率下，实现了“覆盖全县各乡镇、社区、机关企事业单位和行政村，以及所有干部群众”的全覆盖和常态化，成功激发起全县干部群众尤其是贫困群众的脱贫主动性和凝聚力。

（五）发展促进激发内生动力

案例

广西凤山县：脱贫攻坚发展村级集体经济

发展村级集体经济一直是各地脱贫攻坚的“老大难”问题，广西凤山县先行先试，通过强化顶层设计，突破发展瓶颈等措施，全县 98 个村（社区）实现了集体经济全覆盖、稳收入、全达标。2017 年以来，凤山县村级集体经济收入总量近 900 万元，村均集体经济收入达 8 万元以上。

构建“三个体系”，做好顶层设计。即构建责任落实体系，由党政主要领导担任领导小组组长亲自抓，形成党委政府牵头抓总、组织部门具体负责、职能部门各司其职、乡村具体落实的责任体系；构建工作制度体系，出台村民合作社“1+5”运行管理制度和 3 项财务管理制度，规范合作社运行和资金监管，积极防范各类风险；构建组织保障体系，在选配懂经济、会经营的能人充实村“两委”班子的基础上，向每个村派驻一支不少于 5 人的脱贫攻坚专业工作队全脱产驻村。“把发展村级集体经济工作列入乡、村两级党组织书记抓基层党建述职评议考核内容，并与驻村专业工作队工作成效考核、绩效奖励挂钩。”凤山县委常委、组织部部长施展介绍，发展村级集体经济重点要有人力支持，选派驻村工作队能有效解决村级工作人力不足、素质和工作效率不高等问题。

力促“三个覆盖”，突破发展瓶颈。一是资金安排全覆盖。整合上级补助资金、历年结余资金、部门扶持资金、县级财政资金以及社会帮扶资金共计7300万元，作为村级集体经济发展资本金，按照贫困村100万元、非贫困村50万元的标准安排，为每个村的集体经济发展提供了最基本的“本钱”。二是项目下放全覆盖。把分散在扶贫、发改、财政等部门的小型惠民基础设施项目，按同类项目技术、补助、监管、验收、审计“五统一”下放到村一级实施。三是扶贫产业全覆盖。在脱贫攻坚中重点培育了核桃、桑蚕、百香果、核桃鸡等“五长五短”扶贫产业，覆盖全县98个村（社区），为村民合作社融入产业、创造利润提供了肥沃的土壤。比如该县通过引进龙头企业带动，培育了年产3000万羽、产值30亿元的林下养殖核桃鸡产业，村民合作社通过资金入股产生8%的固定收益。同时政府融资在每个村建设2个标准化养殖小区，其基础设施划归村集体作为资产入股，村民合作社从每只鸡的养殖利润中分红2元钱。

推行“三种模式”，确保多元收入。“我们按照优先保兜底、确保全覆盖、推动多元化、增强稳定性的思路，成功探索了发展村级集体经济的三种模式。”凤山县委书记说，凤山探索的“入股搭车”“村办项目”“自办产业”三种模式，实现了所有村（社区）集体经济全覆盖、全达标。“入股搭车”模式就是要让所有村、社区都有8万元和4万元的集体经济收入。县里面给每个村安排村级集体经济发展资金，对本村有优质项目的，则投入本村项目，暂时没有优质项目的，则入股全县扶贫产业链搭车发展，避免资金闲置浪费。如全县有96个村（社区）通过入股参与了林下养殖核桃鸡产业链，每年按入股资金的8%分红，贫困村分红8万元，非贫困村分红4万元，实现了兜底收入。

“村办项目”模式，就是通过村“两委”组织实施项目增加集体经济收入。“去年我们村‘两委’组织实施了两条屯级道路硬化工程，获得村集体经济收入2.36万元。”凤山县长洲镇郎里村党支部书记介绍说，项目下放到村“两委”实施，不仅项目工程的进度、质量得到了保障，而且群众参与施工实现了家门口就业，群众对“村办项目”工作非常满意。现在村里面不仅有钱办事了，而且党支部的威信也树立起来，群众的力量也聚起来了。2017 年，全县 98 个村（社区）通过“村办项目”实现集体经济收益共 196 万元。“村办项目”使村党组织的组织力进一步增强、群众满意度进一步提高、村级集体经济收入进一步增加。

“自办产业”就是充分利用各种惠民扶持政策发展特色产业促进集体经济多元化。凤山县出台脱贫攻坚扶持激励政策，对禽畜养殖、特色水果、高山蔬菜、山茶油等特色产业进行扶持补贴，同时积极引进龙头企业带动，激发了各村自办产业的积极性。如中亭村村民合作社种植百香果 521 亩，获政策性补贴 52.1 万元，熟果由龙头企业保价回收，2017 年村民合作社通过种植百香果给村集体分红 8.8 万元。2017 年以来，全县各村、社区通过“自办产业”实现集体经济收入 128 万元。

案例点评：经济薄弱的村，尤其是贫困村，往往容易诱发一些社会矛盾和问题，集体经济有一定实力，才能积极主动化解矛盾和问题，不断提高党员、群众的信赖和向心力，更好地发挥领导核心和战斗堡垒作用。同时，发展壮大村级集体经济，不仅对村域经济发展起到重要推动作用，更对贫困群众脱贫增收起到强有力的带动作用。广西凤山县抓住发展贫困村集体经济这个牛鼻子，创新性地开展构建“三个体系”，做好顶层设计，力促“三个覆盖”，突破发展瓶颈，推行“三种模式”，确保多元创收，从县级层面建立了一套较为完善的村级集体经济可持续运行体系，实现了凤山县所有村（社区）集体经济全覆盖、全达标。

案例

江苏省宿迁市：“支部+电商”　点亮脱贫精气神

在 2015 年中央扶贫开发工作会议上，习近平总书记强调指出，抓好党建促脱贫攻坚，是贫困地区脱贫致富的重要经验。小康不小康，关键看老乡，老乡富不富，关键在支部。近年来，宿迁乘“互联网+”东风，积极探索、推行“支部+电商”的多种形式，强化政治引领，完善服务功能，初步创出一条增强内生动力，摆脱精神贫困的路径。

开展“一村一品一店”，搞活党群服务中心。在薄弱村充分利用党群服务中心，通过开设电商代购代销点服务点帮助群众开发“一村一品一店”，实现买全国、卖全国，党群服务中心的功能延伸为宣传、培训、策划、示范、物流5个功能。

支部引领促增收，自律诚信成典范。党支部充分发挥基层堡垒作用，通过在“三会一课”中间穿插开展电商培训、技术指导，引导村民触网上线，主动当起了电商发展的“红色引擎”。引导合作社、龙头企业利用电商拓宽线上销售渠道，带动更多贫困户就业增收。创建行业协会党支部，通过确定“统一标准、统一生产、统一价格、统一物流”的行业规范，引导组团发展。促规范，讲诚信，帮助解决生产经营中不正当竞争等问题。例如，宿豫区大兴镇喜糖盒协会成立党支部，吸纳全镇35户喜糖盒网点加盟，帮助解决生产经营中出现的产品质量、资源配置和不正当竞争等问题，使喜糖盒销量占淘宝网同类产品的90%。

“红色电商”示范干，党员形象网上升。全市实施农村红色电商“321”培养计划，将农村电商培养成党员、党员培养成电商和“红色电商达人”。全市4.2万家网店，1/5为党员户和入党积极分子户开办，销售份额超过40%，涌现一大批依法诚信经营、主动帮贫带困的党员示范户。宿城区耿车镇大众村曾以垃圾回收为主业，在产业转型的形势下村支书李军带领全村发展电商，群众从怕到干，网店从无到有，短短几年，全村519户从事电商，年销售突破4.5亿，成为远近闻名的“淘宝村”。宿豫区大兴镇大学生村干部不仅自身带头创办淘宝网店，还把一名信访“难缠户”发展成“电商户”，既化解了村里多年的信访难题，也帮助上访人解决了后顾之忧。

宿迁通过“支部+电商扶贫”成功完成了由“土地掘金”向“网上掘金”的转变，激发了百姓的内生动力，扭转了社会风气，营造了良好的社会氛围，促进了干群、党群关系和谐发展。在转变贫困群众思想观念的同时还提高了他们的市场意识、风险意识、诚信意识和品牌意识。

宿迁以“支部+电商”为抓手，探索出一条加强基层党建、助力精神脱贫的新路子，其经验可资借鉴。它留给我们的启示是：在精神扶贫中要充分发挥基层党组织的战斗堡垒作用，使基层党组织的政治属性和服务功能相统一，激发贫困群众“我要脱贫”的自觉。同时找准党建与产业发展的结合点和突破口，坚定贫困群众“我能脱贫”的信心。

案例点评： 人类社会发展的历史告诉我们，开放带来进步，封闭必然落后。经济落后、信息闭塞、观念陈旧是很多贫困地区、贫困群众贫困的根源，可通过信息化手段，使贫困地区搭上互联网的快车，帮助贫困群众开阔眼界、拓宽发展思路。宿迁找准病因、对症下药，以“支部+电商”为抓手，探索出一条加强基层党建、三维资本协同助力精神脱贫的新路子，实现了贫困地区与市场之间的信息互通，不仅转化了贫困群众的发展理念，改变了贫困群众的发展方式，同时有利于塑造贫困群众的现代性。

（六）典型带动激发内生动力

案例

四川峨边县：多措并举攻克精神贫困

脱贫攻坚要注重调动贫困群众内生动力，教育引导贫困群众自觉“养成好习惯、形成好风气”。四川乐山市峨边彝族自治县在社会制度“一步千年”同陈规陋习“根深蒂固”共存互斥大背景下，坚持将精神扶贫作为提升扶贫成效和提高贫困群众获得感的良方，探索走出了多措并举攻克精神贫困的新路子。

一是深化精神扶贫，踏上励志崛起新征程。峨边县制定移风易俗三年攻坚计划，全面开展卫生文明、勤俭创业、遵法守约“三大行动”，实施思想先导、基础设施、社会治理“三大工程”，强化组织、制度、经费“三个保障”；深入开展“感恩奋进·我的脱贫路”活动，通过典型贫困群众代表的集中宣讲，以说帮扶、说变化、说未来、说感恩等为主要内容，采取对下说、对外说、相互说等形式讲述脱贫心路历程，营造励志感恩奋进、脱贫示范引领的良好氛围。

二是摒弃陈规陋习，培育现代文明新风尚。创新建立“双高”（高聘金、高礼金）治理工作考核、约谈和管理运行“三个机制”，引导群众从简办理“红白事”，“因婚致贫”“因丧返贫”现象得到有效遏制；巩固深化“德古”（彝族指德高望重；具有较高调解和调处能力的人，一般也是族长。）依法调解制度，建立健全“德古”纠纷排查调处、督查督办等7项工作机制；深入开展“千名干部联万家”活动，凡群众办“红白事”，县、乡、村联户干部第一时间“赶人情”，主动把群众当“亲人”，把民生当“家事”。

三是创新宣传载体，提振贫困群众精气神。创新开展“千名干部大走访大宣讲”活动，县级领导主动挂帅，“五个一”帮扶力量和县、乡干部全员出动。结合彝区、山区实际，创新采取流动与固定相结合、需求与技能相结合等形式，办好、办实、办活“农民夜校”，让“农民夜校”成为彝区提升素质能力、带动发展、培育新风的好平台；深入开展“峨边好干部”“五星家庭”等评选活动，传递正能量。

四是挖掘传统民俗，滋养群众精神大世界。创新组建“文化大篷车”，围绕新风倡树，精心挖掘编排文艺节目，深入贫困村开展集中巡回演出，以喜闻乐见的表演形式潜移默化地将爱党爱国、诚实守信、自力更生、勤劳致富等新风吹进贫困群众心中；深入挖掘自然风光和彝族文化的深刻内涵，创新打造五渡镇至黑竹沟镇沿线100余公里的“脱贫攻坚—民俗风情文化长廊”和民俗风情街，推进民族特色文化与生态旅游开发互动发展。

峨边精神扶贫的大胆探索取得了良好的效果。切实补齐了彝区“养成好习惯，形成好风气”短板，有效增强了贫困群众自强不息、自我脱贫意识，有效解决了服务群众“最后一公里”问题，让全社会凝心聚力奋战攻坚的正能量得到传递，让“彝族美神”勤劳美丽、善良坚贞的精神品质焕发出全新时代风采。

峨边的实践表明，物质扶贫往往能解一时之困，精神扶贫却可长期见效。而多措并举推进精神扶贫的成功做法，折射出贫困县狠抓源头治理，深入推进移风易俗，实现物质和精神同步小康的脱贫思路需要不断创新。贫困不可怕，可怕的是没有志气，要真正摆脱贫困，首先必须在精神上脱贫。

案例点评：习近平总书记强调要“通过多渠道，教育和引导贫困群众改变陈规陋习、树立文明新风”。四川省峨边县将精神扶贫作为提升扶贫成效和提高群众获得感的良方，教育引导贫困群众自觉“养成好习惯、形成好风气”。通过推进移风易俗、创新宣传载体、挖掘传统民俗、传递正能量等方式营造了勤劳致富、光荣脱贫的良好氛围，真正实现了群众在精神上摆脱贫困。更难能可贵的是，通过深入挖掘少数民族文化，推进民族特色文化与旅游互动发展，使传统民俗焕发出全新时代风采，对其他民族地区文化的发展极具借鉴意义。

案例

四川乐山市：励志扶贫新路子

2013年11月，习近平总书记在湖南考察工作时指出：“脱贫致富贵在立志，只要有志气、有信心，就没有迈不过去的坎。”乐山市扶贫工作开展已久，但始终有部分贫困村、贫困户扶而不起、帮而不富、助而不强。贫困人口脱贫致富内生动力不足的现象十分普遍，讲等级、婚丧嫁娶铺张攀比、眼界狭隘、卫生习惯差等落后观念和生活陋习，成为巩固脱贫成果的短板。近年来，乐山市认真学习、深刻领会习近平总书记扶贫开发战略思想，立足于市情实际走出了一条励志扶贫新路子。

狠抓“三治”，纠偏治差。通过抓好思想教育工作、讲好社会主义核心价值观和中华民族传统美德“两堂课”，治畏难情绪；通过搭建“基层夜话”“农民夜校”“家访谈话”等沟通平台与贫困对象面对面交流，治懒惰思想；通过加大对农村酗酒、赌博、迷信、不赡养父母、遗弃子女、高价彩礼、攀比讲排场、违法生育等不良风气的整治力度，开展“文化、法律、科技”下乡活动，建立农村“婚嫁丧”理事会，治不正之风。

大搞“三评”，扶正固本。积极组织“四好村”创建工作，在全市广泛开展“十评”（评模范守法户、清洁家庭户、星级文明户、致富带头户、感恩自强户，评好公婆、好媳妇、好妯娌、好夫妻、好孩子）活动，对群众典型评好；巩固并深化亲情工作法，对工作典型评优；加强脱贫攻坚先进基层组织评定，对涌现出的先进组织评强。

做好“五加强”，激发内生动力。充分利用各种媒体全方位、多角度宣传励志扶贫，加强引导力；推进农村住房、交通、水利、宽带等项目建设，加强基础力；针对性开展农村实用技术培训和就业技能培训，加强驱动力；组织贫困户代表到先进地区交流、学习，加强学习力；因村施策发展产业扶贫、生态扶贫、旅游扶贫、电商扶贫，用好用活“四项扶贫基金”，加强指导力。

乐山市励志扶贫取得显著成效。第一，激发了贫困群众内生动力，提升了贫困群众对中央、省、市关于脱贫攻坚的战略部署和精准扶贫政策的认知度、知晓率，让贫困群众真正感受到党和政府坚决打赢脱贫攻坚战的信心和决心。第二，巩固了脱贫成果，提升了减贫成效。贫困发生率由2013年的8.94%下降为2016年的3.59%。第三，提升了贫困群众就业能力，收入显著提高。2016年，五通桥区试点家庭就业率上升了14.8%，家庭成员每月劳动时长增加20个小时，纳入试点的农村贫困户人均可支配收入达到7172元。

乐山市围绕“两不愁、三保障”和“四个好”目标，在注重物质扶贫的同时，持续加强精神文明建设，引导贫困群众不等不靠、感恩奋进，用勤劳双手创造幸福美好生活，实现脱贫奔小康。下一步，乐山市将继续坚持干在实处、走在前列的工作取向，聚焦对标补短，把“励志扶贫”作为脱贫攻坚工作中最有效的补充、最丰沛的力量源泉，培育脱贫攻坚氛围，全力提升贫困群众内生动力，坚决打赢脱贫攻坚战。

案例点评：随着外部支持力度的加大，一些地方产生了挤出效应，许多贫困户“等靠要”思想没有转变，关于精神贫困的标签化、污名化的认识不利于我们客观认识贫困地区、贫困群众内生动力不足等问题。乐山市通过纠偏治差，整治不良风气，为认识精神贫困问题提供了一把尺子以及更加科学的评判。通过开展评比等活动，建立正向机制，宣传先进典型，使精神扶贫有了标准。把“励志扶贫”作为有效补充，有利于引导贫困群众用勤劳双手创造幸福美好生活，实现脱贫奔小康。

（七）综合扶贫激发内生动力

案例

广西合山市：多维“精神扶贫”破解五大脱贫难题

习近平总书记指出：“脱贫致富贵在立志，只要有志气，有信心，就没有迈不过去的坎。”红水河畔，大好合山，曾经产煤量占广西1/4，随着煤炭资源日益消耗，合山市2009年被列为全国第二批资源枯竭型城市，2012年在广西新一轮扶贫开发工作中被列为享受国家级贫困县待遇的县。近年来，合山市积极探索精神扶贫新思路，从思想、志气、信心、心灵、智力等方面实施精神扶贫，破解了不想脱贫、不敢脱贫、不能脱贫、不会脱贫、不望脱贫五大难题。

实施“思想扶贫”，破解“不想脱贫”难题。全市成立“抓党建促脱贫”工作队党委，组建以贫困村第一书记、驻村工作队员、结对帮扶干部为主体的扶贫骨干队伍，进村入户进行动员、宣讲、教育。采取“一帮一、一帮多”的贴心帮扶方式，党员干部与贫困户结对联系，解决和化解群众思想认识问题。

实施“志气扶贫”，破解“不敢脱贫”难题。在全国率先实施“脱贫争先工程”，从宣传引导、励志教育、典型引路入手，采取“线上+线下”“纸媒+电媒”等方式，以身边的致富典型感动人、以身边故事鼓舞人、以贫困党员比学赶超争先摘帽带动人。着力破解部分贫困群众目标不清、志气不足导致“不敢脱贫”等问题，激发贫困户脱贫斗志。

实施“信心扶贫”，破解“不能脱贫”难题。出台一系列惠农政策提振信心，对建档立卡贫困户进行信用评级授信，引导金融机构加大对扶贫开发的支持力度。2016年，该市共有1311户贫困户申请小额贷款6014万元，贫困户贷款率达82%。出台政府无偿资金注入政策，为贫困户提供1万元/户的扶持资金，作为贫困户入股合作社的股金，每年分红获利。鼓励村级党组织和党员领办、引办合作社，拓宽贫困群众收入来源、稳定贫困村集体经济。

实施“心灵扶贫”，破解“不望脱贫”难题。因学因病致贫是合山市贫困人口致贫、返贫的主要原因之一，合山市组建党员志愿先锋队，实施阳光助残、关爱留守儿童、关爱孤寡老人行动。组建教育扶助工作队，帮助贫困学生办理助学贷款、发放助学金、免除学费。组建医疗志愿服务队，送医送药、医疗救助、心理疏导。

实施“智力扶贫”，破解“不会脱贫”难题。合山市围绕就业、产业、创业，有针对性地开展外出务工技能培训、农村实用技术培训、个性化技术指导、服务自主创业培训，2015年以来13000多人实现了稳定就业和创业，智力扶贫成了贫困户增收、稳定脱贫的主要渠道。

2016年，合山市成为广西首批脱贫摘帽的4个县（市、区）之一，共有2481户贫困户、8997名贫困人口顺利脱贫，贫困发生率控制在3%内，合山在广西21个区级贫困县党委和政府扶贫开发工作成效考核中位居第一。“会脱贫、要脱贫、敢脱贫、争脱贫”成为合山建档立卡贫困户的精神常态和共同追求。2017年，合山市按照“脱贫不脱帮扶、脱贫不脱政策”的原则，继续对脱贫户进行扶持，进一步巩固全市脱贫摘帽成效。

合山走出了一条西部经济欠发达地区精神扶贫的新模式，有三点启示：一是精神贫困的成因复杂多样，要从多维度考虑精神贫困产生的原因，针对不同群体，找出致贫原因，打出政策组合拳。二是要充分发挥党组织的优势，将党建资源转化为扶贫优势、党组织的政治优势转化为思想教育优势。各级党委政府在脱贫攻坚中要发挥主导和引领作用，调动行业、社会多方面力量，形成人人参与脱贫攻坚的合力。三是已经脱贫的贫困县要继续摘帽不摘责任、摘帽不摘政策、摘帽不摘帮扶、摘帽不摘监管，注重物质扶贫向精神扶贫转变，调动群众的内生动力，巩固脱贫成果，防止返贫，确保脱贫退出稳定可持续。

案例点评：脱贫攻坚贵在精准。所谓贫有百样、困有千种，精神贫困的成因复杂多样，需要我们精准施策，针对不同原因、不同群体，对症下药、靶向治疗。合山从思想、志气、信心、心灵、智力五个层次探索精神扶贫新思路，破解了贫困群众“不想脱贫、不敢脱贫、不能脱贫、不会脱贫、不愿脱贫”五大发展难题，可以称得上是精神扶贫的“五个一批”，同时调动多方力量，形成脱贫攻坚合力，注重物质扶贫与精神扶贫共同推进，建立稳定脱贫的长效机制，增强发展的可持续性。

案例

四川南充市：重塑精神　再振民心

一、民心所向，胜之所往

四月初的清晨，春雨淅淅沥沥，村里的贫困户“懒狗”一边割猪草，一边打起了“小算盘”：“去年养的两头肥猪卖了3000多块钱，今年嘛，加把劲，争取上半年出栏3头，下半年再出栏3头，这年底就有盼头了哦!”

“懒狗”名叫杜建华，嘉陵区大通镇人。几年前的“懒狗”人如其名：胡子拉碴，满身馊味，好吃懒做，东游西荡，整天盼着天上掉“馅饼”……

杜建华的靓丽转身，是南充市开展“精神扶贫”的一个缩影。南充是革命老区，全市9县（市、区）中，有4个国家扶贫工作重点县、1个国家级秦巴片区县和6个省级秦巴片区县。根据统计，2014年，全市精准识别建档立卡贫困人口191091户、577772人。近年来，市委市政府坚持扶贫先扶志、扶贫先扶智，注重思想扶贫、技能扶贫、文化扶贫、法治扶贫“四位一体”，齐头并进，探索出了一条精准扶贫和精神扶贫共同发力的路径。踏着脱贫攻坚的铿锵步伐，贫困户的“脑子”富了，“袋子”鼓了，两个县退出贫困县序列，794个贫困村、49万贫困人口脱贫，书写了一首贫困落后农村地区“后发赶超”的壮美诗篇。

二、思想扶贫：授人以志

脱贫攻坚战役打响以来，针对“贫困面大、程度深”这一市情特征，市委、市政府坚持把脱贫攻坚作为天大的事，使天大的力、尽天大的责，举全市之力，念兹在兹、唯此为大，浩浩荡荡的春季攻势、夏季攻势、秋季攻势等连战连捷。

专题调研督查期间，工作组纷纷反映一个共性问题——内生动力不足。具体表现在：干部干群众看、“脱贫是党委政府的事、是帮扶干部的事”、穷怕了不敢干、穷惯了“等靠要”……类似现象和思想，在贫困群众中不乏市场。“群众思想不‘脱贫’，扶贫不扶‘志’，脱贫攻坚就是党委政府一厢情愿的事。”找到了问题，明确了方向，紧接着，全市脱贫政策、文明新风、习惯养成、自力更生、感恩奋进“五项教育”遍地开花，慢慢结出了“志”气的果实。

南部县碑院镇大佛村贫困户冯斌昌，母亲瘫痪卧床，妻子离婚而去，一穷二白的他破罐子破摔，萎靡不振，得过且过。帮扶干部何友作一次次登门拜访，要么吃了“闭门羹”，要么无论劝其发展养殖业还是给他介绍工作，换来的都是摇头或沉默。面对这样油盐不进的帮扶对象，何友作很是头疼。

转机发生在2017年7月。冯斌昌的母亲急性脑出血，他却恰巧不在家，等他赶到医院时，入院手续、家属签字这些程序已经搞完，老人已经被何友作送进手术室。医生告诉冯斌昌：“再晚半小时华佗也救不了。”冯斌昌扑通一声跪在何友作面前，痛哭流涕地说：“你是我妈的救命恩人，我对不起我妈，猪狗不如啊！”

何友作一把扶起冯斌昌，循循善诱：“当娘的最大愿望就是望子成龙……”这天晚上，从儿女尽孝到男儿立志，从困难挫折到奋发图强，何友作讲得口干舌燥，却一点儿也不觉得累。冯斌昌听得很用心，最终表态：从今天起要活得像个男人。

接下来短短几个月，在何友作的帮助下，冯斌昌投工投劳建新房，外出务工赚收入。当年，冯斌昌一举摘掉了“穷帽子”，踏上了“奔康”

大道。

这样的事例不胜枚举。为了帮助贫困群众鼓起自主脱贫的勇气，南充市党员干部进村入户，在贫困村分片区建起了农民夜校，成千上万场“坝坝会”“交心会”有的放矢，思想的感化润物无声，在“要我脱贫”到“我要脱贫”的转变之间，奏响了“幸福是干出来的”最强音，群众的思想“脱贫”生成了强大力量，正如一首群众自编自演快板书所述：“办夜校，改陋习，缕缕新风写正气。且看过去李应刚，不讲清洁讨人嫌。如今这人大改观，早早起床把活干。房前屋后很整洁，晚上还把夜校念。”

三、技能扶贫：授人以渔

谈及“鸡要打针”话题，四川农业大学研究生袁章滔滔不绝。两年前，袁章带着一批鸡苗进村入户，还集中搞了一次“鸡苗接种”培训会。然而，他没有想到，“犟拐拐”张德发偏偏就是不信这一套，逢人便讲：“养了几十年鸡，还没有听说给鸡打针的怪事。”

张德发所言不虚。以往，川东北农村农民养鸡规模很小，大多几只，发生瘟疫的风险极小，即便损失也不会引起刻骨铭心的记忆。这次呢？几十只鸡，一个村子突破千只。数量一上升，疫情控制、交叉感染的风险与从前不可同日而语。

两个多月后，袁章突然接到了村里的求救电话：张德发的鸡苗“蔫”了。怎么回事？调查得知，注射过疫苗的贫困户的鸡苗都活蹦乱跳，而类似于张德发不信“邪”的两户人家，鸡苗却出现了问题。

“星星之火”引燃“燎原之势”。由此及彼、举一反三，没有技术、没有“技术思维”，脱贫奔小康难上加难。针对这一顽疾，南充市高规格启动实施“万名农技员进万村”活动。

技能就是生产力！一时间，贫困村产业火了起来。有的农技员免费担任创业贫困户的技术顾问，有的农技员办班到乡、送教进村、服务到户，贫困户“创业能力不强、就业薪酬不高”的疙瘩渐渐解开了。

仪陇县地处四川盆地东北部，交通不便。面对优质农产品“养在深闺人未识”这一挑战，2016年借力“全国电子商务进农村综合示范县建设”，仪陇县采取“送教下乡”的形式，公开招标浙江现代电子商务研究院，大规模培训返乡农民工、种养大户、电商企业等重点群体突破万余人次，一大批贫困户加入“网军”。当年，全县电子商务交易达4.2亿元，搭乘农村电商快车，贫困群众迈上了康庄大道。

家有千金，不如薄技随身。截至目前，南充市培训“农业工人”超过30万人次，贫困村的876个脱贫奔康产业园，基本实现在家贫困户“户户入园”，大多数贫困户有了“一技之长”，从源头上拔掉了低端劳动力、劳动力低端的“穷根”，户年均增收1.2万元以上。2018年，经过充分调研论证，南充市快速推进“中国晚熟柑橘之乡”“中国木本油料之乡”建设，老区群众脱贫奔小康的步伐持续加快。

“以往农民只晓得面朝黄土背朝天，现在有了一技之长，他们收入增加了，我们创业也能招到技术农民工了……”一大批返乡创业者竞相感叹。

四、文化扶贫：授人以教

看着嘉陵区天星乡存在的邻里不和、偷鸡摸狗、中途辍学现象，第一书记蒲春宇心里像猫抓一样难受。

思想教育、耐心说服、严厉批评，蒲春宇招数用尽，依然收效不大。万般无奈的蒲春宇最后想到了寓教于乐、以文化人。没想到，这个提议一提出，几乎遭到村干部的全票否定，理由是搞形式、走过场，群众不吃这一套，还不如来点“实际”的。

蒲春宇是个“倔种”，认准的事十头牛也拉不回来。他自掏“私房钱”筹办了一台群众自编自演的文艺节目，节目和村民的生活息息相关。贫困户赵素君文化水平低，坚信棍棒底下出孝子，对两个孩子的教育以打骂为主。村里人看在眼里、疼在心上，村委“一班人”更担忧教育跟不上，贫困会代际传递。可是任凭谁劝说，赵素君都改不了。

于是，一个《孩子还小》的小品被搬上舞台，蒲春宇特意安排赵素君的小女儿周艳上台朗读《百家姓》。女儿字正腔圆、声音甜美，看得赵素君热泪盈眶，满是悔恨，她动情地说："想不到我的女儿还这么优秀。"从此以后，赵素君一举改变粗暴的教育方式，两个孩子学习成绩迅速提升，成了远近闻名的三好学生。

文化扶贫，不但富了贫困群众"脑瓜子"，而且还能富了他们的"钱袋子"。帮扶干部深入挖掘村里的文化禀赋、文化资源，使尘封多年的人文历史具体化、实物化，让群众守着文化也挣钱。

嘉陵区世阳镇挖掘明朝兵部尚书韩世英典故，打造"年猪节""情人节""清明祭祖"等文化品牌，吸引游客超过10万人次，带动百余名贫困户增收超过10万元，乡村文化旅游方兴未艾。

按照政策兜底、资源下沉、阵地前移的思路，南充市贫困村新建文化室736处，据不完全统计，全市新打造贫困村文化旅游品牌超过100个，举办各种文艺演出突破万余场次，乡村文化旅游逐渐成为一种新兴的扶贫模式。

2017年4月，四川省文化扶贫现场会、以"繁荣农民艺术、助力脱贫攻坚"为主题的四川省第二届农民艺术节在南充拉开大幕，"文化扶贫"的南充之路正在悄然铺开。

五、法治扶贫：授人以识

西充县检察院"第一书记"李晖遇到了烦心事：贫困户张劲砍伐集体林木，被林业执法大队抓了个现行。

张劲还挺不服气："李书记，砍几棵没有主人的树，也算违法吗？"

这个简单的问题，让李晖回答起来有些为难。张劲是真穷，大哥张永全患有精神病，前些天一把火烧掉了老房子，父母年迈多病……"穷怕了"的张劲想挣点"外快"补贴家用，于是便有了砍树被抓的一幕。

虽然李晖很同情张劲，但法律专业毕业的他还是告诉张劲，“依法采伐林木必须申请采伐许可证”。这个答案让张劲像霜打的茄子一样，蔫了。

这件事深深刺激着李晖的神经：贫困群众本来就穷，如果再触犯法律法规，轻则被罚款，重则进监狱，家庭贫困必将雪上添霜。

“法盲”问题已成为群众脱贫的一只拦路虎，必须解决！很快，西充县人民检察院开设的普法栏目《西检之声》正式亮相：

“各位乡亲们，早上好！今天，为大家讲述的是一只鸭子引发的‘血案’。村里的张奶奶……”

南充市用法治保障和护航脱贫攻坚，探索法治扶贫“十百千万”工程，阆中市大力推行“脱贫公约”模式，南部县启动“三议”群众工作法。几年来，十个法治服务站，百名知名律师，千名政法干警，万名法治干部，“一对一”“面对面”结对1290个贫困村，“手把手”法治帮扶。“打牌赌博、不赡养老人”这些法理难容之事渐行渐远，法治新风迎面吹来。

实践证明，精神扶贫的核心在于扶“心”。民心是天，民心是地，民心是脱贫攻坚战场上的勃勃生机。南充市委书记宋朝华认为：“脱贫攻坚，既要奏响社会交响曲，更要放大群众最强音，激发内生动力，增强造血功能。”在市委、市政府的领导下，南充人民正在“精神扶贫”的道路上阔步前行。

案例点评：南充市思想扶贫、技能扶贫、文化扶贫和法治扶贫多管齐下，形成了立体的精神扶贫体系，不仅契合贫困群众的精神文化需要，也找到了多个精神扶贫的切入点，从而实现精准的精神扶贫。南充在取得精神扶贫实效的同时，也拓展了精神扶贫的路径和模式，为各地精神扶贫提供了可学习借鉴的样板。

四、三维资本协同激发内生脱贫动力对策建议

党的十九大报告对打赢脱贫攻坚战做出了部署，并把精准脱贫作为三大攻坚战之一。特别强调注重扶贫同扶志、扶智相结合，做到脱真贫、真脱贫。贯彻落实党的十九大精神，必须以习近平扶贫思想为指导，着力激发内生动力，建立稳定脱贫长效机制。理论实践证明，三维资本协同提升是实现稳定、持续减贫的有效路径和政策选择。

（一）深化三维资本协同激发内生动力的认识

物质资本提升激发内生动力是贫困人口稳定脱贫的基础。投资物质资本有效发挥了政府在资源二次分配中的积极作用，促进了社会向更加公平的方向发展，为构建社会和谐奠定了基础性条件，为贫困地区摆脱贫困创造了良好的发展环境。由此，增进了贫困地区自我发展能力，降低了贫困群体对自然资源的依赖程度，减轻了自然环境的承载压力。同时，有效促进了贫困对象生存条件的改善，保证了每一个个体的基本生存权利。

人力资本提升激发内生动力是贫困人口高质量脱贫的保障。投资人力资本是一种减贫效率高、对自然环境破坏小、符合市场经济发展规律的发展型社会政策。贫困人口人力资本提高，适应了中国向高质量发展转型的宏观要求，对于促进企业的竞争力提升，实现国家经济的可持续发展有一定作用。而且，贫困地区、贫困人口人力资本投资是实现社会公平、机会均等的重要途径，有利于推进贫困地区政治民主化进程。此外，贫困人口的人力资本是实现稳定脱贫的基础，是实现人的全面发展的条件。

社会资本提升激发内生动力是贫困人口脱贫致富的支撑。投资社会资本有助于缓解贫困个体和贫困地区的脆弱性所带来的负面后果，从而有利于增进个体、区域的发展机会；有利于强化不同个体之间的互信，减缓社

会排斥，减少社会中的机会主义行为，降低市场交易成本；有利于提高贫困地区农民参与公共事务的主动性和积极性，促进乡村自治及乡村民主建设；有利于避免因公共产品的“搭便车”而造成公共资源被过度开发以及对公共资源投入和维护不足等问题；有利于增进贫困对象的归属感和幸福感，增强他们的守信意识，提升国家的文化软实力。

可见，精准扶贫需要注重三维资本协同提升、共同作用，只有这样，才能激发贫困人口内生动力，奠定贫困人口稳定脱贫、高质量脱贫，进而发展致富的基础和支撑。

（二）总结推广激发内生动力的成功实践

各地在习近平扶贫思想指引下，认真贯彻落实中央决策部署、顶层设计，结合实际积极探索，针对“精神短板”，出真招、实招、硬招，涌现出许多具有一定示范意义和借鉴作用的好做法。

一是加强能力培养，消除贫困户的脱贫畏惧感。山西省把“周末学堂”办到田间地头现场教学，按照先富“脑袋”再富“口袋”、再出“学堂”搞创收的目标，推广农业实用技术，提升贫困农户脱贫能力，有效激发了贫困群众的脱贫主动性。安徽省铜陵市枞阳县在做好思想引导和发动的同时，着手克服贫困户的本领恐慌，开展就业扶贫基地、就业扶贫驿站、居家就近灵活就业、就业兜底、稳定就业、技能脱贫六大行动，消除畏惧感，提升成就感、自豪感和获得感。

二是加强教育引导，帮助贫困群众转变思想观念。贵州省毕节市建立脱贫攻坚讲习所，加强新时期群众性的思想政治工作，创新讲习阵地的“五有标准”，拓展讲习主体的“五级联动”，开展“六讲六干”讲习结合，把讲习所打造成为新时代巩固基层政权的抓手、提升脱贫攻坚水平的支撑、促进干部转变作风的途径、夯实乡村振兴的基础。陕西省旬阳县摈除灌输式空洞说教，实施道德评议，开展“三会两榜一奖惩”教育活动，即“教育培训会、成效点评会、道德评议会，亮黑红两榜和奖先惩后”，利用黑红两榜制约争当贫困户、“等靠要”懒汉思想等问题。

三是通过典型示范引领、鼓励贫困群众向身边人身边事学习，营造光荣脱贫、勤劳致富良好氛围。四川省乐山市积极组织“四好村”创建工作，在全市广泛开展“十评”活动，即评模范守法户、清洁家庭户、星级文明户、致富带头户、感恩自强户，评好公婆、好媳妇、好妯娌、好夫妻、好孩子。重庆奉节县朱衣镇仙女村贫困户吴汉成带动本村30户贫困户联名递交主动脱贫申请书，自愿摘掉贫困户帽子的事迹引起社会广泛赞扬。

四是加强基层党建，提升基层组织力，夯实党在农村的执政基础。山东省临沂市把脱贫攻坚战定位为新时期的“孟良崮战役”，成立由书记和市长共同担任组长的扶贫开发领导小组，构建党政同责、上下联动、“四级书记”抓扶贫的责任体系。实施“百千万”沂蒙老区脱贫攻坚行动和“双16”推进计划，1537名省市县选派“第一书记”驻村帮扶，8.6万名市县乡机关干部与44.2万名群众“结亲连心”，实现贫困乡镇、贫困村、贫困群众结对帮扶全覆盖，干群合力推进责任落实。

五是发动社会各界力量，加大对妇女、儿童、老人等群体的关爱。广西壮族自治区合山市通过组建党员志愿、教育、医疗三支工作队，开展志愿服务行动。组织开展“心手相牵同行·共筑脱贫圆梦”阳光助残、“七彩假期”关爱留守儿童、“关爱孤寡老人大行动”、妇女技能培训等系列志愿服务活动。通过选拔优秀教师建立扶助因学致贫家庭工作队伍，帮助贫困学生增强学习信心和决心，做到建档立卡贫困户“零辍学”。针对因病致贫，组建医疗扶贫志愿工作队，奔赴贫困村开展医疗志愿扶贫活动。

六是发挥村规民约作用，引导贫困群众自我教育、自我管理、自我约束。四川乐山市峨边彝族自治县在社会制度“一步千年”同陈规陋习“根深蒂固”共存互斥大背景下，建立“双高”（高聘金、高礼金）治理工作考核、约谈和管理运行“三个机制”，引导群众从简办理“红白事”，因婚致贫、因丧返贫现象得到有效遏制。

七是弘扬传统优秀文化，倡导道德文化引领。山东省济宁市依托儒家文化、孝贤文化等优秀传统文化资源，倡导道德文化引领育德、扶志、解困，将和善向上、忠孝仁义的儒韵民风与精准扶贫相结合，推行乡村儒学、孔子学堂，弘扬守望相助美德，营造孝老爱亲社会氛围。

实践充分证明，基层组织、基层干部和人民群众在实践当中总结探索的这些扶志、扶智妙招是破解当前精神贫困，促进群众自立自强的有效办法。只有充分尊重主体，发动主体，激发主体的内生动力，补齐“精神短板”，才能取得脱贫攻坚战的全面胜利。

（三）相关对策建议

1. 加大力度宣传中央脱贫攻坚决策部署、政策及各地优秀事迹。治穷先治愚，扶贫先扶志。激发群众内生动力，要重视贫困群众精神“补钙”，变“要我脱贫”为“我要脱贫”。建议在全国范围内以贫困县乡（镇）为单位，通过举办“新时代农民讲习所”等多种形式，对建档立卡的贫困群众进行大规模、全覆盖的培训教育。一是大力宣传党对贫困地区和贫困人口的深切关怀，准确解读中央和省市脱贫攻坚的决策部署、政策举措；二是培训宣传脱贫攻坚等政策法规，普及社会主义核心价值观、文明礼仪、法律常识、文化知识、感恩奋进教育等，切实提高贫困群众素质，唤醒贫困群众主动脱贫意识，帮助他们分析致贫原因，引导他们牢固树立自强自立、自力更生、不等不靠的信心；三是深入脱贫攻坚一线，采写推出一大批有深度、有温度、有力度，鲜活、生动、感人的报道，大力弘扬中华民族自强不息、扶贫济困传统美德，坚定贫困人口脱贫的信心和决心，构建脱贫攻坚精神硬支撑，实现贫困户从“要我脱贫”到“我要脱贫”的转变，让靠劳动和智慧脱贫光荣，懒惰和无为致贫可耻成为一种新风尚。

与此同时，特别需要与金融部门合作，加大创新金融到户扶贫方式，变“无偿补助”为“有偿资助”等政策的宣传。目前，从中央到地方，针对贫困农村金融“失血”严重、农民“贷款难”和“怕欠债”的状况，已采取各种积极应对措施，如大力推行扶贫小额到户贷款，积极发展农村互助合作金融，为贫困户量身订制金融产品等，通过信贷资金的注入激发贫困群众的内生动力，建议重点宣传这一系列金融扶贫的措施办法。

2. 加强培训贫困群众的劳动技能。关注已脱贫群众的新诉求、新动向，为建档立卡贫困人口提供扶贫政策、种养技术、产业扶贫、产销信息、就业需求、诚信文化、感恩教育等各种培训内容，增强贫困群众自我发展能力和致富本领。建议由国家相关职能部门牵头，根据贫困人口的实际需求，本着实地、实用、实效的原则，开展有针对性的职业技能培训和定向培训、订单培训、电商业务培训，就业创业相结合，围绕发展富民增收产业，实用技能培训，使每个有脱贫能力的贫困人口至少掌握一门劳动技能或种养殖技术，实现就业一人，脱贫一户。同时，建立“扶上马、送一程”的三年脱贫后续扶持机制，及时打消贫困群众思想顾虑，跟进解决具体困难，开通扶贫服务热线，现场受理贫困群众对精准脱贫相关政策、法规的咨询，以及在产业发展、生活保障、教育培训等方面的诉求。让贫困群众成长为有本领、懂技术、会经营、肯实干的劳动者，全面提高人力资源素质，增强自身造血能力。

3. 加大培训基层干部的帮扶能力。基层村“两委”班子处于脱贫攻坚最前线，既是组织者，又是亲历者。建议组织对乡（镇）贫困村村“两委”班子和扶贫专干实施全员轮训，外出参观学习培训等方式，拓宽眼界，开阔思想，提升素质，增长才干，使他们真正成为脱贫致富“带头人”“领头雁”，做给群众看，带着群众干，发挥脱贫攻坚示范引领作用，并通过培训提高他们的基层治理能力和水平，激活群体力量共同投身脱贫攻坚战场。同时，建议开展干部主动走亲结对活动，各级干部和驻村工作队要发挥“领头羊”作用，深入基层，深入群众，真正把贫困户当亲戚走，帮助贫困户解决实际困难和问题。建设一支懂农村、懂经营、有公心的基层“两委”干部队伍。

4. 积极引导困难群众参与乡村建设和项目监督。一方面，对于贫困村的基础设施建设、公共服务等项目，鼓励贫困户采取投工投劳等方式，共同建设。建议驻村工作队将各类扶持项目、优惠政策制作成“政策项目菜单”，直接提供给贫困户，使他们在乡镇干部、村“两委”和驻村帮扶干部的指导下，自主选择申报发展项目，有关部门和帮扶责任人进行跟踪服务，凡是到户到人的产业开发、易地扶贫搬迁、光伏扶贫、旅游扶贫、电商扶贫、教育扶贫、就业培训等项目，应充分考虑贫困人口的实际需要，引导贫困户积极参与。另一方面，引导群众参与项目监督。在贫困村落实村级重点项目公告公示的基础上，应当选派贫困户作为项目监督组成员，全程监督项目建设进程，协助把好质量关。群众参与项目验收。贫困村水、电、路、气、房、环境改善等项目，卫生室、学校、文化站等项目竣工后，组织贫困户一同验收，让贫困户有更多的获得感。

5. 建强基层党组织助推精神扶贫。

（1）加强自身建设，夯实精神扶贫组织堡垒。扶贫先扶本，本固事业旺。要着力抓好农村基层党组织班子建设，切实发挥好基层党组织在精神扶贫中的战斗堡垒作用。一是选优配强村领导班子及村组干部，增强贫困农村基层党组织的“造血功能”，提升基层治理能力和管理水平，激发凝聚力和战斗力。二是充分利用“第一书记”和驻村工作队，抓好村领导班子建设，完善规范村民代表大会、政务公开、一事一议等制度，有效破解基层党组织软弱涣散、不善于带领群众脱贫致富和党员作用发挥不明显等难题，改变工作作风，改善干群关系，增进村民的政治信任。三是加强党员的宗旨意识、责任意识教育，充分发挥党员先锋模范作用，推动党员积极主动联系服务困难群众、示范带领精准脱贫。立足长远开展“双向培养”活动，把村干部和先进党员培养成致富带头人，把致富带头人培养成党员或村“两委”后备干部，通过生产实践解决党员队伍老化、弱化和素质能力不强的问题。

（2）营造良好氛围，激发贫困群众“我要脱贫”的自觉。习近平总书记指出：“脱贫致富贵在立志，只要有志气，有信心，就没有迈不过去的坎。”扶贫先扶志、提振精气神，是精神扶贫的主要内容，是脱贫攻坚战制胜的关键内因。一是要凸显党建工作的思想政治教育功能，加强宣传教育和思想引导，及时准确传达中央“精准扶贫精准脱贫”的政策精神，提高贫困群众对脱贫攻坚的思想认识，帮助贫困地区和贫困人口树立脱贫致富的信心。二是加强文明乡风建设，改变农村生活陋习，丰富贫困地区精神文化生活，通过“送文化下乡”等载体，以优秀作品和健康有益的文化活动感召人、教育人、鼓舞人，激发群众“人穷志不穷”的脱贫热情，培育“感恩、互助、奋进”的农村文化，激励群众用自己勤劳的双手尽快脱贫摘帽。三是加强脱贫典型宣传，弘扬艰苦奋斗精神，增强“我要脱贫”的自觉。多途径、多形式地对自力更生、艰苦奋斗、自强不息的脱贫农户典型事迹进行宣传报道，努力营造依靠自身力量改变贫穷落后面貌的浓厚舆论氛围，突出“扶勤不扶懒”的政策扶持，触动群众求发展、思脱贫、想致富的神经，实现由“要我脱贫”向“我要脱贫”转变。四是充分利用“村规民约”，发挥“熟人社会”的道德制约作用，营造以争当贫困户为耻、懒惰为耻的风气，防止贫困群众滋生“等靠要”思想。

（3）推进智力扶贫，坚定贫困群众“我能脱贫”的信心。一是充分发挥乡贤文化激励作用。乡贤是百姓身边的道德典范，是最接地气的“乡土教材”。在精神扶贫过程中，要充分发掘乡贤资源，选出群众身边见得着、信得过、有说服力的新乡贤，寻找全村口碑好、有能力的致富带头人传递信息、传授技术、扶贫帮困，带动村民脱贫致富。二是因地制宜，加强贫困群众的技能培训，“授人以渔”，让贫困群众有脱贫技能。三是加强贫困地区教育，加大对贫困地区基础教育投入倾斜，统筹发展农村义务教育、职业教育和学前教育，提高普通高中教育质量，让贫困家庭的孩子有学上、上得起学，并帮助贫困毕业生做好职业规划，帮助群众提高文化素质和就业能力，阻断贫困的代际传递。

参考文献

专著

［1］卜长莉. 社会资本与社会和谐［M］. 北京：社会科学文献出版社，2008.

［2］张磊. 中国扶贫开发历程（1949—2005年）［M］. 北京：中国财政经济出版社，2007.

［3］李小云. 参与式发展概论［M］. 北京：中国农业大学出版社，2001.

［4］燕继荣. 投资社会资本——政治发展的一种新维度［M］. 北京：北京大学出版社，2006.

［5］刘敏. 社会资本与多元化贫困治理——来自逢街的研究［M］. 北京：社会科学文献出版社，2013.

［6］周建国. 紧缩圈层论：一项中国人际关系的结构与功能分析［M］. 上海：上海三联书店，2005.

［7］朱晓阳. 边缘与贫困［M］. 北京：社会科学文献出版社，2012.

［8］梁其姿. 施善与教化［M］. 石家庄：河北教育出版社，2001.

［9］毛泽东著作选读（甲种本）［M］. 北京：人民出版社，1966.

［10］中华人民共和国国家农业委员会办公厅. 农业集体化重要文件汇编（1949~1957）：上册［M］. 北京：中央党校出版社，1981.

［11］保罗 · A. 萨缪尔森，威廉 · D. 诺德豪斯. 经济学（第 12 版）［M］. 高鸿业，等，译. 北京：中国发展出版社，1992.

［12］西奥多 · 舒尔茨. 论人力资本投资［M］. 吴珠华，等，译. 北京：北京经济学院出版社，1990.

［13］汤浅诚. 反贫困［M］. 萧秋梅，译. 台北：博雅书屋有限公司，2010.

［14］林南. 社会资本：关于社会结构与社会行动的理论［M］. 张磊，译. 上海：世纪出版集团，上海人民出版社，2006.

［15］詹姆斯 · 科尔曼. 社会理论的基础：上［M］. 邓方，译. 北京：社会科学文献出版社，1999.

［16］斐迪南 · 滕尼斯. 共同体和社会［M］. 林荣远，译. 北京：商务印书馆，1999.

［17］莱斯特 · M. 萨拉蒙. 公共服务中的伙伴——现代福利国家中政府与非营利组织关系［M］. 田凯，译. 北京：商务印书馆，2008.

［18］李惠斌，杨雪冬. 社会资本与社会发展［M］. 北京：社会科学文献出版社，2000.

［19］COLEMAN J S. Foundations of Social Theory［M］. Cambridge, M. A., Harvard University Press, 1990.

［20］BOURDIEU P. The Forms of Capital: In Handbook of Theory and Research for the Sociology of Education［M］. Westport, CT: Greenwood Press, 1986.

［21］PORTES A. The Economic Sociology of Immigration: Essays on Networks, Ethnicity and Entrepreneurship［M］. New York: Russell Sage Foundation, 1995.

［22］LIN N. Social Capital: A Theory of Social Structure and Action［M］. New York: Cambridge University Press, 2001.

[23] WILSON W J. Where Work Disappears [M]. New York: Vintage Books, 1996.

[24] BOURDIEU P. Distinction a Social Critique of the Judgment of Taste [M]. Cambridge Mass: Harvard University Press, 1984.

[25] TOWNSEND P. The Concept of Poverty [M]. London: Heinemmann, 1971.

[26] DASGUPTA P, SERAGELD I. Social Capital: A Multifaceted Perspective [M]. World Bank Publications, 2000.

[27] LEWIS O. Five Families: Mexican Case Studies in the Culture of Poverty [M]. New York: Basic Books, 1966.

期刊论文

[1] 沈小波，林擎国. 反贫困：认识的转变与战略的调整 [J]. 中国农村观察，2003 (5).

[2] 刘晨燃. 论物质资本的积累效应 [J]. 山东经济，2009 (5).

[3] 殷德生. 社会资本与经济发展：一个理论综述 [J]. 南京社会科学，2001 (7).

[4] 李建民. 人力资本与经济持续增长 [J]. 南开经济研究，1999 (4).

[5] 周晔馨，叶静怡. 社会资本在减轻农村贫困中的作用——文献述评与研究展望 [J]. 南方经济，2014 (7).

[6] 吴军，夏建中. 国外社会资本理论：历史脉络与前沿动态 [J]. 学术界，2012 (8).

[7] 赵亮，张世伟. 农村内部收入不平等变动的成因——基于回归分解的研究途径 [J]. 人口学刊，2011 (5).

[8] 张志勇. 我国经济增长中物质资本的形成和积累源泉 [J]. 山东

社会科学，2007（9）.

[9] 郑志龙. 社会资本与政府反贫困治理策略 [J]. 中国人民大学学报，2007（6）.

[10] 黄英君，苗英振，蒋径舟. 我国政府反贫困政策回顾、反思与展望——基于社会资本投资的视角 [J]. 探索，2011（5）.

[11] 王弟海. 健康人力资本、经济增长和贫困陷阱 [J]. 经济研究，2012（6）.

[12] 张建斌. 人力资本视角下的农村反贫困问题研究 [J]. 当代经济管理，2011（2）.

[13] 马红旗，徐植. 中国物质资本与异质劳动之间的替代：理论分析与经验估计 [J]. 经济评论，2016（1）.

[14] 李晓红. 社会资本的经济学界定、构成与属性 [J]. 当代财经，2007（3）.

[15] 叶敬忠. 创造变化的空间——农民发展创新的原动力研究 [J]. 中国农村观察，2004（4）.

[16] 刘俊文，陈宝峰. 贫困地区农户社会资本及其对收入的影响——基于大小凉山彝族村落的证据 [J]. 国家行政学院学报，2015（3）.

[17] 刘林，李光浩，王力. 少数民族农户收入差距的经验证据：物质资本、人力资本抑或社会资本 [J]. 农业技术经济，2016（5）.

[18] 姚云云，邱心凯，曹隽. 资本的培育：我国农村社区多维贫困治理路径 [J]. 江汉学术，2015（4）.

[19] 黄承伟，沈洋. 完善我国新型农村扶贫开发战略的思考——论“三维资本”协同下的反贫困机制 [J]. 甘肃社会科学，2013（3）.

[20] 方海霞. 孙中山社会救助思想与实践 [J]. 理论建设，2011（5）.

[21] 常明明. 五十年来农村五保供养制度变迁研究 [J]. 内蒙古社会

科学（汉文版），2006（6）.

[22] 蔡天新. 建国以来我国农村合作医疗制度的改革与发展 [J]. 延边大学学报（社会科学版），2009（5）.

[23] 王瑞芳. 告别贫困：新中国成立以来的扶贫工作 [J]. 党的文献，2009（5）.

[24] 陈端计，李云海，刁振强. 21 世纪以来中国反贫困的新特点 [J]. 青海民族学院学报（社会科学版），2006（2）.

[25] 常艳，左停. 中国整村推进扶贫工作的总结及评议 [J]. 甘肃农业，2006（1）.

[26] 彭慧蓉，钟涨宝. 建国六十年我国农业补贴政策演变轨迹及逻辑转换 [J]. 经济问题探索，2010（11）.

[27] 周建华. 我国农村贫困人口人力资本投资分析 [J]. 财经问题研究，2011（7）.

[28] 张友琴，肖日葵. 人力资本投资的反贫困机理与途径 [J]. 中共福建省委党校学报，2008（11）.

[29] 朱玲. 健康投资与人力资本理论 [J]. 经济学动态，2002（8）.

[30] 李玉恒，王艳飞，刘彦随. 我国扶贫开发中社会资本作用机理及效应 [J]. 中国科学院院刊，2016（3）.

[31] 陈辞. 社会资本视角下的反贫困瞄准机制研究 [J]. 理论月刊，2011（9）.

[32] 叶初升，罗连发. 社会资本、扶贫政策与贫困家庭福利——基于贵州贫困地区农村家户调查的分层线性回归分析 [J]. 财经科学，2011（7）.

[33] 韩尚稳. 社会资本视域下山东省“第一书记”扶贫政策研究——以菏泽市郓城县为例 [J]. 中共济南市委党校学报，2013（6）.

[34] 洪大用. 中国城市扶贫政策的缺陷及其改进方向分析 [J]. 江苏

社会科学，2003 (2).

[35] 张辉. 精准扶贫机制下的社会资本研究 [J]. 决策咨询，2016 (4).

[36] 陈思堂. 社会资本与扶贫发展 [J]. 华东理工大学学报 (社会科学版)，2005 (12).

[37] 陈昌盛，蔡跃. 中国政府公共服务：基本价值取向与综合绩效评估 [J]. 财政研究，2007 (6).

[38] 郭小聪，代凯. 国内近五年基本公共服务均等化研究：综述与评估 [J]. 中国人民大学学报，2013 (1).

[39] 李杰刚，李志勇. 新中国基本公共服务供给：演化阶段及未来走向 [J]. 财政研究，2012 (1).

[40] 吕方，梅琳. "精准扶贫"不是什么？——农村转型视阈下的中国农村贫困治理 [J]. 新视野，2017 (2).

[41] 王春光. 扶贫开发与村庄团结关系之研究 [J]. 浙江社会科学，2014 (3).

[42] 范永忠，范龙昌. 中国农村贫困与反贫困制度研究 [J]. 改革与战略，2011 (10).

[43] 胡荣. 影响村民社会交往的因素分析 [J]. 厦门大学学报 (哲学社会科学版)，2005 (2).

[44] 吴芳，尹德志. 系统论视角下的中国农村贫困问题解读 [J]. 世界农业，2015 (2).

[45] 谢君君. 教育扶贫研究述评 [J]. 复旦教育论坛，2012 (3).

[46] 靳永翥，丁照攀. 贫困地区多元协同扶贫机制构建及实现路径研究——基于社会资本的理论视角 [J]. 探索，2016 (6).

[47] 高伟. 探索社区主导型发展推动贫困地区新农村建设 [J]. 中国发展，2008 (2).

[48] 周爱萍. 合作型反贫困视角下贫困成因及治理——以重庆市武陵山区为例 [J]. 云南民族大学学报（哲学社会科学版），2013（3）.

[49] 林万龙，钟玲，陆汉文. 合作型反贫困理论与仪陇的实践 [J]. 农业经济问题，2008（1）.

[50] 李博，左停. 集中连片贫困地区“购买服务式”综合性扶贫治理模式研究——以陕南秦巴山区“公益岗位”为例 [J]. 农业经济问题，2017（2）.

[51] 向德平，姚霞. 社会工作介入我国反贫困实践的空间与途径 [J]. 教学与研究，2009（6）.

[52] 唐钧. 中国的贫困状况与整合性反贫困策略 [J]. 社会发展研究，2015（2）.

[53] 李迎生，徐向文. 社会工作助力精准扶贫：功能定位与实践探索 [J]. 学海，2016（4）.

[54] 徐家良，赵挺. 政府购买公共服务的现实困境与路径创新：上海的实践 [J]. 中国行政管理，2013（8）.

[55] 郭佩霞. 政府购买 NGO 扶贫服务的障碍及其解决 [J]. 贵州社会科学，2012（8）.

[56] 郑瑞强，王英. 政府购买扶贫服务的逻辑推理与作用机制优化 [J]. 商业研究，2015（6）.

[57] 穆光宗. 论人口素质和脱贫致富的关系 [J]. 农村经济与社会，1992（4）.

[58] 朱华晔. “精神贫困”的概念辨析 [J]. 经济研究导刊，2011（28）.

[59] 廖小琴. 精神生活质量指标体系研究 [J]. 学术交流，2005（12）.

[60] 杭承政，胡鞍钢. “精神贫困”现象的实质是个体失灵——来自

行为科学的视角［J］. 国家行政学院学报，2017（4）.

［61］徐晓波，孙超，汪凤炎. 精神幸福感：概念、测量、相关变量及干预［J］. 心理科学进展，2017（2）.

［62］程肇基. 精神扶贫：一个亟待关注的精准扶贫新领域［J］. 江西社会科学，2016（11）.

［63］余德华. 精神贫困对欠发达地区脱贫的影响［J］. 贵州社会科学，2003（1）.

［64］魏立平. 精神扶贫的内在学理与实现方式探讨［J］. 社科纵横，2017（9）.

［65］王菊仙. 中国贫困地区人力资本投资［D］. 华南师范大学，2003.

［66］卢艳霞. 社会组织参与农村扶贫研究［D］. 中南大学，2012.

［67］申秋. 农村社会发展与反贫困：农村小额信贷政策研究［D］. 浙江大学，2013.

［68］GUSTAFSSONA B，LI S. Income Inequality Within and Across Counties in Rural China 1988 and 1955［J］. Journal of Development Economics，2002，69（1）.

［69］PHELPS C. Illness Prevention and Medical Insurance［J］. Journal of Human Resources，1978，13.

［70］COLEMAN J S. Social Capital in the Creation of Human Capital［J］. American Journal of Sociology，1988.

［71］CUMMINS I. Social Work，Poverty and Social Exclusion［J］. Critical Social Policy，2015，35（4）.

［72］SCHULTZ T W. Investment in Human Capital［J］. The American Economic Review，1961，51（1）.

［73］MARSHALL K，KEOUGH L. Mind，Heart，and Soul：In the Fight

Against Poverty [J]. World Bank Publications, 2004, 10 (4).

[74] APPADURAI A. The Capacity to Aspire: Culture and the Terms of Recognition [M] //In Culture and Public Action. Washington, DC: World Bank, Palo Alto, CA: Stanford University Press, 2004.

[75] BALAND J, GUIRKINGER C, MALI C. Pretending to Be Poor: Borrowing to Escape Forced Solidarity in Cameroon [J]. Economic Development and Culture Change, 2011, 60 (1).

其他

[1] 左宇晓，聂富强. 建立“三维资本”协同反贫困机制 [N]. 人民日报，2012-11-20.

[2] 王佐芳，王云仙，赵群，冯媛. 妇女和扶贫政策及措施专题报告 [R]. 2003, 5.

[3] UPHOFF N. Local Institutions and Participation for Sustainable Development [R]. IIED, 1992.

[4] MUHAMMAD I N. Scholars, Merchants and Civil Society: Imperative for Waqf-based Participatory Poverty Alleviation Initiatives in Kano, Nigeria Humanomics [R]. 2010 (26).

[5] GROSSMAN M. The Human Capital Model of the Demand for Health [R]. NBER Working Paper Series, 1999.

后记

贫困是现代社会面临的重要问题和挑战，具有复杂性、多元性和动态性等特点，不仅呈现出物质、文化、健康、社会关系、社会网络等不同资本匮乏的表现形态，在致贫原因上也具有极其复杂的和多样化的产生因素。由此决定了反贫困是一项综合的、复杂的和长期的治理工程，是基于物质资本、人力资本、社会资本等投资形成的综合性治理政策和实践模式。

作为世界上最大的发展中国家，中国始终重视贫困问题的解决。中华人民共和国成立近七十年来，我国相继形成了救济式扶贫、开发式扶贫、参与式扶贫、精准扶贫等扶贫制度和政策模式，构建了专项扶贫、行业扶贫、社会扶贫等政府、市场、社会广泛参与的大扶贫格局，探索了整村推进、产业开发、劳动力转移培训等扶贫行动模式，走出了一条符合中国国情，以政府主导、社会参与、自力更生、开发扶贫、全面发展为特点的扶贫开发道路，不仅为中国和全球减贫事业做出了突出贡献，也创造和分享了富有中国特色的扶贫开发经验模式。党的十八大以来，习近平总书记精准扶贫重要思想指引构建了贫困治理新体系，提高了扶贫政策设计和实践模式的精准性和针对性，为基于物质、人力及社会等三维资本的农村反贫困机制模式创新提供了遵循和指导。

本书从阐析贫困治理的物质、人力和社会资本等不同理论和实践范式出发，结合中国近七十年特别是改革开放以来的扶贫开发道路和实践，梳理中国基于物质资本、人力资本和社会资本投资的反贫困政策模式及其治理实践，进一步展示和探讨中国现阶段基于三维资本协同反贫困的机制和实践探索。全书将理论分析与案例分析相结合，静态研究与历史研究相结合，充分讨论理论层面基于不同资本形式的贫困问题表现形式、致贫原因以及反贫困的机制和原理，并以中国扶贫开发实践为案例，探讨中国在不同阶段基于不同资本形式投资产生的反贫困政策模式和治理实践，既从资本投资的视角和维度深刻展现中国的扶贫开发道路，也为总结和探讨中国打赢脱贫攻坚战背景下完善三维资本协同反贫困的机制模式，进而实施更加精准、有效、人本化的精准扶贫精准脱贫政策方略提供参考。

全书共分为七章，从内容来看，第一章概述，主要阐述本书研究背景、三维资本的概念界定及贫困与反贫困的范式转变；第二章三维资本协同反贫困与中国扶贫开发，则从历史的角度，概括中国扶贫开发进程中基于三维资本投资的政策变迁；第三章基于物质资本投资的反贫困政策模式及其治理实践、第四章基于人力资本投资的反贫困政策模式及其治理实践、第五章基于社会资本投资的反贫困政策模式及其治理实践以及第六章基于三维资本协同反贫困的政策模式及其治理实践，为本书的主体内容，各章分别从物质资本、人力资本、社会资本以及三维资本投资的角度，阐述中国在开发式扶贫以及脱贫攻坚阶段基于不同资本形式投资的政策模式和治理实践；第七章三维资本协同激发内生动力，主要阐述当前脱贫攻坚阶段中国基于三维资本协同形成的反贫困机制和模式。

本书由黄承伟、刘欣合作完成。黄承伟提出研究框架、写作提纲、审定书稿，撰写第五至七章，刘欣撰写第一至四章。特别感谢湖南人民出版社总编室副主任黎红霞女士的支持和协助。本书系黄承伟主编的“中国扶贫攻坚前沿问题研究”丛书中的一本，从三维资本的视角阐释和梳理中国特色扶贫开发道路和实践，在扶贫领域研究中尚不多见，也难免存在相应的不足和缺陷，望得到读者和同行的理解。

图书在版编目（CIP）数据

三维资本协同反贫困机制 / 黄承伟，刘欣著. —长沙：湖南人民出版社，2018. 7
（中国扶贫攻坚前沿问题研究丛书 / 黄承伟主编）
ISBN 978-7-5561-1740-6

I. ①三… II. ①黄… ②刘… III. ①扶贫—研究—中国 IV. ②F126

中国版本图书馆CIP数据核字（2017）第293714号

SANWEI ZIBEN XIETONG FANPINKUN JIZHI

三维资本协同反贫困机制

著　　者　黄承伟　刘　欣
责任编辑　黎红霞　郭　平
装帧设计　黎　珊

出版发行　湖南人民出版社［http://www.hnppp.com］
地　　址　长沙市营盘东路3号
邮　　编　410005

印　　刷　长沙超峰印刷有限公司
版　　次　2018年7月第1版
　　　　　2018年7月第1次印刷
开　　本　710 mm × 1000 mm　1/16
印　　张　18. 25
字　　数　238千字
书　　号　ISBN 978-7-5561-1740-6
定　　价　68.00元

营销电话：0731-82683348　（如发现印装质量问题请与出版社调换）